U0856999

清华大学人文社科振兴基金资助

和谐之美

北京奥运会形象景观研究

原博 著

Harmonious Beauty

A Study on Image and Look of Beijing Olympic Games

YUAN BO

重庆大学出版社

图书在版编目（CIP）数据

和谐之美：北京奥运会形象景观研究／原博著.—
重庆：重庆大学出版社，2012.6
ISBN 978-7-5624-6745-8

Ⅰ.①和… Ⅱ.①原… Ⅲ.①夏季奥运会-形象-设
计-研究-北京市-2008 Ⅳ.①G811.211

中国版本图书馆CIP数据核字（2012）第106824号

和谐之美——北京奥运会形象景观研究
He xie zhi mei Beijing Aoyunhui Xingxiang Jingguan Yanjiu
原 博 著

策划编辑：周晓
责任编辑：黄 岩 版式设计：原 博
责任校对：刘 真 责任印制：赵 晟
*
重庆大学出版社出版发行
出版人：邓晓益
社址：重庆市沙坪坝区大学城西路21号
邮编：401331
电话：（023）88617183 88617185（中小学）
传真：（023）88617186 88617166
网址：http://www.cqup.com.cn
邮箱：fxk@cqup.com.cn（营销中心）
全国新华书店经销
重庆长虹印务有限公司印刷
*
开本：787×1092 1/16 印张：15.5 字数：260千
2012年8月第1版 2012年8月第1次印刷
ISBN 978-7-5624-6745-8 定价：68.00元

序

作为典型的视觉事件，北京奥运会是2008年全球文化视野里备受瞩目的焦点。它不仅是一次全球规模的体育盛会、一席视觉文化的饕餮盛宴，更是一首多元文化交响而成的和谐篇章。其宏大的规模场景、精彩的竞技瞬间，以及那些情景、故事和人物交织而成的一幕幕画面，时时萦绕在人们的脑海，成为超越体育范畴、跨越时空界限、被世人共享的视觉文化记忆。

视觉符号的传播已经在我们的生活中潜移默化地发生着从量到质的变化，逐步成为当下主要的文化形态。“视觉文化，不但标志着一种文化形态的转变和形成，而且意味着人类思维模式的转换。” “可视性”以形象为中心，不仅提供当今人类的视快感，还伴随着视觉体验过程中所产生的意义生成，并融入个体感知与经验的差异，丰富着，却也发散着，构成特定视觉事件背景下的图像沉淀。由此，视觉设计已经从单纯的视觉效果创造迈入关注系统视觉事件的时代。作为极具视觉张力的文化事件“北京奥运会形象景观”，无疑验证了这一文化现象。

北京奥运会形象景观设计，是在国际奥委会OGIP项目（Olympic Games Identification Program）框架基础上，以北京奥运会所倡导的和谐理念为主题，旨在营造热烈、欢快、和谐的奥运氛围，创造独特、完整且具有一致性的奥运会视觉形象，从而实现以中国设计塑造中国形象、展示中华文化魅力、彰显中国精神的形象传播策略。这个集视觉形象的整体规划、设计开发、景观实施与运行、设计管理于一体的系统设计工程，在今天看来，依然是我国有史以来最具规模与国际视野的一次视觉文化整合运作的有益尝试。从文化传承与创新的角度来看，它不仅深入挖掘了中国传统文化价值观于当下的存在意义，更努力探索了文化形态的视觉化转换，以及中国文化语境下的视觉语言风格。同时，这一实践也丰富了奥林匹克文化的多样性，展现了奥林匹克文化与时代精神的契合与交融。作为中国为奥林匹克运动留下的宝贵文化遗产，北京奥运会形象景观的实践与理论研究将对国际性大型活动的视觉形象系统设计、跨文化背景下国家形象的塑造具有现实的指导意义，对中国设计的可持续发展产生重要而深远的影响。

作者在对现代奥运会形象景观发展的规律、特征、作用和价值系统梳理的基础上，构建了视觉设计系统的研究平台，并溯源主办国历史、社会与文化的脉络，探求形象景观系统构建的理念内涵与意义承载的根基。作为一种研究的视角，更着眼于形象景观背后深层次的整体而系统的建构方法，从而凸显其“物以载道”的学术追求。

本书结合北京奥运会举办的国内外背景，剖析了其形象景观形成的理念内涵在于溯源寻根的“和谐”：谓之“和而不同”的多样性表达与系统整体的“大和之美”的有机融合。这一对中国当下乃至于世界范围内都具有普适意义的价值观念，是统领北京奥运会形象景观系统建构、形式语言表达以及设计运营机制的核心，将文化的继承与发展、传统与现代、东方与西方等多元因素，引领到人类“和谐之美”的境界中，寻求升华与共鸣。使得“中国的”“世界的”“当代的”文化与精神得以综合表达，以鲜明的视觉特征彰显出中国的时代风貌，为奥林匹克文化的时代性提供了更具内涵的诠释。

对于本课题的关注和思考，来自于作者直接参与北京奥运会核心图形和官方海报等项目的设计过程，这同样是一个整体、系统并追求和谐的设计实践过程，同样是一个建构理念与探寻创新表达的研究过程，为成就本书提供了坚实的基础，也为成就一种具有前瞻意义的设计理念和设计方法论提供了探索与追求的导向。

本书的出版将有利于中国设计文化的国际认知。

是为序。

2011年12月1日于清华园

目录

第一章　引　言

第一节　课题缘起

2008年的北京，因举世瞩目的奥运会而显得极不平凡。在世界人民的见证下，在无数个激动人心的镜头中，北京写下了现代奥林匹克运动史上新的辉煌。一枚红彤彤的“中国印”，代表着一届“无与伦比”的奥运会，让一个有着悠久历史与文明、崇尚和谐与和平、充满勃勃生机的东方大国的形象，赫然留在了世界人民的记忆之中。

中国形象的成功塑造，不仅来自于盛况空前的开闭幕式表演、质量一流的场馆设施、专业化的竞赛组织、平稳顺畅的场馆运行等，更来自于“北京奥运会形象景观”对国家形象塑造所起到的积极推动作用。

“北京奥运会形象景观”是由包括奥林匹克五环、北京奥运会会徽、色彩系统、主题口号、二级标志、吉祥物、体育图标、核心图形在内的一系列奥运会形象元素，以及这些元素以特定的组合关系在众多传播载体上的景观应用构成的，旨在创造北京奥运会独特、完整，且具有整体一致性的视觉形象为目标的设计系统。它是奥林匹克精神和北京奥运会举办理念的象征，是向世界展示中国的文化传统与综合国力、展示北京的城市形象和人文精神的视觉形象载体。它带动了奥运相关文化活动和文化创意产业的发展，形成了极为壮观的视觉经济效应，是2008年北京奥运会的宝贵财富。

北京奥运会对中国的重大意义决定了“北京奥运会形象景观”的独特历史地位，它庞大的设计规模、复杂的设计结构、系统的运行机制以及管理模式，都对中国设计的整体实力进行了一次绝无仅有的检阅。在深刻理解奥林匹克文化精神、创造性的运用中国传统文化资源的基础上，中国设计师在中西方设计文化交融的时代背景下，创造出富有东方智慧和神韵的“北京奥运会形象景观”。不仅在世界人民面前营造了盛大、欢乐、祥和的奥运会氛围，装扮了奥运赛场和城市空间，而且从多维度、多角度、多层面地向世界广泛传播了中国文化，塑造了正在崛起的东方大国的国家形象、这些丰硕的成果使它在中国乃至世界的设计史上都具有特殊的地位与意义。

如果说北京赢得奥运会的主办权，源于国际奥委会对于“在中国北京举办2008年奥运会，将留下独一无二的奥运遗产”的期待，那么，作为这笔奥运遗产中不可或缺的重要组成部分“北京奥运会形象景观”是怎样构筑起来的？它对中国国家形象的塑造具有怎样的作用？它为我们留下了怎样的成果和经验？在奥运会成功举办后，对这笔遗产进行的系统、科学的总结与研究，又将为后奥运时代的中国设计发展提供哪些理论支持和借鉴价值？成为亟待梳理和挖掘的课题。

对这一课题的研究具有以下三点意义：

一、奥运文化遗产的重要组成部分

2002年11月，在洛桑召开的奥运会遗产大会上，与会者认为“奥运会遗产是多维的：从有形的，如建筑、市政设计、城市营销、体育设施、经济发展、旅游业等，到无形的，如思想和文化的创新、文化间的融合、大众记忆、教育、集体的努力和志愿者主义、新运动项目的引进、全球声誉、经验及对这种大型复杂社会工程的操作方式等”[1]。

国际奥委会还为科学、全面地评估奥林匹克运动会对举办城市经济、社会、文化和环境的影响，于2002年设立了OGGI评估项目，“决定将过去的奥运会总结报告扩展为‘奥运总体影响’（Olympic Games Global Impact），并要求从2008年北京奥运会开始施行。”[2]OGGI评估报告将成为国际奥林匹克运动文化遗产，由国际奥委会永久保存并为全人类共享。这一概念的提出使人们对于奥运会的记录和理解更加全面，这些研究成果有利于人们以更理性的眼光评价奥运会，有助于为以后的奥运会制定更高远、更理性的目标，从而扩大奥运会在全社会包括国际社会的影响，甚至有可能引领一些国家申办奥运会的动机和策略。

在这一大背景下，奥运会举办国都十分重视奥运会遗产的总结与记录。胡锦涛主席在2008年9月29日召开的北京奥运会、残奥会总结表彰大会上号召大家认真总结和发扬北京残奥会成功举办的宝贵经验。2008年11月27日，国际奥委会主办的北京奥运会总结会在伦敦召开，北京奥组委主席刘淇在会上指出：“文化是奥林匹克运动的重要支柱，2008年奥运会的成功经验之一就是要充分展示文化的多样性。”[3]

[1] 任海.北京奥运会后效应的思考[J].体育文化导刊，2005(4):25-26.

[2] 杨桦.等.2008年奥运会提升中国国际地位和声望的研究[M].北京：中国法制出版社，2007：2.

[3] 李丽.北京奥运会伦敦总结会刘淇传授北京经验[EB/OL]. http://news.xinhuanet.com/sports/2008-11/28/content_10423309.htm，2008-11-28.

“北京奥运会形象景观”是充满中国传统文化意趣和当代中国时代精神的形象符号，它充分挖掘和展现了中国文化的独特魅力，为世界各国（地区）文化的对话与交流创造了和谐的氛围，成为传播文化多样性的重要载体。从整个设计系统的规划、创意设计、景观应用到系统的运行与管理机制等环节，中国已经在国际奥委会的OGIP项目基础上，探索出一套应对这类大型复杂社会工程的可操作性的方式方法，为伦敦以及之后的奥运会主办国提供了可资借鉴的经验。作为一种文化的创新，它拓展了奥运会形象景观的内容与形式，丰富了奥林匹克文化的多样性，是北京奥运会为奥林匹克运动留下的一笔宝贵文化遗产。

二、对中国设计的发展具有积极的推动作用

奥运会不仅是高水平的体育比赛，更是展现中国设计水平的国际舞台。国际奥委会通过OGIP项目，对北京奥运会形象景观的设计、规划实施宏观的指导，并委派国际形象景观专家对形象景观的设计实践给与具体的指导。在这个设计过程中，国际设计惯例与中国设计现状于交流中得以融合，促进了中国设计与世界的交流，并获得彼此的发展。同时，奥运会也为中国培养了一批形象景观设计人才，他们在设计规划、创意与管理方面，积累了丰富的实践经验。在越来越多的体育比赛和大型活动中，进行统一的形象景观设计，将成为一种共识。如果说北京奥运会形象景观工作促进了形象景观设计实践的发展，积累了感性经验的话，那么，对“北京奥运会形象景观”的研究和梳理，将使这些感性经验提升到理论层面，从而构建起一个有中国特色的奥运会形象景观系统，成为中国设计实践与理论研究不可或缺的重要内容。

对“北京奥运会形象景观”系统全面的梳理和深入的研究，将对国际大型活动的形象景观设计、跨文化背景下的国家形象塑造具有现实的指导意义，对中国设计未来的发展产生重要的影响，对促进中国设计在国际设计领域的整体实力的提升具有积极的推动作用。

三、对积极塑造我国的国家形象具有重要的意义

“举办奥运会对于举办城市和国家来说，已经不仅仅具有体育意义，而且具有越来越全面而深刻的社会政治、经济和文化意义。从国际政治影响力、世界经济推动力、全球文化传播力角度来看，奥运会对于改善主办国家的国际形象具有越来越鲜明而独特的价值。”[1]

[1] 易剑东.2008年北京奥运会中国体育代表团的形象塑造与媒介应对[A].周亭.奥林匹克的传播学研究[M].北京：中国传媒大学出版社，2009：121.

因此，奥运会形象景观不仅是体现奥林匹克精神内涵和举办国奥运理念的视觉载体，同时还肩负着举办国向世界展示和传播本国、本民族优秀文化与传统的使命。无论是发达国家还是发展中国家，每一个取得奥运会举办权的国家，无一不把自己国家和城市独特的文化资源经过整合、设计、运作成为一个成功的品牌。从政府到设计师，都为打造独具一格的奥运会形象景观不遗余力。通过视觉形象的塑造，让自己国家的文化以鲜活的面貌展现于世界面前，从而促进不同文化之间的交流与理解，营造良好的国际关系。

由于北京奥运会之于中国的特殊意义，北京奥运会形象景观也被赋予了深刻的政治、社会、文化等内涵，作为中国面向世界的文化传播策略的一部分，是直观的传播载体，也是生动形象的传达形式。它的成功与否，直接影响到中国在国际上的形象与声望。2008年北京奥运会通过自身的实践，检验了奥运会形象景观对于传播中华文化精神、塑造并提升国家形象和国家软实力的作用。因此，对这一成果的及时总结和深入研究，将对持续的传播和塑造中国的国家形象、提升国家软实力具有积极的意义。

我们不仅是北京奥运会、残奥会成功申办、筹办和举办的见证人和参与者，更应该成为奥运遗产转化、传承和弘扬的大力倡导者和积极行动者。从2005年到2008年的三年时间里，我参加了北京奥运会形象景观的许多设计项目，其中涉及形象景观的元素开发及其应用设计，例如核心图形“祥云”、奥运会火炬接力标志、奥运会残奥会官方海报、奥运会门票等设计项目。这些设计实践，为我的研究积累了宝贵的经验和丰富的资料，在设计过程中引发的片段思考汇集起来，成为我对“北京奥运会形象景观”展开系统研究的起点。

第二节　概念与研究范围的界定

“奥运会形象景观”是由英文“Image and Look of the Games”翻译而来的，简称“Image and Look”。从字面上来看，“Image”有形象、图像、影像，以及某个人、组织或产品给人留下的印象等意思；“Look”在这里取其名词意义，即外表、外观、样子、面貌的意思；“Game”则专指奥运会，直译过来即奥运会的形象面貌，北京奥组委官方翻译成“奥运会形象景观”。“奥运会形象景观”中所说的“景观”与地理学中与“地形”“地貌”同义的景观（Landscape）概念不同，也不同于景观生态学中将景观作为若干生态系统的聚合的概念。它是一个奥运会的专有名词，是国际奥委会对一届奥运会的视觉形象及其在场馆、城市环境空间等多种景观载体中应用的规划、设计与实施工作的总称。它是奥林匹克精神和举办理念的象征，是奥林匹克品牌的视觉载体。它运用视觉形象系统识别的设计方法，对一届奥运会的主题理念、形象元素和景观应用进行全面的整合，旨在创造一届具有独特、统一、系统面貌的奥运会视觉形象。

由于奥运会是迄今为止世界上规模最为壮观的世界性体育和文化活动，这使得“奥运会形象景观”的复杂性远远超出了世界上任何一个设计项目，可以说自20世纪90年代以来的“奥运会形象景观”工程，已发展成为世界上设计系统最为复杂，设计规模最为庞大的视觉设计项目之一。

“奥运会形象景观”的概念，是伴随着现代奥林匹克运动的发展而逐渐产生的。从1896年到1997年的一个世纪，是奥运会视觉形象作为一个独特的设计系统从无到有逐渐形成、发展并完善的过程，不同国家的设计成果逐渐汇聚成一个色彩斑斓、风格各异的奥运会视觉形象全景图。尽管成果颇丰，但作为奥林匹克运动最高权力机构的国际奥委会，一直没有给“奥运会形象景观”一个统一、明确、权威的称谓来定义这一设计范畴。

“1997年，国际奥委会正式设立了OGIP（Olympic Games Identification Program）项目，以确保奥运会形象景观设计得到主办城市组委会最高层领导的关注与重视；设立国际奥委会形象景观顾问一职，指导协助主办城市完成奥运会形象的设计和组织工作，确保奥林匹克品牌形象在历届奥运会中保持一致性、完整性以及高水平，奥运会五环标志的最大化展现；制定出一系列规范手册，如奥运会标志使用规范手册、品牌保护等指导手册，指导后来的每一届主办城市开展品牌保护工作。”[1]OGIP项目标志着国际奥委会对奥运会形象景观工作有了正式明确的规定，形成了一个完整的设计与管理体系以及特定的运作模式，对以后各届奥运会的品牌理念及形象设计提出了指导方向和总体要求。在2000年至今的几届奥运会上，各举办国用自身的设计实践检验了奥运会形象景观的作用与价值，使奥运会形象景观设计逐渐走向完善与成熟。

在奥运会形象景观项目（OGIP）正式设立之前，一般将其称之为“奥运会视觉形象设计”或“奥林匹克视觉形象设计”。这之后，则统一称为“奥运会形象景观”。这个变化不仅是字面上的，更重要的是当我们以时间的轨迹来纵观奥运会形象景观的发展历程时会发现，这一概念所包含的内涵和外延都随奥林匹克运动发展的不同阶段发生着变化，概念背后是设计思想与观念的变化。

[1] 胡雪琴.1996—2008奥运会形象景观设计：本土文化资源的开发与组织[D].北京：中央美术学院，2007：27.

“北京奥运会形象景观”，是北京奥运会区别于往届奥运会的视觉形象识别系统，它是包括视觉形象的系统规划、形象元素的设计开发、景观应用、设计实施与管理在内的系统设计工程。它是以实现2008年北京奥运会的视觉识别功能，丰富和渲染奥运会节日盛典的氛围为功能目标，以传达、展示中国形象、中华文化魅力为文化传播目标的一体化形象传播策略。它为北京奥运会创造了巨大的经济价值与社会价值，是北京奥运会重要的文化遗产。

“北京奥运会形象景观”的形象元素主要包括奥林匹克五环、奥运会会徽、色彩系统、主题口号、二级标志、吉祥物、体育图标、核心图形等。它们的设计开发与使用规范的制定是景观应用的前提和基础。因此，一般也称其为形象景观的基础设计元素。景观应用是因应奥运会运行的特定规律以及北京奥运会的各种传播需要而展开的，通过系统的规划和整合，将各种形象元素综合配置于不同的景观载体上，以满足不同的功能需求，形成全方位、多角度、多层面的奥运会整体面貌。其中包括奥运会场馆景观、城市景观、赛事相关设计系统、标识系统、赞助商景观设计系统等一系列景观设计与实施管理。

北京奥组委在文化活动部设有形象景观设计处和形象景观规划实施处，作为形象景观规划、设计、实施的统筹与管理部门。本书中不涉及奥运会景观的具体制作与实施的部分，这不同于北京奥组委包括制作、实施和安装在内的景观工作内容。另外，北京奥运会形象景观作为一个国家级的设计项目，其特定的设计审核机制，直接决定了形象景观设计的风格与面貌。对这一部分内容的研究，涉及更为广泛而复杂的政治制度、社会文化和管理体制等范畴。它们不是本书研究的重点，因此，不纳入本书的研究范畴，以后可另立题加以研究。

第三节　国内外研究现状

奥林匹克运动是人类社会迄今为止规模最大的体育和文化现象，是一种恢弘而博大的国际社会文化活动，它对人类社会的政治、经济、文化等方面的多重价值、意义以及影响，已经远远超出了单纯的体育范畴，渗透到更为广泛而综合的社会领域。因而引发中外学者们从政治、经济、法律、社会、文化、历史、组织管理、哲学、伦理等不同学科领域，对其展开多方面、多角度、多层面的研究。

本研究对“北京奥运会形象景观”的研究既是奥林匹克研究领域中的重要组成部分，同时也是艺术设计理论与实践研究范畴中不可或缺的重要内容。对它的研究不是单纯的设计问题，而是跨越了体育和艺术设计领域，更渗透了人文气息、历史传统、国家形象、品牌传播，乃至于经济、政治等诸多领域的相关内容。因此，以上各种学科领域的研究成果是本研究综合地考量设计与体育、设计与国家形象、设计与文化等相关因素的基础。

一、国外奥运会形象景观的研究现状

西方开展奥林匹克运动的历史较长，对奥林匹克的研究也早于中国。国际上有很多博物馆致力于奥运会视觉形象的资料积累，并通过展览传播奥林匹克文化，对于我们了解奥运会视觉形象的发展提供了较为丰富的资源。例如“国际奥林匹克博物馆、挪威奥林匹克博物馆、波兰体育与旅游博物馆、德国体育博物馆、美国体育学院体育艺术博物馆、美国体育艺术博物馆和洛杉矶业余体育基金会名人堂等一些欧美的博物馆。”[1]。“1992年洛杉矶业余体育基金会举办了《艺术与体育：奥运会的形象使者展览》，其中，《奥林匹克宣传画——连接体育与艺术的桥梁（Olympic posters:A link between art and sport）》部分的解说词由Constance B.Zamora汇集成册出版。详细介绍了历届奥运会会标和部分宣传画以及设计者。由奥林匹克博物馆出版的奥林匹克信息杂志（Olympic Massage，1994.4），刊载了历届奥运会的宣传画、设计背景和发行情况等信息。罗伯特和安（Robert Sherghe and Ian Ritchie）合著的《五环——奥运会标志在后现代媒体传播文化》（Relevant Ring:The Symbolic Consumption of the Olympic Logo in Postmodern Media Culture.British Colunmbia:Simon Fraser University Press.1998），开始将视觉形象与社会现象进行结合研究。”[2]

加拿大画家尤惠励编著的《奥林匹克形象》一书，图文并茂地展示了现代奥林匹克运动从1896年至1992年之间的形象设计资料，为我们呈现了一段奥林匹克运动的可视历程，是目前资料较为丰富、翔实的一本图书。

俄罗斯的特列斯金等著的《奥运图像：奖牌·纪念章·宣传画》是全世界第一本专门介绍历届奥运会奖章、纪念章和宣传画的图书。书中荟萃了世界各地有关奥运会的珍贵图像资料、图文并茂地介绍了它们制作产生的背景、过程、特色及其形制、图案、设计制作中间发生的某些变化。赫尔辛基、莫斯科的体育博物馆以及洛桑的奥林匹克博物馆为这本书提供了大量图片资料。

[1] [2] 王军.奥林匹克视觉形象的历史研究[M]. 北京：北京体育大学出版社，2004：3.

Gail Deibler Finke在《Festival Graphics》一书中介绍了1996年亚特兰大奥运会和1998年冬季奥运会的形象景观设计，包括创意内容和过程。为研究亚特兰大奥运会形象景观，提供了较为翔实的资料。

Margaret Timmers在《A Century of Olympic Posters》一书中，展示了从1912年斯德哥尔摩第一张官方海报问世以来至今一个世纪的奥运会海报。为我们研究奥运会视觉形象的变迁，以及探讨体育与艺术，政治和地方，商业和文化的联系提供了丰富的图像资料。

以上的展览和出版物所提供的内容，大多停留在奥运会视觉文献的整理与历史背景的介绍方面，缺乏对奥运会视觉形象发展规律及其阶段性特征的分析与研究。加之于“奥运会形象景观”概念的提出是比较晚近的事，尽管近几届奥运会主办国具备了操作奥运会形象景观的实践经验，但仍未出现对其构成元素、系统结构、设计规划、操作与管理等方面进行系统分析和研究的成果。对于国外研究者而言，以“北京奥运会形象景观”为对象的研究，更由于对中国社会、文化、经济、政治等背景的特殊性缺乏足够的了解，而不具备开展研究的条件。因此，这方面的研究成果目前还没有出现。

二、国内奥运会形象景观的研究现状

中国的奥林匹克研究较之西方开展得比较晚，任海在《中国奥林匹克研究的历史与现状》一文中将其划分为三个阶段：①1949年—1978年：零星的奥林匹克资料介绍；②1979年—1988年：奥林匹克研究的初步开展。“主要是浅层次的知识性资料介绍或历史的描述。”[1]③1989年以来，奥林匹克研究走向深入。特别是申办奥运会以来，中国的奥林匹克研究产生了质的飞跃。社会各界为筹办奥运会而积极展开的普遍而广泛的奥林匹克研究，使原本主要集中在体育界的奥林匹克研究逐渐成为了广泛的社会课题。催生了包括中国人民大学北京人文奥运研究中心、北京联合大学奥林匹克文化研究中心、北京体育大学奥林匹克研究中心在内的一些奥林匹克研究的组织和机构，并在这里产生了丰硕的研究成果。

为了对中国学者的奥林匹克研究状况有一个宏观的认识，笔者以“北京奥运会”或“奥林匹克运动”或“奥运会”为关键词，在中国知网中，对2001年至2009年（截止到2009年10月2日的数据）之间，已发表的学术研究成果进行检

[1] 任海.中国奥林匹克研究的历史与现状[A]. 谢亚龙.奥林匹克研究[C].北京:北京体育大学出版社，1994：254.

索，共检索到14055篇。这些已有的研究成果，涉及奥运会的政治、经济、人文文化、体育、教育、国家形象、传播、社会综合等领域。其中，对于奥运会的形象景观、视觉形象设计等课题的研究则微乎其微，仅占全部文献的0.3%。尤其在奥运会的视觉形象以及形象景观研究的数量与规模上严重不足，整体上呈现出学科分布的不平衡。

表1.1　中国奥林匹克研究现状分析表

数据库 项目	中国学术期刊网络出版总库	中国重要会议论文全文数据库	中国优秀硕士学位论文全文数据库	中国博士学位论文全文数据库	总计数量
搜索结果（篇）	13499	352	194	10	14055
与视觉形象、艺术设计、形象景观相关的文献数（篇）	31	0	12	1	44
百分比（%）	0.2	0	6.2	10	0.3

目前已有的研究成果显示出，对这一课题的研究主要来自于体育和艺术设计两个领域。前者，主要立足于体育人文社会学的角度，将奥运会视觉形象设计中的会徽、宣传画、吉祥物等作为奥林匹克研究中的文化艺术部分加以介绍。研究者多具有体育学科的工作经历和专业背景，对于奥林匹克运动的历史、内外在发展因素、属性特征、奥运会的运行机制、国际奥委会的工作模式等有着得天独厚的认识和理解。但由于缺少艺术设计的专业背景，使得这些成果流于资料介绍或历史描述，缺乏对设计本身的剖析。

其中，北京体育大学王军的博士论文《奥林匹克视觉形象的历史研究》是十分值得关注的。论文对不同时期奥林匹克视觉形象产生的历史背景、基本特点和演变过程进行了叙述，并由此得出奥林匹克视觉形象产生的动因、发展的阶段划分、设计思想与方法、内容与形式、艺术风格、功能以及发展趋势的结论，旨在从研究中获得启示，为北京奥运会的筹办提供借鉴，是国内较为系统的对奥林匹克视觉形象历史进行研究的学术成果。

论文有几点是有待商榷的：一是在奥林匹克视觉形象的历史阶段划分上，将1984年以来的几届奥运会划归成熟阶段显得过于笼统。因为，以1997年国际奥委会正式设立OGIP项目为分水岭，第一次明确提出了奥运会形象景观的概念，它标志着进入新世纪的奥运会在奥林匹克品牌推广与保护方面形成了一整套系统、完整的体系。自此之后的悉尼、雅典和北京奥运会都是在国际奥委会OGIP项目的直接指导和监控下，成功地塑造了各具特色的奥运会形象景观。在整体的设计观念上、形象系统的结构上、项目操作与管理的方式上，都与之前的历届奥运会有着质的变化。因此，从悉尼奥运会开始才标志着奥运会形象景观进入了成熟阶段。二是论文将奥林匹克视觉形象产生的动因，归结为奥林匹克运动的需要和艺术设计的影响这样内在与外在的两点，却忽略了一个至关重要的因素——举办国的社会、文化、经济、政治等方面的因素。奥林匹克运动会每四年都会在不同的国家举办，奥运会视觉形象的设计工作是举办国筹备工作的重要组成部分，举办国不同的举办目的和奥运策略，都会鲜明的体现在奥运会视觉形象的面貌上。正是在这一因素的影响下，才形成了近百年来风格各异的奥运会形象景观。三是该文也未能摆脱作者专业背景的局限，在具体论述奥林匹克视觉形象设计的系统结构、构成元素、创作方法、创作规律以及系统整体的风格特征时，显得力不从心。尽管资料比较丰富，却只能停留在对历届奥运会视觉形象的表面描述上，从整体上缺乏对奥林匹克视觉形象较为系统的、深层次的分析。因此，也导致其得出的对北京奥运会视觉形象设计的启示过于笼统和表面化。

另一种研究角度来自于艺术设计的实践与理论研究领域。奥运会形象景观作为世界上规模最为庞大、结构最为复杂的系统设计工程之一，是以视觉传达设计为根本范畴的，由于奥运会不断发展的需要，设计规划、设计管理等相关范畴不断地融入，丰富和发展了奥运会形象景观的设计体系。较之于其他学科来说，从艺术设计的专业视角研究奥运会形象景观，具有得天独厚的专业基础。

一方面，对奥运会形象景观设计的系统研究可以基于企业形象识别系统和品牌形象设计的理论基础。 奥运会形象景观是一个具有奥林匹克运动特性的形象识别系统，尽管它和一般的企业、机构或品牌有一定的差异，但在统一识别的目标上、系统设计的方法上有着共通之处。王受之在《世界平面设计史》一书中，以“国际奥林匹克运动会的世界标志系统设计”为题，对1968年墨西哥奥运会、1972年慕尼黑奥运会和1984年洛杉矶奥运会所发生的社会文化背景、艺术设计风格以及审美特征进行了概括性描述，这部分案例就放在“企业形象设计与视觉系统”一章内，足见两者在设计观念与思想上的内在关联性。

另一方面，奥运会形象景观设计是一项具体的设计实践，对它的研究只有基于丰富的设计专业背景、设计实践经验，才能从设计自身的规律和内在逻辑上进行较为深入的分析。目前国内的绝大多数研究成果来自于艺术设计领域（表1.2[1]），大多聚焦在形象景观中某一独立元素的研究上，例如：会徽、吉祥物、核心图形、海报等。多关注形象元素的视觉表现形式，对创作的思想、表现风格、造型方法、审美情趣、以及与历届奥运会形象元素的比较等，探讨设计方法和规律，以及设计的民族性等问题。还有极少部分涉及中国的设计制度、设计的文化传播力、市场开发价值等较为综合的内容 。

表1.2　国内奥运形象景观研究内容分布状况表

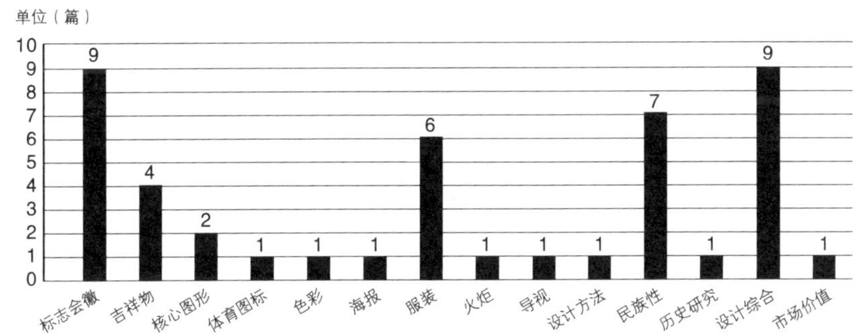

由于奥运会本身的特殊性，如果不是基于奥运设计实践经验和第一手的研究资料，很难对奥运会形象景观的整体面貌、系统结构与机制等展开深入的研究，也很难产生具有说服力的研究成果。从这种意义上来说，近几年直接或间接参与了北京奥运会相关设计工作的设计师的硕士学位论文是这些成果中比较深入的。其中，潘婷婷的《从配角到主角——奥运会视觉形象系统中的核心图形研究》（2007年），从辅助图形到核心图形的名称变化入手，分析了其在整个形象景观系统中角色的变迁及其对于整个设计系统的核心价值。高鹏的《系统设计方法在视觉传达专业中的应用研究——以奥运设计项目为例》（2007年）尝试将系统设计的方法应用于奥运会形象景观的设计工作中，在设计流程和管理中探讨了运用该方法的可行性。文中罗列了形象景观的各个元素和设计应用项目，但未涉及整个设计系统的内在结构以及设计系统与主办国文化之间的内在关联。胡雪琴的《1996—2008奥运会形象景观设计：本土文化资源的开发与组织》（2007年），

[1] 此表数据来源于知网的搜索结果。

对1996年以来的奥运会形象景观设计进行研究，探讨了如何选择运用本土的视觉形式语言，通过创新整合，在跨国界、跨文化、跨媒体的传播中，塑造出突显国家、城市本土特色的奥运会品牌形象。奥运会形象景观是一个包括形象元素以及众多景观应用系统在内的庞大设计系统，但由于论文完成时，北京奥运会形象景观的设计进程尚未进行到景观应用的阶段，所以文中仅列举了基本元素，而对景观应用未有涉及。对于形象景观的视觉形式与中国本土文化之间内在关系的挖掘也显不足。就以上的研究现状来看，国内涉及形象景观的相关研究成果多产生于2008年奥运会之前。尽管其中部分较为具体地涉及当时已经设计完成的某些形象元素及阶段性的工作内容，但均未能涉及北京奥运会形象景观的全貌。

2009年7月出版的《用瑰丽的中国文化感动世界》是由北京奥组委文化活动部主编的一部总结和展示北京奥组委文化活动部工作历程和丰硕成果的出版物。在“第二章设计创意篇”中对包括奥运会会徽、主题口号、吉祥物、官方海报、残奥会会徽、门票、核心图形、色彩系统、体育图标等形象元素，以及制服、奖牌、颁奖台、国家游泳中心形象景观、主新闻中心形象景观、国家体育场形象景观等景观应用设计项目在内的形象景观的创作过程、创意来源、设计思想和艺术特色等内容进行了较为详细地介绍。这本书的出版意图决定了其整体的写作形式，加之体例和篇幅的限制，无法对具体的设计项目展开深层次的剖析。文章的作者都是直接参与设计工作的设计师、设计团队或项目负责人，笔者由于直接参与了奥运会核心图形与官方海报的创作，应邀撰写了《浓缩的奥运会——2008年北京奥运会、残奥会官方海报》和《多彩吉祥云——2008年北京奥运会、残奥会核心图形》两篇文章。在这本书中，曾辉以《北京奥运形象景观的设计规划、设计管理与运行模式解析》为题，从较为宏观的视角对北京奥运会形象景观的规划、设计运行以及管理方面的经验进行了总结，这一研究角度在已有的奥运形象景观研究成果中是没有的。文章基于作者在奥运形象景观实施处的工作实践和思考，写得具体而深入。

综上所述，“奥运会形象景观”具有跨越体育和艺术设计两个学科范畴的性质，因此要求研究者既要充分认识奥林匹克运动的历史、文化以及发展等特性，又要深谙艺术设计领域中视觉形象系统设计的理论与实践，才能够从容地驾驭这个课题。由于研究所涉及的因素众多，研究的难度相对比较大，对于研究者的知识结构和储备也提出了较高的要求。目前以“北京奥运会形象景观”为专门研究对象的研究成果尚不多见，特别是将北京奥运会置身于中国传统文化和时代发展的背景下，从设计与社会、设计与国家形象、设计与文化的不同层面上，进行全面、系统、深入地研究成果还没有。在后奥运时代，对北京奥运会重要文化遗产之一的“北京奥运会形象景观”进行全面、系统的梳理、剖析和总结，将对中国设计的发展具有重要的现实意义和深远的影响。

第二章　现代奥运会形象景观的演变

从1896年到2008年的一个多世纪里，奥运会形象景观作为一个独特的设计系统经历了萌芽、初步形成、发展和成熟四个阶段，逐渐走向设计系统的完善与成熟，一届届奥运会的视觉形象逐渐汇聚成一幅形象景观的全景图。

本章沿时间的轨迹，系统、完整地梳理了奥林匹克百年历史中形象景观的演变历程，剖析了其内在的发展规律：一是奥林匹克运动发展的内在需要是推动奥运会形象景观发展的核心推动力。奥林匹克运动发展的现实需要不断向奥运会形象景观提出新的要求，促使奥运会形象景观以不断创新的艺术形式回应这种需求，从而直接推动了奥运会形象景观的发展。二是各举办国多元文化的不断汇入使奥运会形象景观呈现丰富面貌。从西方到东方，再从东方到西方，奥林匹克圣火在不同的国度里传递，不同民族和国度的人民就把自身的文化融入其中，并传递给世界人民。这种文化的差异性，不断地丰富着奥林匹克文化的内涵，拓展着奥林匹克品牌的外延，塑造着奥运会形象景观的面貌。三是奥运会形象景观的发展始终伴随着世界艺术设计的发展进程，并受到相应时代的艺术与设计风格的影响。同时，来自于政治、经济、社会与文化、国际关系等方面的诸多因素也从多种角度对奥运会形象景观的面貌的形成发挥着作用。在不同的举办国，这些因素对奥运会形象景观的影响程度也不尽相同。这些内在规律是影响北京奥运会形象景观整体结构与视觉面貌的内在因素之一，对它的剖析是我们认识和理解北京奥运会形象景观的前提。

第一节　现代奥运会形象景观的萌芽阶段（1896—1960）

在古希腊奥运会时期，人们就以雕塑、绘画等艺术形式来表现运动员健壮的体魄，矫健的身形，描绘比赛的场景。这些艺术品是古代奥运会为我们留下的宝贵视觉文化遗产，既为我们形象地展现了古代奥运会的情景，同时也为现代奥运会塑造艺术与体育精神交织的视觉形象识别奠定了基础。

从1896年到1960年是奥运会的初创时期，在奥林匹克思想体系逐渐成长的过程中，根据奥林匹克运动发展的需要，在各主办国充满智慧的创造中形象景观逐渐萌芽。构成今天奥运会形象景观系统的主要基础元素，如奥林匹克五环标志、奥运会会徽、体育图标、 奥林匹克运动口号等，从无到有，陆续产生。应用设计项目也从最初的传播奥运会信息的奥运会报告封面和海报，发展到赛场地图、奖牌、火炬及火炬接力地图等较多形象载体上。

在设计表现的内容上，多以运动员健壮的身体为主要造型，传达奥林匹克比赛信息，传播奥林匹克思想；在形式上体现出古典浪漫主义与现代风格相融合的特征，以写实为主，具有传统绘画的风格；在设计思想上，已经开始有意识地塑造每一届奥运会独特的视觉形象。但各视觉元素之间仍是分散的、不统一的，尚不能形成一个有机的整体，展开集中有力的传播。设计的思想、方法和手段既受到当时的技术条件的限制，又受到现代主义艺术思潮和设计风格的影响，处于奥运会形象景观的萌芽阶段。

一、奥林匹克海报

当1896年第一届现代奥运会在雅典举行的时候，还没有诞生为奥运会宣传而进行专门的形象设计的思想。实际上，早期奥运会的宣传工作并不多。目前我们看到的这届奥运会仅有的设计作品，是首届奥运会官方文件的封面，在今天也被认定为这届奥运会的海报。封面以雅典卫城和奥林匹克竞技场帕特农神庙和重建的马蹄形玛拉莫尔体育场为背景，描绘了手持橄榄枝花环的雅典娜女神，象征着胜利者的荣誉（图2.1）。画面左上角的“公元前776—1896”，表示着奥林匹克历史的开端和第一届现代奥运会时间，寓意古代奥运会的延续和现代奥运会的诞生。而古竞技场的形象，也揭示了现代奥林匹克运动与古代奥运会的传承关系。

1900年巴黎奥运会、1904年圣·路易斯奥运会和1908年伦敦奥运会都是借助世界博览会举办的。“当时欧美的封面插图和商业海报艺术非常发达，受其影响，这几届奥运会也充分利用海报作为媒介，传播有关奥运会的信息。”[1]

1900年巴黎奥运会上“诞生了涉及田径、划船、自行车、击剑和体操等内容的海报，其中，法国海报设计师帕尔Jean Pal设计的击剑海报被认为是奥运会官方海报。”[2]（图2.2）这张海报上描绘了一名身着击剑服装，手持花剑、重剑、佩剑的女子击剑运动员的形象。而实际上，“女性一直到下一届赛会中，才获准参加击剑赛”[3]。由于这届奥运会是世界博览会的一部分，因此，这幅海报中渗透

[1] [2]王军.奥林匹克视觉形象的历史研究[M]. 北京：北京体育大学出版社，2004：30.
[3] 尤惠励.奥运精粹一百年[M] 新加坡：民生国际有限公司，1996:30.

出较多的商业广告色彩，远远超出了奥运会比赛的信息。

1904年圣·路易斯奥运会的官方海报，实际上是美国设计师St.John为奥运会比赛日程设计的封面。海报以文字装饰整个画面，中央的椭圆形中呈现出举办城市圣·路易斯的鸟瞰图（图2.3）。

1908年伦敦奥运会的官方海报，实为英国设计师A.S Cope为奥运会秩序册设计的封面。一个奋力跃起的运动员形象，突破了画面周围带有工艺美术运动风格的边框，充满动感。在运动员身后，是清晰可辨的是希佛-布希体育场和远处隐约浮现的伦敦市貌。画面上方是“伟大的伦敦希佛-布希体育场” 字样（图2.4）。

1912年斯德哥尔摩奥运会诞生了第一张专门为奥运会创作的官方海报，标志着奥运会形象景观的萌芽（图2.5）。宣传画是瑞典画家、皇家美术学院院长奥列·尤尔茨伯格（Olle Hiortzberg）教授受瑞典奥委会委任而设计的。画面表现了奥运会开幕式上挥舞着各参赛国国旗的运动员，运动员健壮裸露的身躯，体现出奥林匹克运动所积极倡导的通过运动达到身心健康的主旨。尽管海报最终用一条细细的带子对身体进行了部分的遮挡，但裸体运动员的形象还是不能被一些国家和组织者所接受，因此，在一些国家里仍然没有被分派下去。

1920年安特卫普第7届奥运会是第一次世界大战过后的首届奥运会，在这次奥运会上第一次升起了奥林匹克五环旗，并在开幕式上放飞了和平鸽，在主会场上燃起了象征胜利与光明的圣火，充分表达了主办国对和平的向往。

比利时画家Martha van Kuyck和Walter von der ven共同创造了本届奥运会的宣传画（图2.6），画面上飞扬着的各参赛国国旗，紧密地环绕着手持铁饼的运动员，象征着世界各国人民为追求和平而紧密的团结在一起。画面右上角的盾牌是举办城市安特卫普的徽记，它和城市的俯瞰图一起，清晰地传达出主办地的信息。运动员的造型显示出与古希腊奥运会雕塑《掷铁饼者》的内在联系。整个海报从形式、风格和内容上，都可以看出1912年奥运会海报的影响。

1924年巴黎奥运会有2张官方海报（图2.7），其中一幅是法国著名画家和插图画家Jean Droit创作的。画面上一组裸露上身的运动员们遥向远方高举手臂，神情庄严而肃穆，充满着对奥林匹克的崇高敬意。他们的身后是随风飘扬的法国国旗，前面则簇拥着象征胜利的棕榈叶。

1928年阿姆斯特丹奥运会的2张官方海报（图2.8、图2.9）是由毕业于安特卫普美术学院的德国画家琼斯·罗韦尔斯（Josep Johannes Rovers）创作的。其中一张以主会场和火炬塔为背景，表现了运动员倾斜身体弯道跑的动作。这张充满动感和力量的海报，较之以往的运动员形象有了新的突破。在这张海报中还第一次出现了奥运会五环旗，从此作为现代奥林匹克运动象征的五环，成为了奥运会海报中必要的形象元素。另一张宣传画表现了一个手持月桂枝条奔跑着的运动员，前景是由荷兰国旗形成的波浪，象征着秉承奥林匹克精神的现代奥运会一往无前的主旨。

1932年洛杉矶奥运会共有三张奥运会宣传画，其中一张为官方海报，是由美国画家朱利奥·基连尼（Julio Kilenyi）创作的（图2.10），海报的主题来自于古希腊的一个传统。在古希腊，每当奥运会举行前，都要派使者分赴各地宣布下一届奥运会的庆典时间，并呼吁人们在此期间停止冲突和战争。海报上刻画了一个手持月桂枝条的运动员，他正向人们呼唤着，请人们消除敌意，保持和平。画面下方，“更快、更高、更强”的奥林匹克格言穿插在五环标志之间，这是奥运五环和奥运格言第一次同时出现在海报中，集中突出地传达了奥林匹克的精神实质，对于广泛地传播奥林匹克文化，形成清晰的奥林匹克识别具有积极的意义。

1936年柏林奥运会对视觉形象的塑造十分重视，发行了许多宣传画和明信片。其中最为流行和有代表性的是由柏林画家弗朗兹·维尤尔别里设计的一幅，画面上一个头戴桂冠的运动员在奥运五环下高举手臂，正在向崇高的奥林匹克运动致意。前景选取了象征柏林的勃兰登堡大门，大门上是胜利女神坐在四马二轮战车中凯旋的形象（图2.11）。柏林奥运会的视觉形象作品，被希特勒用来宣传纳粹主张、煽动民族情绪，成为其蓄谋发动战争的宣传工具。

1948年第14届伦敦奥运会是奥林匹克运动因第二次世界大战停办两届后，恢复举办的首届奥运会。这届奥运会海报选取了与会徽一致的英国议会大厦的钟楼为背景，大本钟指向奥运会开幕的时间——四点。前景描绘了古希腊雕塑家米隆的《掷铁饼者》的形象，以及奥林匹克五环标志（图2.12）。海报将古希腊奥运会的标志性形象与现代奥林匹克运动标志相结合，传达了一种将奥林匹克传统继承和延续的意图。

1952年第15届赫尔辛基奥运会官方海报，为主的一幅本来是伊尔马里·苏西梅为因二战而被迫取消的1940年奥运会设计的（见图2.13）。画面上表现的是芬兰著名长跑运动员帕沃·努尔米奔跑的形象，背景是地球，并且刻意用红色标出了主办国芬兰的位置。奥林匹克五环出现在海报的右上角，表达了主办国希望通过奥运来维护世界和平的愿望。

776 - 1896
ΟΛΥΜΠΙΑΚΟΙ
ΑΓΩΝΕΣ
JEUX OLYMPIQUES

RÉPUBLIQUE FRANÇAISE
EXPOSITION UNIVERSELLE de 1900
CONCOURS
INTERNATIONAUX
D'ESCRIME
FLEURET
ÉPÉE
SABRE

WEDNESDAY
DAILY
WEDNESDAY
OFFICIAL·PROGRAM
WORLD'S·FAIR
LOUISIANA PURCHASE
EXPOSITION
ST. LOUIS, U.S.A.
1904

THE GREAT
STADIUM
SHEPHERDS BUSH LONDON
THE OLYMPIC GAMES 1908
PROGRAMME
6d

OLYMPIC GAMES
STOCKHOLM 1912
JUNE 29th — JULY 22nd.

- VIIE OLYMPIADE -
ANVERS (BELGIQUE)
1920 AOUT-SEPTEMBRE 1920

PARIS_1924
JEUX OLYMPIQUES

1928
IXE OLYMPIADE
AMSTERDAM

OLYMPISCHE
SPIELE·1928
AMSTERDAM

1	2	3
4	5	6
7	8	9

左页图

图2.1—图2.9

第1届—第9届奥运会海报

10	11	12
13	14	15
		16

右页图

图2.10—图2.16

第10届—第17届奥运会海报

1956年第16届墨尔本奥运会由于马匹入境的限制，马术比赛改为在瑞典的斯德哥尔摩举行，因此本届奥运会的2张官方海报分别代表了两个举办城市（图2.14、图2.15）。墨尔本主会场的海报设计成一张打开的请柬形式，在前后页上分别印有奥林匹克五环标志和象征墨尔本市的盾型徽章。这幅海报没有出现惯常的运动员形象，而以简洁、抽象的形式表现，是一次新的尝试。同时，这幅海报还作为邮票的图案于1955年11月发行，旨在通过邮政的途径向世界发出奥运会的邀请，扩大这届奥运会的宣传范围。另一张官方海报，是瑞典人专门为马术比赛设计的。画面上古希腊骑手的浮雕形象，既传达了比赛的内容，也象征着现代奥运会对古代奥运会的历史传承。

1960年第17届罗马奥运会海报是由设计师阿尔曼多·特斯塔（Armando Testa）设计的（图2.16），画面中央是一个罗马柱的剪影造型，柱头上表现了象征罗马城由来的“母狼哺婴”的故事，柱头下展现了一个凯旋的运动员，正按照罗马传统接受人们为自己加冕的情景。

自1912年斯德哥尔摩奥运会首创官方海报起，奥运会海报的推广和宣传就成为了主办城市的又一个重要的使命。从1912年到1932年，奥运会宣传画主要是以运动员形象作为画面表现的重点，传达奥林匹克运动散发出的运动之美和精神之美。同时也通过一些形象元素，传达出现代奥运会与古奥运会之间深厚的文化渊源。“1936年以后，由于政治因素的渗透，主办国的文化艺术和奥运主张也成为一个表现部分，扩大了宣传画的表现范围。随着奥运会圣火传递、文化艺术等活动成为奥运会不可或缺的内容，宣传画也形成了不同的系列，表现着不同的内容。”[1]在这一阶段，海报成为包含信息量最多、传达层面最广，获得效益最直接的宣传媒介，是奥林匹克视觉形象中最丰富的部分。除官方海报作为集中宣传的形象识别外，各届奥运会还以电影海报、火炬传递海报、文化宣传海报、赛场地图等主题设计印制了多种宣传品，以多样的传播形式传播奥运会信息。作为时代的记录，奥运会海报为我们提供了一份现代奥运会关于体育和艺术、商业和文化的视觉档案。

二、奥林匹克标志

奥林匹克五环标志（图2.17）是由现代奥林匹克运动的创始人皮埃尔·德·顾拜旦（Pierre De Coubertin）于1913年构思设计的。标志由五种颜色的圆环互相

[1] 王军.奥林匹克视觉形象的历史研究[M]. 北京：北京体育大学出版社，2004：49.

图2.17 奥林匹克五环标志

套接在一起，分别用蓝、黑、红、黄、绿代表了参加现代奥林匹克运动会的五大洲——欧洲、非洲、美洲、亚洲、大洋州。象征着五大洲的团结，以及全世界的运动员以公正、坦城的精神在比赛场上相会，每一个参加奥运会的国家都能在自己的国旗上找到至少一种五环的颜色。他还构思设计了以白色为底，印有五环标志的奥林匹克旗帜。1914年6月15日，国际奥委会在巴黎索邦学院召开的奥林匹克代表大会上，确定将奥林匹克五环和奥林匹克旗作为奥林匹克标志。1920年，奥林匹克旗帜第一次飘扬在安特卫普夏季奥运会体育场上。这届奥运会后，比利时奥委会把旗帜赠送给了国际奥委会。从此，在奥运会期间悬挂奥林匹克旗帜成为一项惯例，历届奥运会开幕式上由上届举办城市转交此旗，由举办城市保存，比赛期间主运动场仅悬挂代用品。

随着奥林匹克运动的广泛开展，奥林匹克五环标志已经成为世界范围内，为人们广泛认知的标志之一。1979年6月，国际奥委会正式宣布了会旗和五环的含义，即象征五大洲的团结以及全世界运动员以公正、坦诚的比赛和友好的精神在奥运会上相见，并在《奥林匹克宪章》中给予规定。

三、奥运会会徽

奥林匹克会徽是举办国为本届奥运会设计的象征符号，它向全世界展示了主办国及主办城市对奥林匹克精神的理解。在1924年巴黎第8届奥运会上，诞生了奥运会历史上的第一枚会徽（图2.18）。会徽由法国奥委会标志、巴黎奥运会字样以及奥林匹克格言共同组成。会徽取自巴黎市徽的盾牌造型，盾牌中央是一艘在大海上乘风破浪的帆船，表现了任凭风吹浪打也要勇往直前的奥运精神。

在此之前的历届奥运会，并没有专门的会徽。现在我们多将第一届奥运会向国际奥委会提交的报告封面，以及其后几届奥运会的海报视为奥运会会徽。自1924年之后，会徽以可视的造型与色彩，传达了奥运会举办国及主办城市的奥运理念和文化特征，使每一届奥运会从此有了形象上的差异，有了易于识别和传播的标志性符号。

1928年第9届阿姆斯特丹奥运会会徽融入了更多现代风格，而且大胆地抛开具象的图形，仅采用装饰性的文字来传达本届奥运会的信息。文字标识简洁、明了、易于识别和辨认，是一个风格独特的会徽（图2.19）。

1932年第10届洛杉矶奥运会，奥组委明确提出了会徽设计要体现美国文化、艺术性以及体现奥林匹克精神。会徽以美国国旗做成了盾牌的造型，代表胜利与和平的月桂枝与奥林匹克格言和五环标志穿插在一起，充分展示了美国人所追求的美国精神。这是奥运五环标志第一次出现在会徽上，也是第一次明确提出要在会徽上体现主办国特色。它开创了会徽设计的新思路，从此五环标志将以后的各届奥运会形象贯穿在一起，形成了具有视觉一致性的奥林匹克形象识别（图2.20）。

1936年第11届柏林奥运会，是被纳粹德国利用来粉饰和平，蒙蔽世界的奥运会。这届会徽也成为其政治宣传的符号，而带有强烈的政治色彩。会徽采用了钟的造型，钟上一只纳粹党徽上的普鲁士鹰，昂然站立在奥运五环之上，象征着德意志帝国的霸权与征服。钟上的铭文是“我召唤着世界青年”（“I Call the Youth of the World”），有邀请世界青年人来参加奥运庆典之意。由于在宗教上，钟也被人们用来召集信徒和鬼神。因此，这个标志也被认为是纳粹德国借奥运会向全世界宣扬纳粹思想的招魂钟（图2.21）。

1948年第14届伦敦奥运会的会徽以英国议会大厦的钟楼为主要形象，大本钟的指针指向开幕式的时间——四点，奥林匹克五环标志浮现在钟楼前面，十分醒目（图2.22）。

1952年第15届赫尔辛基奥运会，修建了一座高度为72.71米的白塔，塔的高度是芬兰选手、奥运冠军马蒂·雅尔维宁在第10届奥运会上所创标枪纪录的长度，以此纪念这位“芬兰标枪之父”。这座白塔作为奥运主会场的标志性建筑成为此届奥运会会徽的主要形象元素。“奥运五环”醒目的出现在白塔的上空，意味着光辉的奥林匹克来到了“千湖之国”芬兰（图2.23）。

1956第16届墨尔本奥运会由于比赛是在澳大利亚和瑞典的斯德哥尔摩两地举办，因此，分别设计了表示主办地特征和体育项目特点的两个会徽，这是奥运会形象景观设计史上唯一的一次（图2.24）。主会场澳大利亚的会徽，以椭圆形象征墨尔本主会场，在跑道上有“第16届奥运会”和“墨尔本1956”字样，以及象征着胜利的月桂枝。会徽中央，在一片象征着澳大利亚广袤草原的绿色上，熊熊燃烧着的火炬矗立在澳大利亚版图上，火炬的上方是奥林匹克五环。斯德哥尔摩奥运会会徽是瑞典人专为马术比赛设计的，会徽表现了一个古希腊骑手的浮雕形象，“据说设计者的灵感来自供奉在雅典卫城中的胜利女神雅典娜的形象”[1]，

[1] 王军.奥林匹克视觉形象的历史研究[M]．北京：北京体育大学出版社，2004：47.

18	19	20	21
22	23	24	25

图2.18—图2.25　第8届—第17届奥运会会徽

显示了古希腊文化艺术传统对瑞典人的影响。

1960年罗马第17届奥运会会徽（图2.25），采用了罗马城徽“母狼乳婴”的造型，会徽上一只母狼正在哺乳两个婴儿，其中的一个就是传说中的罗马城第一任国王罗慕路斯（Romulus）。会徽居中用拉丁文书写了“1960”字样，下面是奥林匹克五环。

这一阶段的会徽大都以直观的手法向人们展示奥运会主办城市或主办国的标志性建筑和城市象征形象，向人们直接传递了奥运会举办地点的信息。从罗马奥运会会徽上可以看出，举办国已经开始注重通过城市形象的再现来展现其对自身历史文化的发掘。会徽都与五环相结合，使每一届奥运会的识别有了延续性。

四、奥林匹克格言

顾拜旦的好友、巴黎阿奎埃尔修道院院长迪东（Henri Didon）在他的学生举行的一次户外运动会上，鼓励学生们时说：“在这里，你们的口号是：更快、更高、更强。”

顾拜旦将“更快、更高、更强”用于奥林匹克运动，并于1920年经国际奥委会正式确认为奥林匹克格言，在安特卫普奥运会上首次使用。口号一经提出就受到各国体育界的赞赏。“Citius，Altius，Fortius”仅短短的6个字，却表达了奥林匹克运动所倡导的不断进取、永不满足的奋斗精神。“它不仅表示在竞技运动中要不畏强手，敢于斗争，敢于胜利，而且鼓励人们在自己的生活和工作中不甘于平庸，要朝气蓬勃，永远进取，超越自我，将自己的潜能发挥到极限。”[1]奥林匹克格言的确立，标志着奥林匹克运动有了明确的精神内核，是奥林匹克运动体系逐渐趋于建立的标志。

五、体育项目图标

1936年柏林奥运会，在比赛的项目数量上较之以往的各届而言有了较大的增长，达到19个大项、129个小项。面对众多的比赛项目，柏林奥运会设计出了奥运会历史上的第一套体育项目图标（图2.26）。图标以典型的运动器具为象征符号，用以识别和传达比赛的项目内容。图标被广泛地运用到比赛场地和宣传材料中，人们即使不通过文字的认读，也能通过体育项目图标的形象特征识别出竞赛项目。以后的历届奥运会，也大都根据本届奥运会的项目内容，设计了具有鲜明识别性的体育图标，并逐渐发展成为奥运会形象景观中必备的基础形象元素。

1948年伦敦奥运会设计的体育图标，统一在盾形轮廓内采用单线勾勒的手法，描述了比赛项目的特征，令人能够准确而迅速地识别竞赛信息（图2.27）。

六、其他形式

（1）奖牌：从第一届奥运会开始就诞生了奥运会奖牌，它的设计集中体现了奥运会精神和主办国文化。意大利艺术家朱塞佩-卡西奥里（Giuseppe Cassioli）为1928年阿姆斯特丹奥运会设计了奖牌，“奖牌的正面是希腊神话中的胜利女神尼开（Nike），左手拿着象征胜利的棕榈叶，右手拿着奖给胜利者的桂冠。右下角是古罗马竞技场。奖牌的背面，欢乐的人群托起一位赢得胜利的奥林匹克冠军。”“这一设计得到国际奥委会的认可，规定1928年以后的奥运会，直至1968年均采用这个图案设计的奖牌。”[2]从1972年后，主办国可以自行设计奖牌背面的图案，而正面图案则一直沿用至今（图2.28、图2.29）。

（2 ）邮票：1896年，希腊政府为了解决资金不足的问题，还发行了古奥运

[1] [EB/OL]. http://www.beijing2008.cn/spirit/symbols/motto/.

[2] 王军.奥林匹克视觉形象的历史研究[M]. 北京：北京体育大学出版社，2004：58.

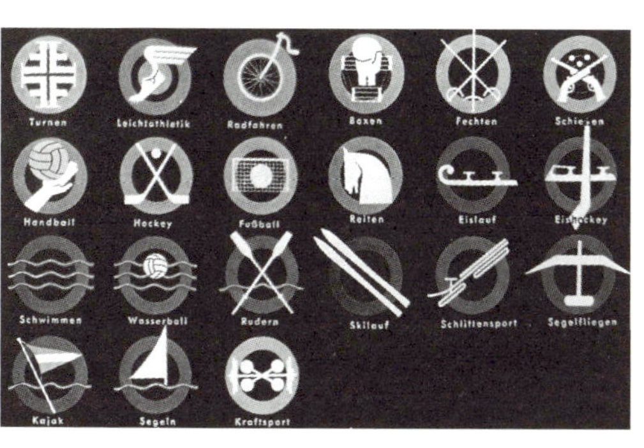

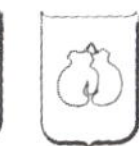

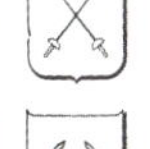

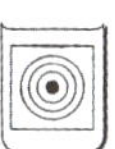

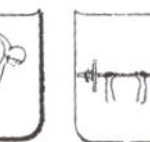

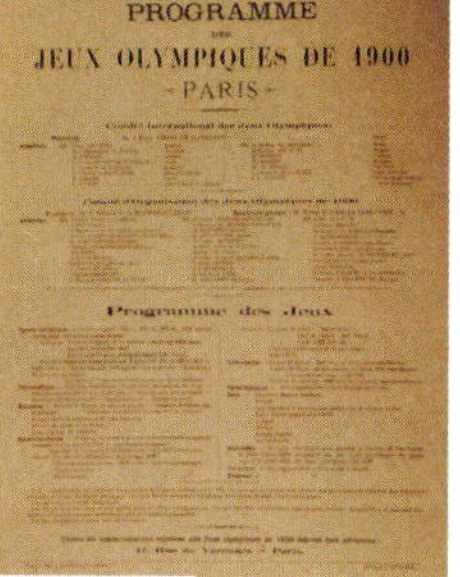
PROGRAMME
DES
JEUX OLYMPIQUES DE 1900
PARIS
Programme des Jeux

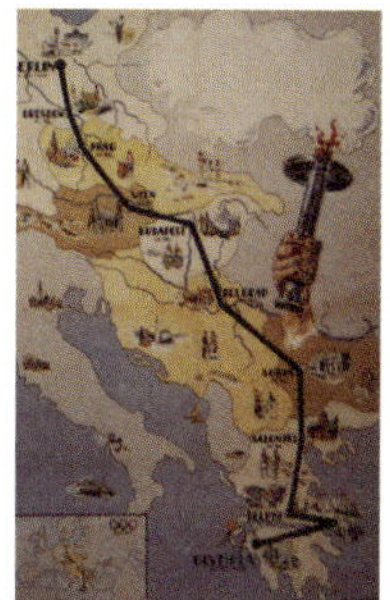

26	27
28	29
30	31	32
33

图2.26　1936年柏林奥运会体育图标

图2.27　1948年伦敦奥运会体育图标

图2.28　1896年奥运会奖牌

图2.29　1928年奥运会奖牌

图2.30　1896年奥运会纪念邮票

图2.31　1900年奥运会比赛节目表

图2.32　1936年奥运火炬传递图

图2.33　1932年奥运会地图

会的纪念邮票，为奥运会组委会资助了40万德拉克马（图2.30）。这一举措开创了发行奥运会邮票的历史。[1] 尽管奥运会邮票面积不大，却也在方寸之间通过精美的画面反映出奥运会的风貌。

（3）比赛日程表："虽然正式的奥运会海报到1912年才出现，但在1900年的赛会上，一些项目如田径、划船、自行车和体操赛都有自己的节目表"[2]（图2.31）。

（4）奥运会赛场地图：为奥运会建立专门的比赛场地，并为参赛运动员建立专门的住所，是奥运会从世博会脱离出来后的需求。1932年洛杉矶奥运会"建立起了规模宏大的体育场和奥运村。为方便运动员参加比赛和观众的观看，组委会专门设计了奥运会赛场指示图。"[3]作为奥运会信息系统设计的最早形式，以后各届奥运会大都设计了类似的指示图形。

（5）火炬：从1936年柏林奥运会开始，诞生了火炬传递仪式，并成为奥运会一项重要的活动。围绕火炬传递活动，火炬造型设计和火炬接力地图成为以后历届奥运会的设计项目（图2.32、图2.33）。

第二节　现代奥运会形象景观的初步形成阶段(1964—1980)

第二次世界大战后，在国际社会发生的深刻变化下，奥运会的发展呈现出社会化、大型化、综合化的趋势。奥运会的举办范围、举办规模持续加大。1956年的墨尔本奥运会和1964年东京奥运会，已经使奥运会的举办地从欧洲和美洲扩展到大洋洲和亚洲。同时，奥运会的举办规模也在持续扩大，比赛项目数量剧增。

这一阶段，全球科学技术取得了突飞猛进的发展，1964年东京奥运会通过"辛康3号"通信卫星，实现了奥运史上第一次奥运会全球实况直播。世界上越来越多的人，可以透过电视收看奥运会赛事，获得身临其境的收看效果。以电视为代表的大众媒体的发展，极大地促进了奥运会传播范围的扩大，也使奥运会日益置身于全球的发展环境下。

在跨地域跨文化的奥运会上，如何透过视觉形象的设计使不同国家和民族的

[1] 崔乐泉．奥林匹克运动通史[M]．青岛：青岛出版社，2008：81.

[2] 尤惠励．奥运精粹一百年[M]．新加坡：民生国际有限公司，1996：30.

[3] 王军．奥林匹克视觉形象的历史研究[M]．北京：北京体育大学出版社，2004：56.

人超越语言的障碍，获得清晰明了的识别和认知；如何有秩序地引导运动员和观众参加和观看比赛，参加文化艺术等其他活动，是这一阶段的奥运会形象景观所面临的重要课题。而从传播的特性和规律来看，系统化、一致性的设计较之单个而零散的设计更具有传播的力度，有助于提升形象的识别力。因此，在奥运会规模和影响与日俱增的背景下，这些客观的需要对奥运会形象设计提出了系统化设计的更高要求。

这一阶段，奥运会主办国都十分注重通过视觉形象的设计来传达奥运精神和主办国的理念，均有明确的主办理念来指导和协调整个奥运会的设计工作。设计师从主办国的奥运理念中继续深化出明确的设计主题，指导各项视觉符号的创意开发。

1964年东京奥运会在形象景观设计中运用企业形象识别设计，开启了奥运会形象景观系统设计的时代。之后的1968年墨西哥奥运会将更多的民族文化内涵带入其中，1972年慕尼黑奥运会以更为严格的标准化和秩序性整合了设计系统，并且深刻地影响了1976年蒙特利尔和1980年莫斯科奥运会。这一系统设计方法将形象景观分为基础系统和应用系统，强调基础元素在应用系统中标准化、一致化的贯彻，从而形成统一的整体，极大地增强了视觉形象的整体传播力度和传播效果，初步形成了奥运会形象景观的基本框架。

一、1964年东京奥运会

第二次世界大战后，日本全力发展经济，在短短十几年的时间里一跃成为仅次于美国的世界第二大经济强国，甚至一些西方学者把战后日本经济的发展称为20世纪的“奇迹”。日本体育界有影响力的人物河野一郎认为，东京奥运会对于日本的最大意义不在于对经济的促进，而在于帮助日本人与全世界进行沟通，去了解世界各国的文化。之前人们对于世界的认知仅仅来源于报纸和书本，而奥运会提供了很多与外国人直接交流的机会[1]。当日本作为第一个亚洲国家，获得第18届奥运会举办权的时候，实际上是获得了一次在全世界树立日本国家新形象、提升影响力的机会。东京奥运会的视觉设计也因此而肩负着重塑日本国家形象的重任。

20世纪60年代前后，正是欧美的一些知名企业纷纷导入企业形象识别设计的时期，这一设计观念和设计方法也对日本产生了影响。1964年东京奥运会将这

[1] 李关云．1964 日本睁开双眼[EB/OL]．http://finance.sina.com.cn/Olympic2008/news/20071113/00334165167.shtml，2007-11-13.

一设计方法导入奥运会的形象设计，第一次将以会徽为核心的图形、色彩和字体等基本形象要素，一致而系统地应用于各种设计项目中，使奥运会形象景观设计初步形成了统一化、系统化的整体面貌。不仅强化了奥运会形象的传达和识别功能，更为进一步开发其经济功能打下了基础。从此，奥运会视觉形象设计进入了统一和系统设计的新阶段。

日本政府十分重视奥运会形象设计，日本奥组委聘请了日本现代设计的奠基人亀仓雄策（Yusaku Kamekura 1915—1997）和他的设计中心，来负责东京奥运会的形象设计。与往届不同的是，他们在进行设计之前就提出了明确的设计主题——“东方的晨曦”，并将这一主题贯穿到所有的视觉元素中，使整个设计系统具有了整体一致的理念基础。

亀仓雄策在回顾1964年东京奥运会形象设计的创作时说：“要为一个国际体坛盛事做策划，是一项艰难的任务，这是外人所无法体会的。巨型奥林匹克体育场、布告板、传单、入场券、奥运会奖章和奖牌，还有许许多多其他东西，都必须有高水准的设计，而当中最关键的一环就是奥运会标志的设计，因为这是传达信息的基本符号。”“这些艰巨的工作，由杰出的日本设计师和年轻画家共同承担。有超凡的设计师鼎力合作，我相信奥运史上还是第一次出现这样的情形。”[1]的确如他所言，东京奥运会的形象设计开创了许多奥运形象景观设计史上的先河，成为具有里程碑意义的一届奥运会。

首先是会徽，设计师将日本国旗上红色的太阳标志、金色的奥林匹克五环和“TOKYO 1964”字样上下并置，鲜明直观地传达了本届奥运主办地和举办时间的信息。标志中的太阳有“日出东方”和“日即本”的哲学意味，准确地揭示了这届奥运会的主题。这一极简而现代的设计风格，给人的视觉形成了强烈的冲击，强有力的符号意味颠覆了以往任何一届会徽的设计（图2.34）。

其次，东京奥运会第一次运用系统设计的方法，在会徽与其他视觉形象之间通过图形、文字和颜色建立起内在的联系，将它们统一起来形成一致的识别体系；还将会徽和奥运五环作为基本形象要素，广泛地运用到所有官方的正式文件、证书、大会事务用品、宣传海报、比赛场所的环境标识、公共信息图形、门票、纪念章、纪念币上，以统一而丰富的视觉形象形成设计系统的整体面貌（图2.35）。不仅给来参加奥运会的人们带来便利，同时也美化和装扮了奥运会的环境。通过这些统一、系统的视觉形象，清晰明确地传达出东京奥运会的主办理念。相对于往届孤立地考虑会徽和

[1] 尤惠励．奥运精粹一百年[M]．新加坡：民生国际有限公司，1996：176.

34 35
37
36

图2.34 1964年东京奥运会会徽
图2.35 东京奥运会证书、徽章、纪念币
图2.36 东京奥运会体育图标
图2.37 东京奥运会海报

其他应用项目的设计所造成的分散、不一致的传播效果来说，东京奥运会的形象设计无疑是史无前例的。

好朗山下（Yoshiro Yamashita）运用一系列简化抽象的造型符号来表示人体的各个部分和各种运动器材，传达特定的体育运动项目的信息（图2.36）。

再次，东京奥运会的四幅官方海报中，除一幅运用了会徽图形以为，其余三幅均首次使用了摄影的形式来表现运动中的精彩瞬间（图2.37）。运动员在起跑、游泳以及在东方的晨曦中奔跑着传递圣火的姿态，在真实的呈现中，运动的速度与力量爆发出强烈的感染力。海报下方是将会徽中TOKYO与1964的字样分别放置在太阳与五环组合而成的主图形的两侧，形成了会徽的另一种排列方式，通过统一的元素运用和一致的构图形式，使海报与会徽之间达成统一。

1964年东京奥运会以其明确的奥运会目标和设计理念，独具识别力的会徽，及其在众多应用项目中的一致贯彻，形成了一个中心元素与整体间协同的设计系统。开创了现代奥运设计史上系统设计的时代，标志着奥运会形象景观设计系统的初步形成。不仅直接为1968年墨西哥奥运会形象景观设计的成功奠定了基础，更为以后的奥运会形象景观设计树立了典范，对全世界的设计师产生了巨大而深远的影响。

二、1968年墨西哥奥运会

在谈到1968年奥运会的面貌时担当设计的纽约设计师兰斯·威曼（Lance Wyman）[1]说道：“在1968年墨西哥奥运会中，平面设计作为视觉大使的传达手段发挥了重要的作用。”

1968年，奥运会第一次在南美洲国家举行，墨西哥作为一个锋芒初露的发展中国家，尽管没有足够的经费用来兴建如东京奥运会般的堂皇建筑物，却以其充满原创性的、强有力的奥运会形象景观设计，使墨西哥奥运会成为奥运设计史上、乃至于现代平面设计史上成功的典范。

1966年7月，当佩德罗·拉米雷·瓦兹奎[2]（Pedro Ramirez Vasquez）被任命为第19届奥运会组委会主席的时候，他清楚地知道自己的职责就是在全世界面前展示墨西哥的形象。“奥运会的竞赛并不重要，世界纪录或许会过时，但是一个国家的形象不会。”[3]

这一届奥运会设计面对诸多方面的挑战，而设计师则通过努力创造性地解决了这些问题。首先，1968年前后，墨西哥的当代平面设计还不曾为世人所注意，也没有设计师能够处理一个像奥运会这样庞大和重要的设计项目。佩德罗·拉米雷·瓦兹奎和他的工作团队面临的第一个设计挑战就是去确立自身的形象和劝说

[1] 兰斯·威曼，美国平面设计家。在墨西哥奥运会之前，已对企业形象系统设计拥有着丰富的实践经验。

[2] 佩德罗·拉米雷·瓦兹奎，墨西哥的建筑艺术设计家。

[3] 陈琳琳.1968年墨西哥奥运会形象设计[J].新平面5，2006(3):64.

外国设计师来到墨西哥参加工作[1]。

墨西哥奥运会确定了“让全世界青年们相互了解、增进团结”的主题。由佩德罗·拉米雷·瓦兹奎主持整个设计项目，“并聘请美国平面设计师兰斯·威曼担任视觉传达部分负责人，英国工业设计家彼得·穆多什（Peter Murdoch，1940—）担任特别产品设计部分负责人，由此组成一个由众多著名设计师参与的国际设计小组进行工作。”[2]

墨西哥是美洲最古老的文明所在地，高度发达的玛雅文化和阿兹特克文化都发源于此。1968年的墨西哥，既是一个有着悠久的史前文明的国家，同时也是一个现代国家。如何通过设计体现地区的文化特色，创造属于墨西哥自己的设计风格，是对设计小组的重大挑战。

在兰斯·威曼的建议下，设计小组以墨西哥的民族文化作为设计的主题，“墨西哥拥有悠久的文化历史，古典文化非常发达丰富，而墨西哥的民间文化，包括绚丽多彩的民间工艺美术品、服装、舞蹈、音乐、民间建筑也具有强烈的色彩特点。墨西哥的亚热带和热带地貌，提供了丰富的视觉形象基础，开阔、色彩丰富的风景，是墨西哥的骄傲。”[3]这些都成为了设计小组的设计依据。他们“从墨西哥古老的印地安文化传统中寻找设计的动机，其中重要的参考资料是古玛雅文化和阿兹台克文化的特征，这两个文化的设计中，都具有反复、重复使用线条组成图案的方法。”[4]最终设计小组在本土的，特别是印第安惠乔尔[5]部落艺术的绘画和现代的光效应艺术的绘画之间，发掘出共同的视觉表现语言——多重平行的线条组成的强有力的图案。加之墨西哥人对于鲜艳色彩的喜爱，形成了奥运会形象景观设计系统的基础。

会徽作为整个设计系统的核心元素，是由佩德罗·拉米雷·瓦兹奎、爱德瓦尔多·塔拉扎斯[6]（Eduardo Terrazas）以及兰斯·威曼共同设计完成的（图

---

[1] 陈琳琳.1968年墨西哥奥运会形象设计[J].新平面5，2006(3):65.

[2] 王军.奥林匹克视觉形象的历史研究[M]. 北京：北京体育大学出版社，2004：58.

[3][4] 王受之.世界平面设计史[M]. 北京：中国青年出版社，2002：262.(阿兹台克文化即阿兹特克文化，这是音译的差异。)

[5] 惠乔尔人，Huichol，是居住在墨西哥恰利斯科（Jalisco）州和那亚里特（Nayarit）州的中美印第安人。他们发展农业，种植玉蜀黍、豆类、南瓜和黄瓜等作物。饲养奶牛和其他家畜，兼营狩猎、捕鱼、采集野生食物以补农业不足。主要手工艺品有彩带、口袋、毛毯、细绳、刺绣等。惠乔尔人名义上信仰天主教，并举行一些宗教仪式，但当地异教的宗教仪式依然起主要作用。在某些仪式中，他们使用一种名为佩奥特仙人掌的致幻剂。——摘自陈琳琳编译：《1968年墨西哥奥运会形象设计》，第64页。

[6] 爱德瓦尔多·塔拉扎斯，墨西哥设计师，1966年当他被官方任命为1968年墨西哥奥运会城市设计项目的首脑时，他正在哥伦比亚大学教书，实际上他负责了每一个部门中最为关键的创意概念。

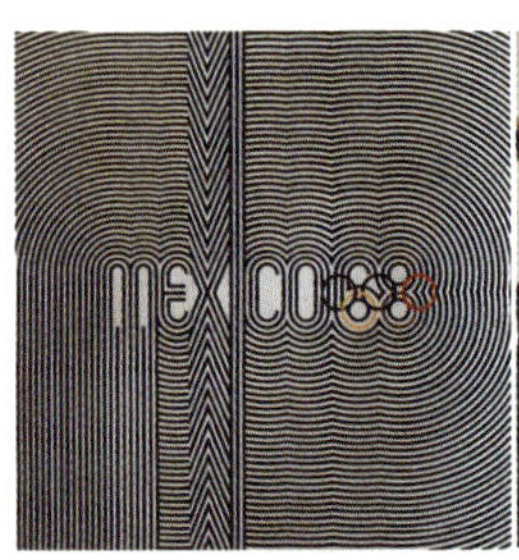

38
39 40
41 42

图2.38 墨西哥奥运会会徽
图2.39 墨西哥奥运会海报
图2.40 墨西哥奥运会会徽景观
图2.41 体育图标
图2.42 临时展览品

2.38）。会徽将奥运五环和举办时间1968年的“68”相重叠，并延伸出数条平行向外扩散的黑白线条，造成了强烈的视觉晕眩感和无限扩展的空间感，让人感觉墨西哥是个散发光芒、不断发展的中心。在这一简洁的标志中，强烈的印第安文化特征使主办国的文化身份得以突显，和奥林匹克的主题得以融合。同时，这些重复并逐渐扩展的线条，也为整个设计系统确立了独特的视觉元素，奠定了设计系统的整体基调。

在体育图标的设计中，墨西哥奥运会不去表现运动员整体的姿态，而是通过运动员身体的一部分和运动器具来表示不同的体育项目。在表现风格上，则模仿墨西哥在西班牙时期以前文化中的雕刻物。靠这些运动项目标志作为沟通的途径，打破各国之间在文化和语言上的障碍。

设计小组以会徽为基础元素，以会徽发展出来的平行扩散的线条为辅助图形，统一地应用在包括官方海报、旗帜、门票、别针、出版物、工作人员的服

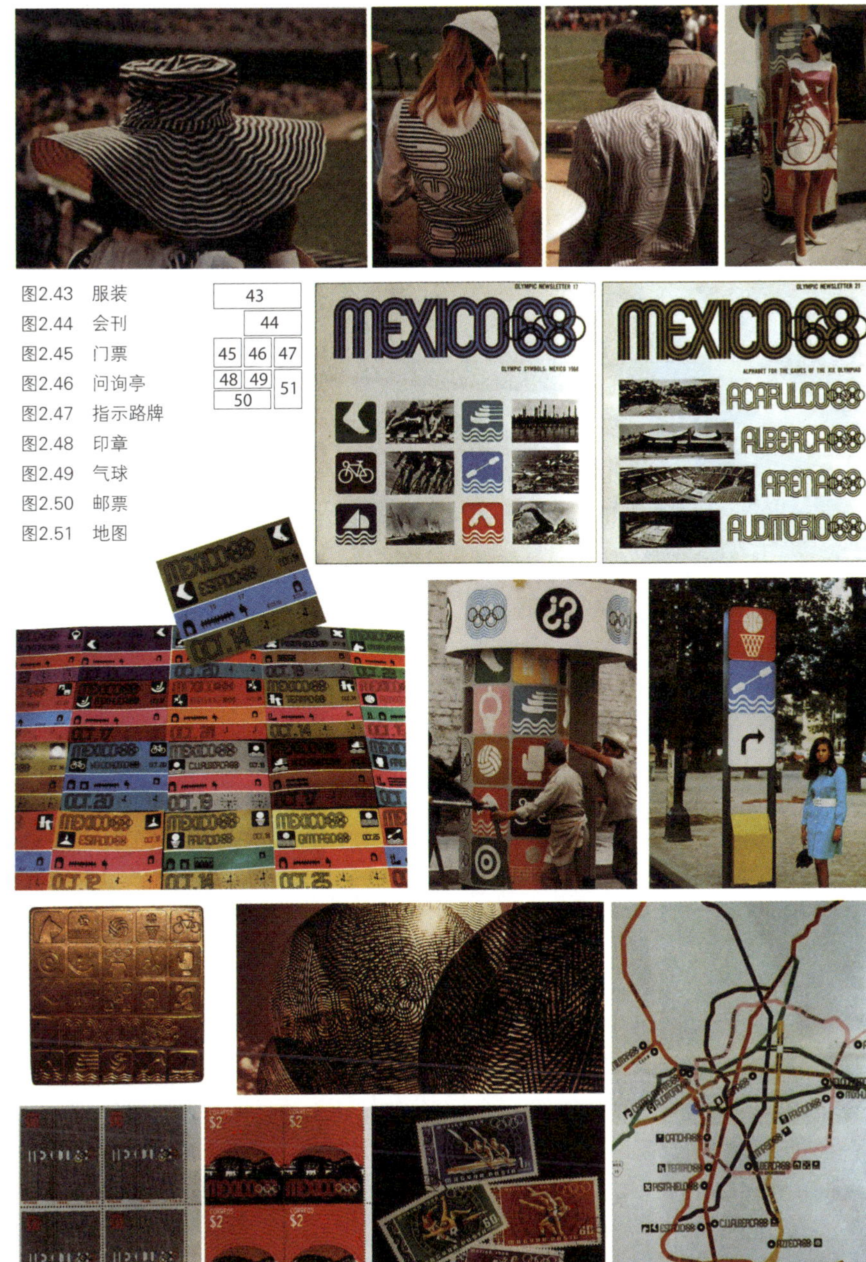

图2.43 服装
图2.44 会刊
图2.45 门票
图2.46 问询亭
图2.47 指示路牌
图2.48 印章
图2.49 气球
图2.50 邮票
图2.51 地图

装、导游制服的面料上、电视以及电影的片头、标明项目地点的大气球上，以及在项目地点中、从行人入口一直延伸到广场上的大型平行线图案等在内的广泛领域里（图2.39—图2.51），具有高度的统一性。

“此次大会还举办了一系列的文化艺术节，包括电影节、音乐会、图书展览、雕塑展览、儿童艺术节、邮票展览、奥运会历史展览、核能展览、人类基因与生物工程展览，国际诗人大会、民俗艺术展览等，因此，他们也设计了一系列的与运动项目标志相呼应的标志和宣传画。运动会项目标志和会议设施标志的外形是方形的，而这些文化活动标志的外形则是以此次运动会的会标以及‘68’两个阿拉伯字母的重复扩展形成的圆弧形组成的，既有统一，也有区别，非常生动。”[1]

此外，由于这届奥运会没有建立奥林匹克中心，赛场比较分散。因此，必须借助于系统的视觉形象设计将分散在墨西哥城各个角落的场馆联系起来，而各种奥运标志必须与该市原来的交通标志、商业标志等结合在一起。这种客观上的限制与需求，对奥运会形象景观设计的系统性和统一性提出了较高的要求。

通过当地文化符号作为交流的手段，兰斯·威曼成功地设计出与城市公共环境空间相融合的信息导视系统，具有简洁、生动与易识别性的特点。兰斯·威曼还和彼得·穆多什合作，利用运动项目、服务设施的方形标志作为基本单元，形成随时可改换的像邮政信箱、公用电话间、垃圾箱、急救箱等公共图形，以便会后很快拆除。还设计了路牌、看板、比赛场地地图、信息厅和其他图标。这些设计方法，大大方便了组委会的工作，又节省了时间和资金。

墨西哥人对各种鲜艳的色彩充满了喜爱，因此，设计小组考虑用色彩的差异来达到识别的功能，以提高识别的效率。设计小组推出了一套完备的色彩计划，用色彩在地图上标明不同的道路，用色彩标明不同的运动项目、不同区域的门票及体育场馆的座位区等。他们把色彩涂在主要道路的人行道的边缘上，以便外国观众能够对照地图找到目的地。比如，墨西哥城主要的大道之一大学城利用紫色标示，这条大道上的人行横道边缘也涂上紫色，因此人们很容易辨认。这些缤纷的色彩和城市环境紧密的融合在一起，充分体现了墨西哥民族奔放、外向、活泼、浪漫的个性特征，使奥运会变成了墨西哥狂欢盛会。就连“非常挑剔的《纽约时报》（the New York Times）在描述墨西哥设计时都说：只要你不是色盲，

[1] 王军.奥林匹克视觉形象的历史研究[M]. 北京：北京体育大学出版社，2004：79.

在墨西哥城内，即便是文盲，都能够顺利找到你要去的地方”[1]。足见这个设计系统的方便与完善。

如果说东京奥运会在奥运会设计史上开创了具有整体一致性的系统设计的先河的话，那么，墨西哥奥运会则建立起一个在开放中统一的设计系统。一方面，由建筑设计师、工业设计师和平面设计师共同组成的设计小组，形成了一个具有系统整合能力的设计团队。他们将城市景观、导向设施以及形象宣传作为一个整体来进行系统的考量，首次把景观纳入整个视觉设计系统，使奥运会系统设计的范畴得以拓展。会徽不仅被做成重两公吨的位于体育场入口处的巨型雕塑，而且在会徽基础上不断扩展的动态线条也成为巨型壁画，在墨西哥城市到处可见。另一方面，在形象景观设计系统本身，由于会徽延伸出的辅助图形的加入，既传达了深厚的本土文化特色，又为整个设计系统增添了一个活性元素。在应对不同的应用设计需求时，具有极强的适应性和可塑性，使得整个设计系统呈现出既统一又充满无限可能的、动态变化着的设计面貌。

三、1972年慕尼黑奥运会

慕尼黑举办奥运会有着与东京奥运会类似的目的，希望借奥运会的机会向世界宣告，从第二次世界大战的废墟中崛起的德国已经成为一个举足轻重的经济大国，进而扭转其在世人眼中的形象（图2.52）。

慕尼黑奥运会的形象景观设计系统，是由德国杰出的设计师，乌尔姆造型学院[2]（Hochschule f ü r Gestaltung, Ulm）的创始人奥托·艾舍尔[3]（Otl Aicher）携他的团队共同完成的。作为德国战后系统设计的奠基人，艾舍尔曾以其为汉莎航空公司设计的形象识别系统而享誉世界。他通过标准化的方格网络设计出的形象系统，在秩序性的纵横编排中呈现出一种理性的美感。

艾舍尔为慕尼黑奥运会确立了“宇宙与光线”的设计主题。整个形象景观设计系统的基本要素由图形、色彩和标准字体组成。会徽作为基本要素的核心，被设计成一个名为“宇宙”的有发光效果的螺旋体，由中心辐射出的白色光芒在螺旋线的影响下，产生了向外无限延伸的效果，象征着本届奥运会所传达的光明、

[1] 王军.奥林匹克视觉形象的历史研究[M]. 北京：北京体育大学出版社，2004：78.

[2] 乌尔姆设计学院又称乌尔姆造型学院，由英格·艾舍·绍尔 (Inge Aicher Scholl)、奥托·艾舍(Otl Aicher)和马克斯·比尔 (Max Bill)于1953年在乌尔姆创立。乌尔姆设计学院致力于理性主义和功能主义的设计探索，并发展出高效率、次序化极强的系统设计，是德国最重要的设计学院。

[3] 奥托·艾舍尔（Otl Aicher），1922年5月13日生于乌尔姆，1991年9月1日逝于洛伊特基希的Rotis。是德国20世纪最有影响力的设计师之一，同时也是国际知名的设计师。

清新、宽容的精神（图2.53）。会徽下方的“慕尼黑1972”字样采用了无饰线体。会徽上没有出现奥林匹克五环标志，但设计了一种五环与会徽上下并置的排列方式，与“慕尼黑”“1972”形成纵横交叉的组合方式。这种组合方式作为一种规范，贯穿于应用项目之中，使种类众多的设计载体呈现出整体划一的系统性面貌。

慕尼黑奥运会形象景观系统中，虽然没有出现贯穿所有设计项目的辅助图形，却用一组有规划的色彩搭配塑造了统一的视觉感受。艾舍尔在色彩的运用上特意回避了象征德国的红色与黑色，而采用蓝绿搭配的冷色系为主，包括两种蓝色、两种绿色、黄色、橙色以及黑、白、灰三种中性色彩，既体现了宇宙天体冷色调的特点，更给人以冷静、轻松愉快的感觉，丝毫没有暴力的影子。从色彩基调上，改变了人们因战争而对德国产生的负面印象。

在慕尼黑奥运会出现了夏季奥运会历史上第一个吉祥物——小猎狗瓦尔迪（Waldi）（图2.54）。这只德国纯种小猎狗的形象在巴伐利亚随处可见，它灵活、坚韧的特性也是运动员性格的象征。它的身上涂着蓝、绿、黄、橙等标准色，贯穿了形象景观的设计主题“宇宙与光线”。瓦尔迪被生产成为各种形式和尺寸的纪念品：长毛绒、塑料玩具、海报、钮扣等，作为一个可爱的具有亲和力的角色，它在奥运会上给人们带来了欢乐。此后，吉祥物成为历届奥运会形象景观中的重要元素之一。

图2.52　慕尼黑奥运会体育场
图2.53　慕尼黑奥运会会徽
图2.54　吉祥物Waldi
图2.55　慕尼黑奥运会海报

本届奥运会官方海报上主要展现了奥林匹克运动场和奥林匹克塔。由于主会场采用了半透明的帐篷形屋顶，这一独特的建筑样式也成为了官方海报的表现题材。奥运会的会徽位于海报的上方，但不是居中的位置，这种不对称的构图在均衡中充满了

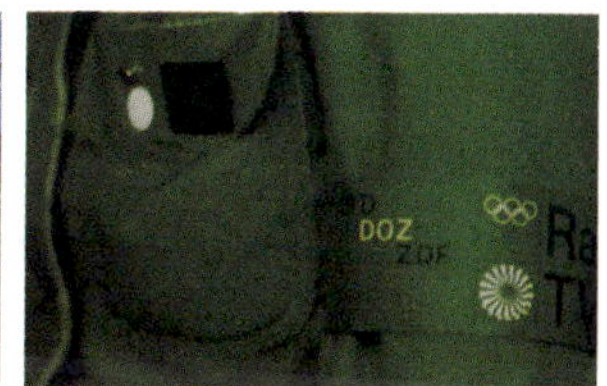

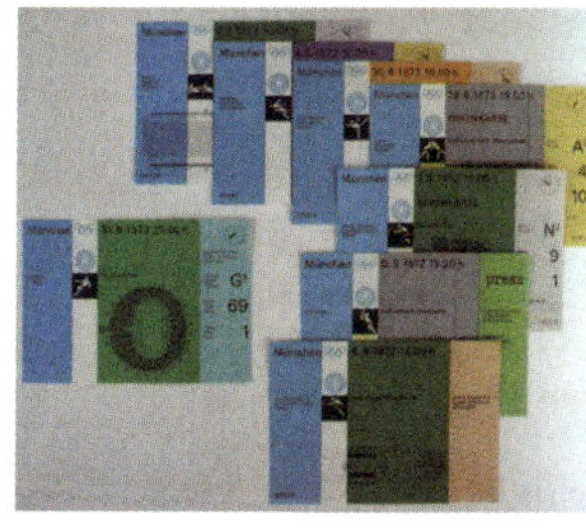

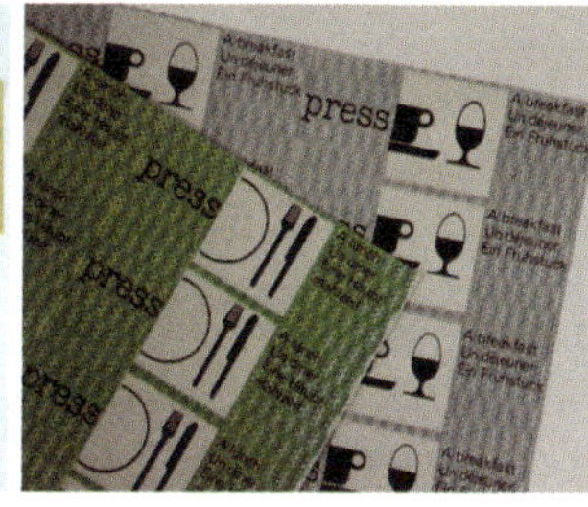

56
57 58 59
60 61
62 63
64 65

图2.56 系列海报
图2.57 旗帜
图2.58 环境导视
图2.59 制服
图2.60 证书
图2.61 体育图标
图2.62 门票
图2.63 餐券
图2.64 特许产品
图2.65 身份标签

动感和活力（图2.55）。

在一系列表现体育项目的海报中，为捕捉奥运会的竞技气氛和象征意义，画面选取了跨栏、游泳、足球等运动项目的摄影图片，并在此基础上采用色调归纳的手法对画面加以艺术化的处理，不刻意刻画动作的细节，画面呈现出版画般强烈的艺术效果。在色彩的选择上，贯穿了设计系统中规定的蓝绿标准色，再加上黄、橙两种暖色。根据具体的运动项目来设计与之相关联的色彩搭配，使运动形象和色彩系统达到高度的协调。海报上除“慕尼黑1972”外没有多余的文字，画面用色彩强烈的图形来传达信息，清晰明了，富于感染力（图2.56）。

除此之外，还有一系列由艺术家创作的艺术海报，他们的表现手法因人而异，各具特色。但在画面的下边，会徽与标准字体书写的德语的“1972年慕尼黑奥运会”以一致的排列组合方式出现在每一幅艺术海报上。于整体之中体现出设计系统的一致性。

艾舍尔携他的设计团队运用网格设计方法将会徽等基础设计元素对从平面视觉体系到场馆规划、指示系统等各种应用领域进行了全方位的贯彻和整合（图2.57—图2.65）。在“光明的慕尼黑”主题下，慕尼黑奥运会的形象景观呈现为一个充满理性、秩序和逻辑的设计系统，充分体现了德国功能主义的核心价值。作为系统设计的典范和瑞士国际风格的代表，深刻地影响了在它之后的奥运会形象景观设计，在接下来的蒙特利尔（Montreal）和洛杉矶（Los Angeles）奥运会的设计中就明显地反映出这种影响。

四、1976年蒙特利尔奥运会

蒙特利尔因举办1976年奥运会，31年来一直背着沉重的债务，直到2007年11月才最终还清。“奥运经济陷阱”成为人们心中对蒙特利尔奥运会挥之不去的印象，似乎也冲淡了关于这届奥运会的一切记忆。

这届奥运会的形象景观是由“设计师培立伊夫·佩雷迪亚（Pierr-Yves Pelletier）和乔治·于埃尔（Georges Huel）组成的视觉形象设计组，将奥林匹克标志和城市形象作为设计主题，他们选取了体育场的外型、领奖台和代表蒙特利尔‘Montreal’的‘M’字母与五环连在一起”[1]作为会徽，并赋予其加拿大国旗的红色为标准色。会徽设计构思巧妙而简洁，当人们看到奥运五环时，就会识别出这是一届不同以往的奥运会。由于奥运五环已经作为造型的一部分被包容在会徽之中，因此，应用时没有再重复出现奥运五环，这也使得整个设

[1] 王军.奥林匹克视觉形象的历史研究[M]. 北京：北京体育大学出版社，2004：82.

Montréal 1976

图2.66 蒙特利尔奥运会徽
图2.67 官方海报
图2.68 火炬传递海报
图2.69 吉祥物海报

计系统元素单纯而集中（图2.66）。标准字体依旧选择了无饰线体，但设定了粗细两种字体，粗体用于“Montreal1976”的字样，醒目而突出；其他的如“第21届奥林匹克运动会”等信息则选用较为纤细却清晰的字体。

官方海报中为主的一张是埃尔恩斯特·罗奇和罗尔夫·哈尔捷尔创作的，画面简洁大方，主体形象是奥运五环（图2.67）。创意的独特之处在于五环的色彩由实到虚，由深到浅向外扩散开来，如同五大洲的运动健儿从四面八方向着奥林匹克运动汇聚到一起，使看似静止的画面平添了一份动感。

本届奥运会还为火炬传递和吉祥物Amik海狸发行了海报（图2.68、图2.69），这是吉祥物第一次出现在海报中。一系列表现运动项目的海报，运用摄影生动地捕捉了运动员精彩的比赛场景，背景均以黑色隐去不必要的因素，使得画面主体突出（图2.70）。会徽在海报的构图中始终在左上角固定的位置上，横向依次是左对齐的法语和英语文字。从编排的秩序感上，依然可以看出慕尼黑奥运会设计的影响。此外还有大量的文化艺术海报，在表现手法上也十分丰富多样。本届奥运会共设计印制了135幅海报，从多种角度宣传和传递着奥运会的主题。

这届奥运会沿用了慕尼黑奥运会的体育图标，红、橙、黄、绿、蓝，五条彩虹般的色带形成了倾斜的条纹装饰，应用于环境导视系统、服装、纪念品等项目的设计中，成为除会徽之外辅助识别的一种视觉元素（图2.71—图2.77）。

从海报到单项体育图标、场地图、环境导视设施、场馆装饰、服装、门票、邮票、纪念章、纪念币、纪念品、证书等，尽管载体形式多样，传达的信息内容不同，但以会徽为核心的形象元素却始终得以

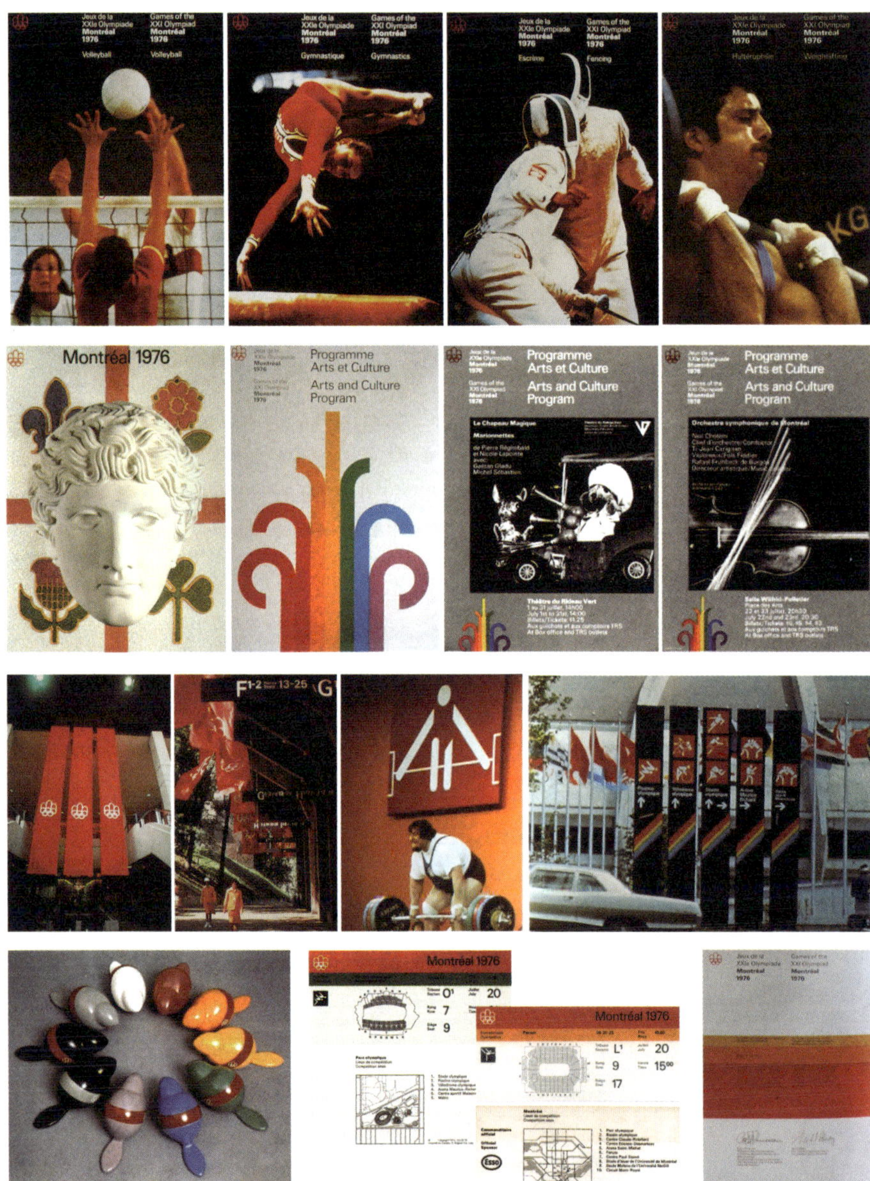

70
71
72 73 74
75 76 77

图2.70　体育海报　　　　图2.74　运动场指示路牌
图2.71　文化海报　　　　图2.75　吉祥物玩具
图2.72　会徽旗帜　　　　图2.76　门票
图2.73　赛场上的体育图标　图2.77　证书

一致的贯穿，使蒙特利尔奥运会形象景观形成了统一和系统的整体面貌。

五、1980年莫斯科奥运会

第二次世界大战后，前苏联迅速崛起为世界上仅有的两个超级大国之一。当1980年莫斯科准备召开奥运会时，正是这个超级大国最鼎盛的时期。“原苏联人投入了50多亿美元进行筹备”“宣称要把这届奥运会办成‘历史上空前盛大的体育节’”[1]。然而，1979年前苏联出兵入侵阿富汗，公然践踏了国际法准则，遭到世界舆论的反对和谴责，引发了奥运史上第一次大规模的抵制活动。在国际奥委会已承认的147个国家和地区奥委会中，有五分之二公开抵制或拒绝参加，参赛的仅80个，成为“最残缺的一届奥运会”。

空前强烈的抵制，反而促使莫斯科奥运会的设计师要以加倍的力量来塑造和实现“历史上空前盛大的体育节”这一恢弘的理想，造就了奥运会历史上视觉形象数量最多，也是比较系统的奥运会形象景观。

会徽是由设计师弗拉迪米尔·阿森特耶夫设计的，他用一组象征跑道的线条，高度概括地塑造了莫斯科标志性建筑克里姆林宫的外形轮廓，顶端的五星则象征着前苏联这个世界上最大的社会主义国家。标准色红色来自国旗的颜色，同时也是社会主义政权的象征（图2.78）。

1980年莫斯科奥运会的吉祥物是一只名叫米莎（Misha）的小熊（图2.79），由著名的儿童书籍插图画家维克多·切兹可夫耗时6个月的时间，从一百多幅作品中选出来的。在莫斯科奥运会期间，米沙被制作成毛绒玩具，印制在瓷器、塑料制品、玻璃器皿等上百种纪念品上，而且还出现在邮票上。

图2.78 莫斯科奥运会会徽
图2.79 吉祥物米莎
图2.80 官方海报

[1] 王军.奥林匹克视觉形象的历史研究[M]. 北京：北京体育大学出版社，2004：84.

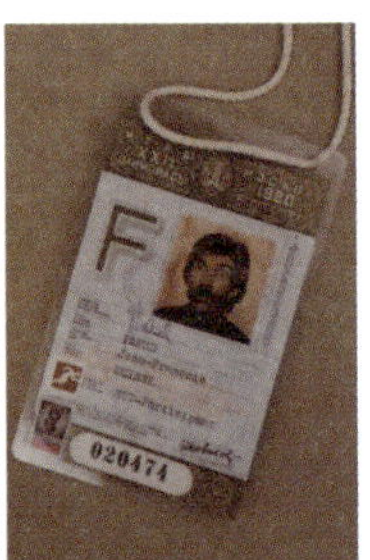

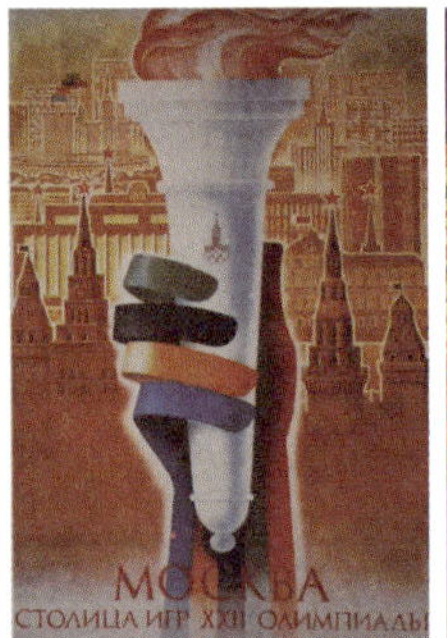

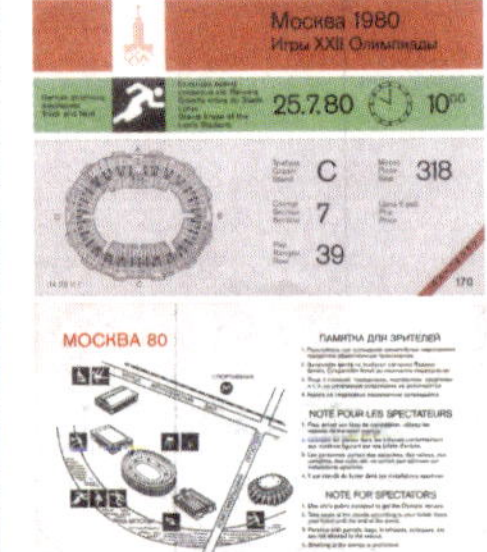

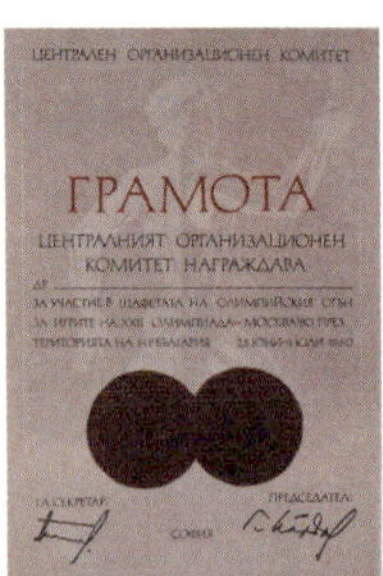

81 82
83 84
85 86 87
88

图2.81　米莎在赛场和卡片上
图2.82　身份证件
图2.83　场馆地图海报
图2.84　文化海报
图2.85　文化海报
图2.86　体育图标
图2.87　门票
图2.88　证书

这届奥运会创作了奥运历史上数量最多的海报，共208幅，其中官方海报就达40幅。为主的一张是直接呈现会徽和“奥林匹克、80、莫斯科”信息的海报（图2.80）。其余的分别是以体育比赛项目、艺术、文化节、火炬传递、吉祥物和反对抵制奥运会为主题设计的海报（图2.84）。此外，还设计了场地图、体育图标、各种宣传册、参赛证书等各类应用项目，“它们与会徽一道，形成一个统一的视觉传播整体，使所有参赛和不能前去参赛的运动员和全世界的观众都能感受到莫斯科奥运会的信息（图2.81—图2.88）。”[1]

第三节 现代奥运会形象景观的发展阶段（1984—1996）

奥运会形象景观不仅反映出举办国对奥林匹克的认识和理解，更主要的是它作为奥林匹克思想、文化的视觉化呈现，还反映了国际奥委会对于奥林匹克运动的运营、管理的思想和具体的运作方式。自1984年以来到1996年的四届奥运会，正值奥林匹克运动改革与创新的重要历史发展阶段，在形象景观方面所取得的大幅度的进展，与1980年萨马兰奇出任国际奥委会主席以来，对奥林匹克运动所展开的全面改革有着密不可分的关系。

1984年以前的奥运会资金来源尽管渠道多样，但获得的资金规模是极不稳定的。随着奥运会规模的持续扩大，举办奥运会的开支也逐年上升。1972年慕尼黑花费10亿美元，1976年蒙特利尔花费20多亿，而1980年莫斯科竟花了90多亿美元。[2]如果没有更好的资金来源，奥林匹克运动是难以为继的。1980年7月16日，萨马兰奇当选为国际奥委会主席之后，推行商业化改革，充分肯定商业运作对体育运动的积极作用，大胆引进市场经济的机制，积极而有控制地对奥运会进行多种商业开发，以经济的独立开启了奥林匹克的重生。国际奥委会在组织管理观念上的变化，极大地促进了奥运会对形象景观的各种功能的需求。

1984年洛杉矶奥运会，第一次将视觉形象与环境整合在一起，形成了奥运会特有的景观（Look）设计，在奥运会期间扮演着指示导引和装饰节日气氛的双重职能，全面开创了奥运会形象景观的新局面。由于传播媒介的巨大推动力，奥运会越来越成为一个举世瞩目的舞台，各举办国也视奥运会为传播本国文化的良好契机，积极地开发奥运会形象景观。电视转播的魅力使全球观众能欣赏到奥林

---

[1] 王军.奥林匹克视觉形象的历史研究[M]. 北京：北京体育大学出版社，2004：84.

[2] [EB/OL]. http://www.beijing2008.cn/00/66/article211986600.shtml.

匹克运动的精彩画面，职业选手进入奥运会使比赛更为激烈精彩，参加奥运会的国家、地区和运动员都大大增加，商业与传媒的全面介入使奥运会越来越成为一个世界范围内的体育盛事，其影响力和号召力已经不容忽视。在总结洛杉矶经验的基础上，国际奥委会设计出以“奥林匹克计划”(TOP计划)为代表的一整套规范而有效的奥运经营模式，用以保障奥林匹克运动获得稳定而持续的经济来源。

1988年、1992年两届奥运会都注重在自身的文化传统中，寻找设计开发与应用的元素，在传递奥林匹克精神的同时，将本国的文化一并传播出去。奥运会已经超越了体育本身的范畴，向着更为广阔的社会、文化领域显示其巨大的影响力。1996年亚特兰大奥运会更是在这种趋势上发展到这一阶段辉煌的顶峰，尤其是辅助图形“叶被”的开发与应用，创造了形象景观中的活性化因素，使其在系统中的作用发挥到了极致，成为奥运会形象景观中倍受关注的一个亮点。这一阶段的四届奥运会在各自国家的文化背景下，对奥运会形象景观展开积极而有创造性的实践，使奥运会形象景观得到充分的发展，为奥运会形象景观走向成熟与完善奠定了基础。

一、1984年洛杉矶奥运会

由于前几届奥运会耗资不断加大以及政治因素的干扰，使申办城市对奥运会望而却步。1984年洛杉矶奥运会在没有任何竞争对手的情况下，获得了主办权。1979年当彼得·尤伯罗斯担任筹委会主席后，采取了如：“与企业集团订立资助协议；出售电视广播权和比赛门票；压缩各项开支，充分利用现有设施，尽量不修建体育场馆；不新盖奥林匹克村，租借加州两座大学宿舍供运动员、官员住宿；招募志愿人员为大会义务工作”等[1]一系列措施为奥运会积极筹措资金。洛杉矶奥运会的总预算为4.5亿美元，据1984年12月19日洛杉矶奥运会组委会公布的材料，盈余为2.5亿(一说2.15亿)美元。尤伯罗斯开创了民间承办奥运会的先例，充分利用商业手段的做法，不仅给许多经济不发达国家承办奥运会以启迪，为奥运会顺利度过困难时期作出了巨大的贡献，同时也给奥林匹克运动的发展带来了生机。

洛杉矶是美国最重要的经济、文化中心之一，是由洛杉矶县（Los Angeles County）、奥兰治县（Orange County）在内的80余个大小城镇构成的大都市，

[1] 1984年洛杉矶奥运会[EB/OL]. http://baike.baidu.com/view/531578.htm.

表2.1 1984年洛杉矶奥运会经济收入一览表[1]

项 目	金额/亿美元	总收入的百分比/%
电视转播权	2.368	38
门票	1.503	24
商业伙伴	1.225	20
纪念币	0.297	5
利息及其他收入	0.882	14
合计	6.275	

这些城市紧凑有序地排列在接近1万平方公里的长方形地块上。在这样庞大的大都会中，如何通过设计营造出统一而热烈的奥林匹克形象和节日气氛，并且透过电视媒体给全球观众呈现独具特色的奥运会形象，进而满足奥运会市场运作的需求，成为设计面临的重要问题。

“为达到这个目的，组委会委托两家设计公司负责总体设计计划，其中包括由庄·杰德（Jon Jerde）和戴继·麦克尔（David Meckel）负责的杰德设计事务所（The JerdePartnership）和以平面设计家德波拉·苏斯曼（Deborah Sussman）、保罗·普里扎（Paul Prejza）负责的德波拉和普里扎设计事务所（Sussman／Prejza&co.）。全部总体计划由这两家设计公司合作完成，然后再分包给60多个设计事务所完成细节设计。数以千计的工作人员参与其中，整个运动会的准备工作在很短时间内就绪。这是到1984年，历届奥运会中完成速度、工程质量、设计水平最高的一次，也创造了完全不依靠政府资助而达到高水平的组织和设计工作的先例。”[2]

吉姆·巴特(Jim-Berte)、罗伯特·鲁尼恩 (Robert Miles Runyan)设计了一个被称做“运行之星”的会徽，会徽由美国国旗星条旗演变而来，红白蓝3色构成的5个五角星相互重叠，象征着五大洲的融合。13条由粗到细渐变的平行线，既象征着运动员在竞赛中不断进取、追求更高更快的速度感，还隐含着平等竞争的精神，代表着美国崛起于英国的13个殖民地，巧妙的构思营造出一种运动的美。从这届奥运会开始，会徽有了正式的名称（图2.89）。

[1] 易剑东.百年奥运史[M]．南昌：百花洲文艺出版社，2008：137.

[2] 王军.奥林匹克视觉形象的历史研究[M]．北京：北京体育大学出版社，2004：104.

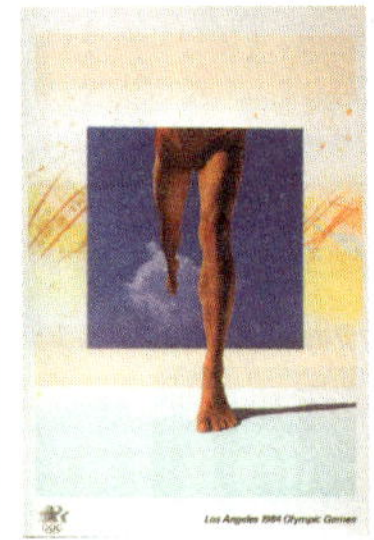

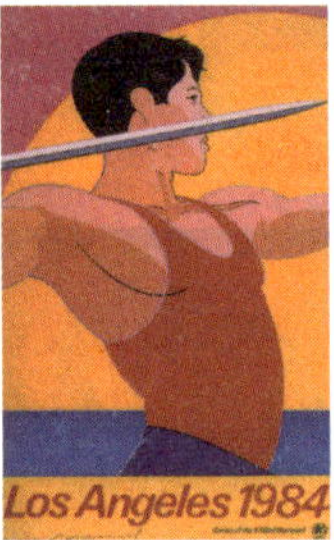

89	90	91
92	93	
94	95	96
97 / 98	99	

图2.89　洛杉矶奥运会会徽

图2.90　吉祥物山姆

图2.91　官方海报

图2.92　三色横条设计

图2.93　海报

图2.94　体育图标

图2.95　入口处的景观应用

图2.96　体育图标在赛场

图2.97　快餐包装应用

图2.98　门票

图2.99　票据

本届奥运会的吉祥物由迪斯尼公司的罗伯特·莫尔（C.RobertMoore）设计，名为“山姆”（Sam）的老鹰，卡通造型的山姆穿着代表美国传奇人物“山姆大叔”的服装，红白蓝三种颜色象征着美国。与会徽的寓意彼此呼应，简洁明了，趣意盎然。这只美国味十足的吉祥物，并没有作为形象景观的主要符号被广泛应用，只是出现在青少年的活动中，用以激发孩子们的参与兴趣，开启了吉祥物商业化利用的进程（图2.90）。

为了满足奥运会在所有赛事景观、相关文化活动、市场开发中对视觉形象的需要，这届奥运会还开发出了一套辅助图形。辅助图形来自于会徽中的五角星和条块，他们被自由的加以组合与延伸，粗细不同的条块，根据色彩的不同五角星也有正负不同的运用。以这些辅助图形为基础，再加上明快的色彩计划，粗细、明暗、冷暖，在强烈的对比中充满活力的美国文化特征被淋漓尽致的表达出来。为奥运会形象景观的运用增添了活性元素，在统一的识别中创造了丰富的视觉体验。作为奥运会形象景观的新成员，辅助图形开始萌芽了。

在奥运会形象景观元素中，性格鲜明、极富感染力的色彩，往往超越图形的认知直接给人强烈而鲜明的第一印象，在营造奥运会的节日气氛方面扮演着重要的角色。德波拉·苏斯曼根据加州阳光明媚绚丽的特点创造了这届奥运会的色彩计划，并以此为主导制定出大会的设计主题——三色横条设计“风貌”（Look）。他“采用了非常强烈的、跳跃的色彩计划，突出使用暖色系列和原色系列的结合，以这个结合为基本色彩计划，然后又推出了第二组补充色彩系列，由包括黄色、绿色、浅蓝色、紫色、蓝色、粉红色和淡紫色在内的更加明快的颜色构成。这组色彩是在第一组基本色彩上作为突出的‘点睛’，或者‘高调’色彩使用的（图2.92）。”[1]

奥运会形象景观的基础要素通过广泛的应用设计得以全面的展现。其中包括奥运会的办公事务用品、证件、纪念品、门票、海报、各种手册和传单等。这届奥运会分别以运动和艺术、奥林匹克人文思想、吉祥物、艺术节和赞助商为主题设计了共144幅奥运会海报，在奥运会期间的各种活动中反复传达着奥林匹克的理念和奥运会的信息。在官方海报中，为主的一幅是阿兰·利托格拉夫以这届奥运会会徽“运行之星”为主要形象设计的，总共印制了1万张，其中750张有作者的签名（图2.91—图2.99）。[2]

---

[1] 王军.奥林匹克视觉形象的历史研究[M]. 北京：北京体育大学出版社，2004：104.

[2] 崔乐泉.奥林匹克运动通史[M]. 青岛：青岛出版社，2008：636.

“在历史中扮演你的角色”（Play a Part in History）是组织者为鼓励当地居民而在宣传活动中使用的口号。这些宣传活动因缺乏系统的组织、主动推介意识不足而效果一般。不过，从这届奥运会开始，奥运会口号成为传达奥运会主办理念的标志性话语，越来越受到国际奥委会和举办城市的重视。

洛杉矶奥运会的会场从圣巴巴拉岛到圣地亚哥，从海洋到沙漠，从繁华的都市到偏僻的山谷。在这复杂的环境中，洛杉矶奥运会第一次将视觉形象与环境整合在一起，充分利用色彩计划来区分不同的赛场，并引导人们在赛场环境和城市空间中找到自己的目的地，既实现了景观的引导功能和装饰节日气氛的作用，又形成了奥运会特有的视觉面貌。德波拉·苏斯曼和保罗·普里扎说：“我们的解决方法是以图案为主，设计出一个可以大量生产和能够适应不同状况的‘装备部件’。其中，色彩的运用是最关键的，以紫红色为主的缤纷色彩，就充分表现出1984年夏季奥运会的特点。这个‘设计装备部件’也包括了有指示作用的图像语言。黑白相间的线条和紫红色背景的白色图像，表示入口处（图2.95）。印上字体的紫红色架子指示出各个竞技场的方向，黄色的高顶帐篷是询问处，紫色的是纪念品帐篷，水蓝色的则是饮食帐篷。会场和选手村用了129公里长的材料围着，围板上绘着廊柱和大厦的线条，到处都是图案。从墙壁到评判桌，再到各种徽章和制服上，真是无处不看到大会的主题设计颜色。”，“人人都不需要语言，每个人只要按这些紫红色的图案，就能出席1984年的洛杉矶奥运会。”[1]

这届奥运会透过独特的形象元素和色彩计划，尤其是在景观方面所进行的统一一致的系统化设计，使人们视线所及的各种载体都覆盖上了奥运会形象景观。在体现奥林匹克精神的基础上，充分展现了美国的文化特色，两者在形象景观的设计与应用中达到高度统一。同时，由于奥运会在商业领域中开发力度的加大，使奥运会形象景观担当起“品牌与标识的双重功能”。[2]洛杉矶奥运会的形象景观塑造对以后举办的1988年汉城奥运会和1992年巴塞罗那奥运会都产生了深远的影响，这两届奥运会的景观塑造也都采用了与洛杉矶奥运会相似的设计方法。

二、1988年汉城奥运会

汉城是继东京之后第二个举办奥运会的亚洲城市，在1988年9月17日，世界的目光聚焦在汉城之前，韩国还是一个发展中国家，一个因内战而处于南北对峙分裂状态下的国家，并没有得到世界的广泛关注。在这种情况下，韩国政府将汉

[1] 尤惠励．奥运精粹一百年[M]．新加坡：民生国际有限公司，1996：287-288.

[2] 王军.奥林匹克视觉形象的历史研究[M]．北京：北京体育大学出版社，2004：129.

城奥运会视为实施“和平统一外交政策”的一个重要步骤，通过积极进行体育文化外交活动，来提升国家形象和国际地位。汉城奥运会的成功举办，不仅使国力得到空前的增强和发展，国民意识得以提升，更通过高水平的设计提升了设计产业的整体实力，成为实施奥运会设计战略的成功典范。

“和谐与进步”是汉城奥运会的主题，这一主题超越了意识形态和政治上的差异与分歧，以奥林匹克和人类所追求的共同目标为诉求点，打破了以美国和苏联为首的国家通过奥运会相互抵制的历史，缓解了东西方冷战的局面，成为促进世界和平的一届体育盛会。在这一理念的贯彻下，韩国又通过会徽所传达出的东方文化思想——即“天地人”之道，向世界传播了韩国的文化。会徽是蓝、红、黄三色条纹旋转交织于一起的涡旋状图案，是一个具有浓郁民族特色的图案，被广泛应用于扇面上、韩式建筑的大门上和民族手工艺品的装饰上，表达了“吉祥如意”之意，成为韩国的象征符号。天时、地利与人和，三者之间蕴涵着离散而又合一的哲学思想，通过视觉焦点在会徽上由内而外、由外而内的变化，带给人时而凝聚、时而发散，运转不停的动感。加之一组白色渐变线的渗透，使动感和速度感得以加强。会徽既象征着世界各国运动员在奥林匹克运动的感召下相聚在韩国，也象征着人们于奥运会中所获得的快乐、幸福将传递给世界每个角落（图2.100）。

图2.100 汉城奥运会会徽
图2.101 吉祥物虎多里
图2.102 官方海报

汉城奥运会的吉祥物是一只韩国古老传说中的小老虎，名叫虎多里（Hodori）。它头戴韩国传统农民的帽子，帽子上的彩带缠绕成象征主办地汉城Seoul的英文首字母“S”形（图2.101）。

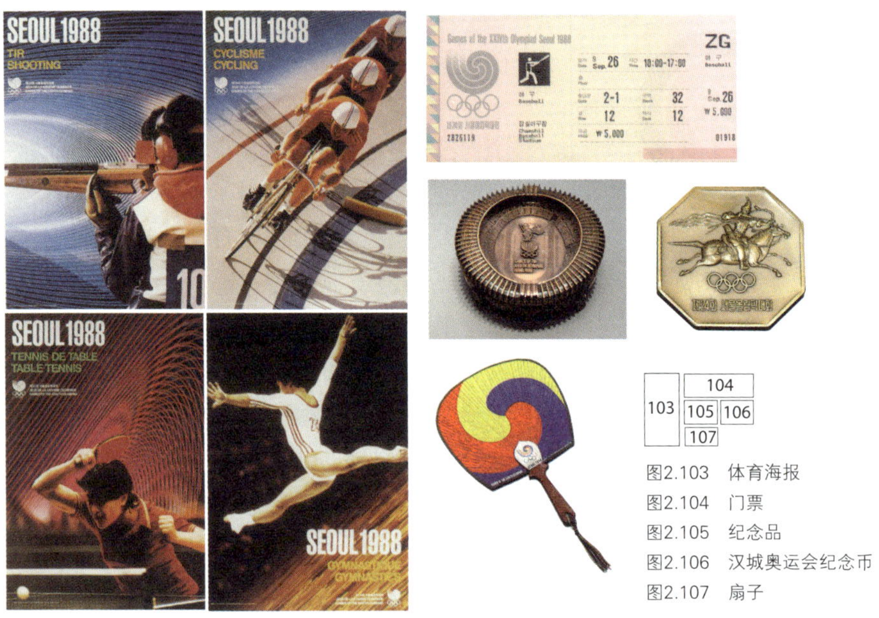

图2.103　体育海报
图2.104　门票
图2.105　纪念品
图2.106　汉城奥运会纪念币
图2.107　扇子

由会徽中延伸出来的蓝、红、黄三色，成为形象景观设计的标准色彩，和会徽、吉祥物、体育图标等基本元素一起，扩展运用在场地指示图、纪念品、大会事务用品、旗帜、横幅等应用设计上。还将环境融为一体，在建筑物的装饰上、环境导视、场馆布置等方面都有一体化的应用。

这届奥运会还分别以官方海报、体育、艺术、文化节、吉祥物虎多里、综合为主题，共设计了包括系列海报在内的90幅海报作品。这些海报中的会徽和文字信息等内容，均以几种规范编排方式，贯穿在不同系列的海报中，达到了设计的系统性和视觉上的统一性。两幅官方海报中，一幅是体现本届会徽的，另一幅则表现了一个在奥林匹克五环光芒照耀下，手持火炬奔跑着的运动员。呈放射状光芒的奥林匹克五环，象征着永恒的奥林匹克精神照亮着世界，世界人民沐浴在和平的阳光下，向着幸福与繁荣不懈的努力，再次强化了“和谐、进步”的奥运会主办理念（图2.102—图2.107）。

三、1992年巴塞罗那奥运会

巴塞罗那是一个地中海的港口城市，它自由浪漫，热情与活力的气息造就了毕加索、米罗、高迪和达利等现代艺术大师，并以他们的艺术作品塑造着这个城市的文化与艺术氛围。在这浓厚的文化艺术背景下，巴塞罗那奥运会以“友谊、创造与和谐”为奥运会主题，以其独特的视觉语言为这座城市创造了新的奥运文化遗产。

这一届奥运会的形象景观设计，鲜明的呈现出西班牙艺术设计的独特创造力和魅力，为以后的奥运会形象设计开创了崭新的风格。其中会徽和吉祥物尤为突出。

巴塞罗那奥运会的会徽是在巴塞罗那奥组委的高度重视下，通过设计大赛进行征集和评选最终确定下来的。西班牙著名设计师约瑟普·玛利亚·特里亚斯（Josep Maria Trias）设计的会徽，灵感来自于西班牙超现实主义艺术大师米罗的作品。会徽由抽象的点和分别向上下弯曲的弧线构成了一个向上跃动的运动的人，写意的造型似张开手臂跑、跳着，热情迎接五大洲参赛的运动健儿的巴塞罗那人，又似在赛道上奔跑的田径运动员、在平衡木上腾空跃起的体操运动员、在获胜时欢呼雀跃的人们……在简练率性的笔触下，活力与热情渗透其中，在似与不似之间，引领人们展开丰富的想象（图2.108）。

这届的会徽，一改以往对主办城市、主办国标志性建筑物或象征物造型的表现，以地中海人民充满活力的人文精神，实现了设计理念上的突破，体现了本届奥运 “创造”的主题。它开创了一种独特的形式美感，率性的、自由的、清新的，让人们再度领略了西班牙艺术的自由生动和丰富的想象力。这个会徽也因此在奥运会形象景观发展的历史中，具有了划时代的意义。

本届奥运会还将会徽中写意式的人物造型，延展运用到体育图标设计以及许多功能性的指示图标中，一个个充满活力的运动造型，与会徽形成了一以贯之的艺术风格，把“活力”带到各处。充分发挥了会徽图形元素的可塑性和延展性，并以这一造型元素整合设计系统。

会徽中的蓝、黄、红三色，融合了地中海文化的特质，西班牙国家的色彩，被赋予了丰富的象征意义。红色象征着生命的自由，火一般的热烈与激情；黄色象征着太阳、光明、理解与智慧；蓝色，则象征着海洋、天空、冷静与公正。

巴塞罗那奥运会的吉祥物是一个名为“科比”（Cobi）长相怪异的小狗。这只眯着眼睛，面带神秘微笑的又像山羊又像狗的动物，开创了奥运会历史上第一个非好莱坞风格的卡通形象。吉祥物的设计者、西班牙画家哈维埃尔·马里斯卡尔说：“从外观上看，科比是一只猎犬，它生活在比利牛斯地区，帮助牧羊人看护羊群，但如果具体地说的话，那么科比对我来说……它就是我的孩子。当我创作它时，我首先力求做到：不论它是大是小，它必须是可以被感知的。当人们看到它时，人们就想了解它的性格和习惯。我让它有两只手、两只脚，使它会跑、会走、会跳。我赋予它历史，但不是一个超级英雄的历史，而是一个普通动物的历史。我没有把它塑造得高大、俊美，而是让它大腹便便。一句话，让它有一些缺陷，像我们每个人那样。我希望它对所有的人都很友善，让它好像在对所有的人说：‘我在寻找朋友！’”（图2.109）。[1]

在巴塞罗那奥运会期间，科比活跃在从彩旗到立体模型的几乎所有的奥运会纪念品上，十分受人们的喜爱，成为奥运会有史以来最赚钱的吉祥物，也是这届奥运会除会徽之外的另一大设计亮点。组委会甚至为宣传奥运会，而在西班牙的电视里特意为科比制作了连续剧，使它成为家喻户晓的角色。科比的成功，显示了充满想象力的现代艺术风格卡通形象在商业上的独特魅力，也显示了电视传媒对宣传的巨大影响力。

官方海报是以会徽为主要图形元素的，海报下方是巴塞罗那城市的灰色轮廓，这幅海报是同会徽的产生一同被确定下来的（图2.110）。另外还有一个系列的海报也十分突出，这些海报向我们呈现了一系列以美国国家航空暨太空总署所拍的地球照片为背景的各种运动，突出地传达出体育是属于全人类的共同事业，当人们看到蔚蓝的星球和宇宙空间时，那些属于人类共同的理想、信念使我们更加友爱、团结（图2.111）。本届奥运会“共设计了76幅宣传画来传达比赛和文化艺术活动信息。主要有体育运动系列、文化艺术系列、吉祥物系列、综合系列（仪式、火炬传递、奥运会历史、精神、主办地

图2.108　巴塞罗那奥运会会徽
图2.109　吉祥物科比
图2.110　官方海报

[1] 崔乐泉．奥林匹克运动通史[M]．青岛：青岛出版社：2008，705-706.

111 图2.111 海报10张

112 图2.112 门票

文化、风貌等）等。”[1]（图2.112）

会徽的图形、色彩和文字成为贯穿整个奥运会环境景观的主要元素，反复出现在各种传播载体上，使形象景观的整体风格得以不断强化。巴塞罗那对奥运会形象景观充满激情与活力的创造，不仅满足了奥运会的实际需要，同时也传递出巴塞罗那人对奥运精神、内涵的独特理解。

[1] 王军.奥林匹克视觉形象的历史研究[M]. 北京：北京体育大学出版社，2004：113.

四、1996年亚特兰大奥运会

亚特兰大第26届奥运会是一届具有独特历史意义的奥运会，它在20世纪最后一届奥运会到来之际，迎来了现代奥运会的百年诞辰。100年前，第一届现代奥运会在雅典举行时，只有14个国家的241名运动员参加。如今，197个国家和地区的10 318名运动员参加了比赛，奥林匹克运动已成为当今世界上规模和影响力最大的社会文化活动。尽管未能在雅典——它的诞生地举办而显得有些遗憾，但亚特兰大这座美国南方的年轻城市却以“传扬百年盛典的奥林匹克精神”为设计理念，用激动人心的视觉形象为世界人民留下了深刻的印象。

会徽作为形象景观的核心元素，是统领整个设计系统的关键符号。朗涛公司（Landor Associates[1]）因其在品牌形象设计方面的丰富经验，被组委会选定为本届奥运会形象景观的设计公司。它在全球的设计师提交了500多个会徽设计方案，最后入选的是一个熊熊燃烧的奥林匹克火炬造型的方案。奥运五环和数字100，组成了这把火炬的手柄，又如同具有浓郁希腊风格的建筑柱头，用以象征奥运会的发源地与悠久历史；五个五角星由上而下、由小到大，渐变为火焰的形象，共同组成了这团百余年来，象征着和平与活力、崇高的奥林匹克精神之火。五颗星由远而近的汇聚，象征着世界各地运动员为着共同的奥运理想汇聚一堂。同时，五角星也象征着主办地美国。奥林匹克圣火是崇高的奥林匹克精神的象征，它在一届届的奥运会中被传承下去，是奥林匹克运动不灭的灵魂。因此，会徽选择火炬为象征符号，准确地把握住“传扬百年盛典的奥林匹克精神”这一设计理念的精神实质（图2.113）。会徽的色彩十分丰富，金色代表了金牌与辉煌；绿色代表了月桂树枝条的颜色和有着“树之城”美称的亚特兰大城；蓝色代表了美国；橘黄、红、淡紫是圣火燃烧着的颜色，代表着运动的热情与活力。这些色彩在冷暖的搭配中，形成跃动的色彩感觉，给人以庆典的愉悦。

这届奥运会在会徽风格的基础上，延伸开发出亚特兰大奥运会广播公司（AOB）和“文化奥林匹克”两个二级标志。这是奥运会形象景观中又一个形象元素的诞生，从此，二级标志作为一个常规项目成为奥运会形象景观设计系统中不可或缺的组成部分。这两个标志都在会徽的基础上进行了局部的变化，保留了会徽下半部分火炬手柄的图形，只变换上半部分的图形。AOB标志上半部分以一个漩涡状的曲线和由中心生发出的斜线组成，象征着媒体传播信息的属性特征和

[1] [EB/OL]. http://www.hytal.net/blog/article.asp?id=43 (美国郎涛策略设计顾问公司（Landor Associates）是全球最大的形象识别与品牌策略设计顾问公司，专事企业形象、品牌包装与设计等，协助公司、团体定位、设计并实行其识别系统，以解决在商业与形象沟通上可能有的各种问题。)

以亚特兰大为中心向世界传送奥运会赛事信息之意。“文化奥林匹克”标志以一片卷曲的书页为图形，象征着文学中的任何一页纸或音乐中的任一曲谱。在上下两部分之间加入“Atlanta 1996”的字样，由于保持了会徽中的部分形象元素，使得它们之间保持了一致性的家族化特征，为追求设计系统的连贯性打下了好的基础。

亚特兰大奥运会吉祥物利兹（IZZY），是一个由计算机生成的动画角色，他诞生于当地一家名为DESIGNefx的设计公司，在亚特兰大组委会组织的吉祥物设计大赛中以其创新概念胜出。他的造型有着很强的适应性，能够适应运动员的各种动作造型。尽管他不被成年人看好，也没人知道他究竟是什么，却出乎意料地受到孩子们的欢迎，因此，IZZY最终成为奥运会青年和教育项目的使者。大会还专门为其设计了7张宣传画（图2.114）。

亚特兰大奥运会的体育图标受古希腊运动员健美形象的启发，运用剪影的形式再现了运动员的运动造型，与具有希腊风格的柱头会徽相得益彰，形成和谐的整体（图2.115）。朗涛公司“还为亚特兰大奥运会开发了标准色彩系统。基本色彩——‘乔治亚绿’成为亚特兰大奥运会的标志性色彩，它和火炬形状的会徽很快被全球认知，成为亚特兰大奥运会的同义词”。[1]

构成亚特兰大奥运会独特的形象景观的重要元素之一“叶被”，是在组委会指导下组建的由五个设计公司共同组成的国际设计师团队开发出来的。[2]

设计团队确立了“和谐·光辉·优雅”3个核心设计主题。“和谐”——代表世界各地的运动员团结在一起；“光辉”——代表奥林匹克百年纪念的光芒照亮全球；“优雅”——是主办城市和美国南部的特点。在这个主题的框架下，三个月内，每一家公司竭尽所能地创作出更多的设计方案来反映这个主题，“好几家公司的概念都采取像缝合被单一样的补缀的手法，而其中一家公司更是大力推荐采用叶子的概念。”[3]最终在亚特兰大奥运委员会的指示下，这些构思融合为一体，诞生了1996年亚特兰大奥运会的“风貌”（Look）——树叶的补缀（The Quilt of Leaves）（图2.116）。

[1] 胡雪琴.1996—2008奥运会形象景观设计：本土文化资源的开发与组织[D].北京：中央美术学院，2007：34.

[2] 通过递交投标方案和最终的陈述，组委会从500多家设计公司中，选出包括Copeland Hirthler/Murrell design+communications和Jones Worley Design两家亚特兰大的公司，三番市的Primo Angeli公司、波士顿的Fevermann Design以及罗德岛的Malcolm Grear Designes公司在内的5家设计公司，以及一家亚特兰大的建筑/项目管理公司Turner and Associates/Architects & Planners，于1994年1月组成团队，一起开发奥运会景观。

[3] 尤惠励. 奥运精粹一百年[M]. 新加坡：民生国际有限公司，1996：375-376.

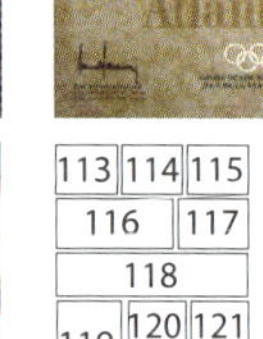

图2.113　亚特兰大奥运会会徽
图2.114　吉祥物利兹
图2.115　体育图标
图2.116　辅助图形叶被
图2.117　飞机机身景观
图2.118　叶被在环境景观中的应用
图2.119　官方海报3张
图2.120　证书
图2.121　门票

叶子作为这个图形的主要元素之一，和奥运会有着许多直接的关联。在奥林匹克传统中，月桂树枝条和橄榄树枝条被编成桂冠戴在获胜者的头上，以示胜利的荣誉和神圣，受到所有崇尚和平与奥林匹克传统的人们的尊重;它们也常出现在奥运会的奖牌上、海报上，成为奥林匹克运动追求和平的象征符号。同时，亚特兰大又是美国森林覆盖率最高的州，素有“树之城”的称号。因此，叶子也作为亚特兰大的代表符号，象征了美国南部优美的自然环境。由碎布料补缀成的拼花被子，是美国南方的一种民间传统工艺，也是人类最纯朴、最原始的创作，有着悠久的历史。

补缀的形式将不同的主题和多样性的概念囊括进来，具有很强的包容性和适用性。它不仅将亚特兰大的自然与人文特色、美国南部的文化继承、南部人民的热情，有机地编织在一起。同时，它也将奥林匹克的古老传统、人类团结、以及百年庆典等几重重要的意义系统地编织起来。它象征着奥运会开幕式上一个个参赛国家运动员组成的方阵，它们在一起构成一幅五彩缤纷的壮丽景象，犹如被子上的一块块图案。丰富的色彩，代表着世界多样的文化构成了一个多彩多姿的和谐整体。它所传达出的温暖、舒适和欢迎的意义，召唤着世界各地的人们团结在奥林匹克大家庭中，传达出奥林匹克的团结精神。

“叶被”图案作为亚特兰大奥运会形象景观系统中的重要元素，将所有视觉元素协调统一起来，不仅表达出友谊、庆祝、以及南方的热情，还传达出百年奥运盛典的气氛。其极强的灵活性和适应性，使它得以在奥运赛场内外的几乎所有设计项目中被广泛运用，形成了统一、壮观的奥运会景观。辅助图形“叶被”的设计开发与应用，在营造奥运会景观整体形象中起到了举足轻重的作用，成为整个奥运会形象景观中的亮点（图2.116—图2.121）。

会徽、五环、标准字、色彩、体育图标与辅助图形“叶被”作为奥运会形象景观的基本要素，广泛地应用在奥运会的事务用品、服装、各种纪念品、旗子、横幅、广告板上，出现在城市的广场、主要街道、机场等公共场所和醒目的建筑物上。形象景观的识别图形还被应用在奥运场馆的内、外部的景观环境中，指示牌、路灯横幅、临时围档、领奖台，小到奖牌，大到巨型的条幅，每一个项目都包含了奥运会的形象识别特征。只要是设计师有可能应用的场馆，都会尽可能的应用，形成了壮观的奥运会景观。

第四节 现代奥运会形象景观的成熟阶段（2000—2008）

在信息通讯、科学技术、交通运输空前发展的21世纪，国际形势呈现出多极化、全球化发展的趋势。尽管局部仍有战争和动荡，也依然阻挡不了世界和平、发展与合作的大潮流。各个国家和地区之间在政治、经济、文化等方面的联系变得日益密切，生活在世界不同地区的人们的接触也从来没有像今天这样频繁。正是在这一背景下，奥林匹克运动在全世界得到了更为广泛的普及和传播，奥运会电视转播的收视人数连创新高，申办奥运会的竞争也达到了白热化的程度。“国际奥委会通过强有力的市场营销行动获取了大量的资金，给予各国单项体育联合会、各个国家和地区的奥委会以及运动员的资金支持力度越来越大。为奥林匹克运动进一步发展壮大、走向更为辉煌的未来创造了条件。”[1] 853

20世纪90年代以来，国际奥委会就开始对奥林匹克理念、行为和视觉形象进行全面整合，以全力塑造和维护奥林匹克品牌。正像萨马兰奇认为的那样，“要衡量奥运会是否成功，得看它是否能代表运动员们至高无上的追求，是否忠于自己长久以来形成的价值观、哲学、品牌。”[1]861奥运会的传统是奥林匹克品牌最重要的资产，正由于奥林匹克的非商业性追求，才使它成为所有市场合作伙伴提升自身品牌形象、实现商业价值的最佳平台，国际奥委会才可以透过TOP计划吸引世界上如此众多的公司加入到奥林匹克市场营销中来。因此，作为奥运会组织者的国际奥委会必需精心培育和维护奥林匹克品牌的形象，在商业开发和品牌保护方面保持平衡，使奥林匹克品牌的社会和经济效益得到充分的开发。

具有标志性意义的是“1997年国际奥委会正式设立了OGIP（Olympic Games Identification Program）项目，确保奥运会形象景观设计得到主办城市组委会最高层领导的关注与重视；设立国际奥委会形象景观顾问一职，指导协助主办城市完成奥运会形象的设计和组织工作，确保奥林匹克品牌形象在历届奥运会中保持一致性、完整性以及高水平，奥运会五环标志的最大化展现；制定出一系列规范手册，如奥运会标志使用规范手册、品牌保护等指导手册，指导后来的每一届主办城市开展品牌保护工作。”[2]OGIP项目标志着作为奥林匹克品牌所有人的国际奥委会，对奥运会形象景观工作有了正式明确的规定，已经形成了一个完整的设计与管理体系以及运作模式。OGIP作为一个较为成熟的框架，从2000年悉尼奥运会开始对奥运会的品牌理念及形象设计提出了规划方向和总体要求，并在操作层

[1] 崔乐泉．奥林匹克运动通史[M]．青岛：青岛出版社，2008.

[2] 胡雪琴．1996—2008奥运会形象景观设计：本土文化资源的开发与组织[D].北京：中央美术学院，2007：27.

面上给予具体指导。

作为国际奥委会对奥林匹克品牌认识走向成熟的标志，OGIP项目在近三届奥运会形象景观的设计实践中，作为内部的核心推动力，使奥运会形象景观在正式的指导框架下，形成了较为完整的设计体系和操作系统，进入了系统化、统一化、整合化发展的新阶段，直接促进了奥运会形象景观系统走向完善与成熟。

作为成熟阶段的奥运会形象景观呈现出以下一些特点：

（1）国际奥委会出台了OGIP 项目，从设计内容、程序与管理等方面给奥运会形象景观工作以宏观指导和具体操作意见；从此，奥运会形象景观工作在具体的框架下开展，标志着奥运会形象景观已经形成了一整套完整的设计和操作体系。

（2）奥运会形象景观具有明确的设计理念和主题。在设计理念和主题的主导下，形成了一整套具有独特形象识别功能的视觉设计系统；既强调单个形象元素设计的精彩，又兼顾整个设计系统的协调一致。

（3）系统设计和整体运作是奥运会形象景观成熟的重要标志。

系统设计：从理念到形象元素开发、再到景观应用系统，形成了系统的递进关系，以及自上而下的贯彻系统；这一系统可以保证视觉形象在景观应用系统中获得一致性的效果，使整个形象景观系统具有浑然一体的整体感。

整体运作：从理念开发到形象景观的设计，再到奥运会品牌的塑造和市场推广，将奥林匹克品牌保护、推广与该届奥运会形象宣传整合为一体化的设计系统，创造出集中而有力的宣传效果，形成一体化的形象识别体系。

（4）将整个奥运会视为一个多维度的传播载体，将品牌形象置于多层次、多角度、多维度的景观环境中，塑造全方位的奥运会形象。在设计与应用上，将不同传播载体的功能进行差别化的景观配置，强调各种载体之间的协调配合，以求得形象景观在不同维度上的整体效果。

（5）成熟阶段的奥运会形象景观综合地传达奥林匹克品牌形象、举办国与举办城市形象、举办国民族文化传统等。尤其是自悉尼以来的三届奥运会，举办国的文化渗透力和影响力越来越成为奥运会形象景观开发的内在推动力。悉尼奥运会体现了土著文化和悉尼城市文化；雅典则突出传达了其古希腊文明和奥林匹克传统；北京奥运会向世界传播了以和谐为核心的中国传统文化的时代内涵。这一切都说明，在奥运会形象景观中文化越来越多地扮演起主导的角色。

一、2000年悉尼奥运会

2000年悉尼奥运会是新千年的第一届奥运会，在这一历史性的时刻举办奥运会，意味着奥林匹克运动在新世纪的发展方向。为使体育与文化结合得更紧密，悉尼组委会明确了“共享奥林匹克精神” 的举办理念，“要把奥运会办成真正属于‘运动员的奥运会’‘环境的奥运’和‘新世纪的奥运会’。”[1]117

悉尼奥运会组委会聘请Minale，Tattersfield，Bryce and Partners国际设计顾问公司的Michael Bryce担任首席设计顾问。他们首先确立了一个总体的品牌形象框架，通过明确设计的核心理念和目标，对形象景观进行了有组织、有计划、高水平的设计规划。并委托位于墨尔本的设计公司FHA Image Design, Beng Design等数家设计公司进行悉尼奥运会形象的设计开发。

悉尼奥运会确定了“无私、活力与乐观”的设计理念，即要表现出具有青春活力和强健体魄特征的奥林匹克榜样的力量；同时也要倡导“精力充沛、乐观向上、思维敏捷、充满活力的人生价值”，通过形象的传播，达到对外使世界关注2000年悉尼奥运会，“并传达努力奋斗、公平竞争、身心和谐的奥林匹克精神；对内，激发爱国主义情怀，提高国家的凝聚力” [1]118的目标。

“根据总体框架确立的视觉设计的核心要素包括：澳洲的特色、古老又现代的文化、运动员形象、代表原住民和现代澳洲人、澳洲独特的天空、大地和水、与申办标志悉尼歌剧院的形象结合” [1]118，表现现代澳大利亚的精神和价值，形成与往届有较强差异性的，一个崭新的澳大利亚形象。同时，还要适用于各种形式的媒体传播。

悉尼奥运会的会徽象征着一个手持火炬奔跑的运动员，同时巧妙地融入了澳大利亚的标志性建筑物和澳洲土著文化特征等独特的文化元素，是一个高度浓缩和抽象的视觉符号。运动员手中所持的圣火，同时又是悉尼歌剧院的外轮廓，运动员的造型由澳洲原住民传统的狩猎工具“飞去来器”的形状构成，这种工具像一把弯刀，甩出去后如果没有击中目标，便会神奇地返回发出者手中，后来演变成一种运动器具。会徽选择蓝、黄、红三色，分别象征着天空、海洋、太阳和沙滩、澳大利亚的内陆土地（图2.122）。

提到澳大利亚，人们大多会想到袋鼠和考拉这些已被全世界熟悉的动物形象。然而，悉尼奥运会吉祥物却选择了由Matthew Hatton of Warner Bros设计公

[1] 王军.奥林匹克视觉形象的历史研究[M]．北京：北京体育大学出版社，2004：117-118.

司设计的澳大利亚奇异动物组合——笑翠鸟、鸭嘴兽和针鼹鼠，它们分别代表了天空、大地和海洋。笑翠鸟名叫“olly（澳利）”，取Olympic之意，代表着奥林匹克精神，它挥动翅膀的姿势，给人以开放友好，热情好客的印象。它诚实、热情、开朗、喜欢交朋友，反映出促进世界友谊的奥运精神。鸭嘴兽名叫“Syd（悉德）”，取Sydney之意，代表主办城市悉尼，象征着充满活力和能量的澳大利亚人。针鼹鼠名叫“Miliie（米莉）”，取Millennium之意，代表举办时间千禧年。它拥有悉尼人的信心和乐观，健美的身体和敏锐的头脑，代表信息传递。由于这三个吉祥物是澳大利亚极为珍稀的动物，因此，它们更被赋予了环境保护，运动就是健康，保护环境就是保护健康的新内涵。三只小动物的造型极富特色，憨态可掬的样子让世界各地的人们对澳大利亚有了崭新的认识（图2.123）。

“FHA Image Design设计公司和悉尼奥组委形象景观部门紧密合作，设计研发了标准色彩系统和辅助图形‘流动的活力’。标准色彩系统定义为‘对比中的庆祝’”。[1]40以“悉尼蓝”作为标准色彩系统中的基础核心色彩，代表悉尼海港城市的海洋和天空；此外的11种鲜艳的色彩作为辅助色彩，均体现了包括“澳洲的植物、野生动物、沙滩、沙漠、珊瑚礁、高科技以及悉尼的现代建筑等”[1]41在内的地域文化特征。

辅助图形“流动的活力”是一个倒影在深蓝色水中的充满变幻的奥林匹克五环。它将悉尼海港的海水与活力的概念相联系，形成了一个充满动感的水波纹图形。象征着澳洲本土的海洋文明，热情、奔放、自由的澳洲精神与奥林匹克精神的融合（图2.125）。鉴于辅助图形在形象景观中被大量应用的需要，以及其在系统中所扮演的连接诸多形象元素的作用，这届奥运会的辅助图形开创了一种新的设计方法。以“流动的活力”作为一个母体，按一定的构图和比例对其进行切割，切割下来的图形既具有一致的视觉语言，又充满了多变的个性。再结合丰富的色彩对比，创造出一系列的辅助图形模块。这些模块被开发成景观工具包（KOP），在广泛的奥运会景观应用中，根据场地与载体的规格、比例加以选择应用。其统一而高效的设计与应用方式，为以后的奥运会形象景观实践开创了崭新的思路。

悉尼奥运会的体育图标由设计公司 SaundersDesign设计，与巴塞罗那奥运会的体育图标有着异曲同工的设计思路。体育图标借用了会徽图形中的造型元素，

---

[1] 胡雪琴.1996—2008奥运会形象景观设计：本土文化资源的开发与组织[D].北京：中央美术学院，2007：40-41.

结合不同项目的运动特征，创作了一系列的运动员形象。图形简洁明快，与会徽形成一致的设计风格，使设计元素获得集中而突出的再现，加强了整体的一致性（图2.126）。

“根据总体设计理念，FHAImageDesign设计开发了火炬接力标志及其应用设计、环境标志、青年营、媒体村、奥运村等近20个二级标志。这些标志都在会徽的基础上，或延续会徽的风格，根据各自项目的特点作出相应的设计创造”。[1]但由于图形符号众多，也造成了容易混淆、影响识别等不好的结果，使悉尼奥运会整体品牌结构混乱，对奥运会整体形象宣传的一致性造成了影响（图2.127）。

悉尼奥运会的官方海报，在深蓝色的天空，斑驳的云影中，隐隐约约浮现着一个手持火炬奔跑的人的姿态，与画面前方的会徽相呼应。画面的下方是悉尼歌剧院的剪影和平直的海平面。手写体的“Sydney 2000”字样自由轻松，与会徽的视觉语言相一致，充满活力（图2.124）。大会设计并发行了不同艺术风格的海报，其中包括“中学生作品”“‘悉尼——2000年’奥运会会徽”“奥运会吉祥物”“宣传画”等主题在内共119幅宣传画，将悉尼奥运会的举办理念，较为全面地传达出来。

悉尼奥运会的基本形象要素在辅助图形的配合下，通过变换文字和色彩的不同排列组合方式，应用在奥运会事务用品、办公用品、纪念品、服装、奥运会赛场内外景观和整个公共场所中，甚至贯穿在开、闭幕式等各项奥运会活动中。FHA ImageDesign设计公司为会徽、二级标志、标准色彩系统、吉祥物等设计了一系列规范手册，用以指导相关设计公司在大量而广泛的设计应用中，保持规范和统一。

悉尼奥运会是奥运史上第一届在统一的品牌理念指导下，在总体形象框架下开展形象景观设计工作的奥运会，产生了一系列重要的成果（图2.125）。“悉尼奥运会期间，共售出670万张门票，观看比赛的上座率达到87%。其中9月22日，便有400345名观众前往奥林匹克公园观看比赛。在电视转播方面也取得了成功，全球有220个国家和地区通过电视收看了本届奥运会的比赛。而国际互联网的介入也使本届奥运会得到了更广泛的宣传。到赛会闭幕时，悉尼奥运会官方网站的点击次数已达到了100亿次。在市场销售方面，悉尼奥运会也取得了成功。

[1] 胡雪琴.1996—2008奥运会形象景观设计：本土文化资源的开发与组织[D].北京：中央美术学院，2007: 42.

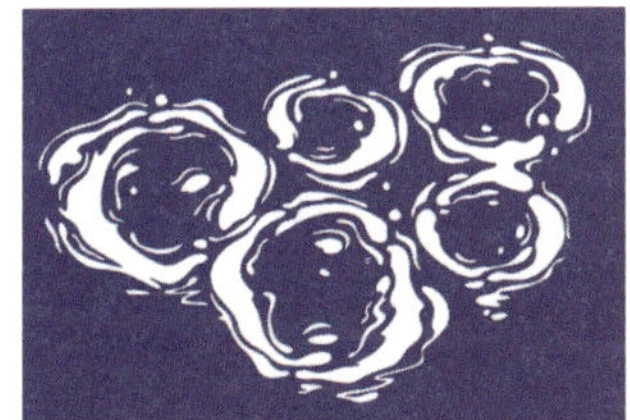

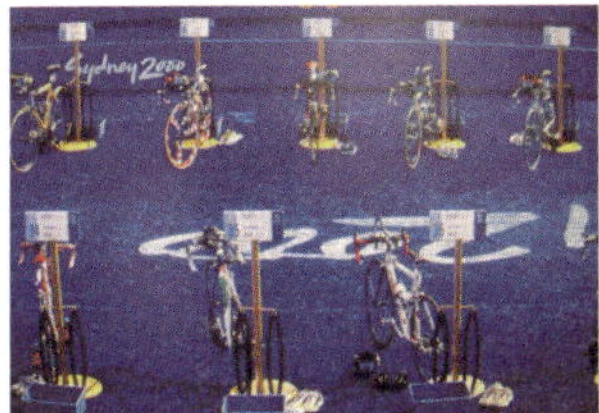

122	123	124
125		126
127		
128		
129	130	131

图2.122　悉尼奥运会会徽

图2.123　吉祥物

图2.124　官方海报

图2.125　辅助图形

图2.126　体育图标

图2.127　二级标志

图2.128　形象景观应用

图2.129　飞机机身上的吉祥物

图2.130　门票

图2.131　奖牌

从1997年到奥运会结束期间，赛会纪念品的销售额达到4亿2千万美元。”[1]“在2000年悉尼奥运会之后，国际奥委会利用悉尼的举办经验，建立了‘国际奥委会奥运会知识服务公司’，其中将悉尼奥运会这一全面的品牌形象设计经验和实施经验变成奥运会形象景观项目的基准，供以后各届奥运会主办国学习参考。”[2]

二、2004年雅典奥运会

2004年，奥运会在历经了108年的发展之后再次回到它的发祥地——雅典。尽管希腊并不是个经济十分发达的国家，在承办奥运会的硬件上很难跟一些发达国家相比。但希腊人“深知希腊办奥运会的价值绝非在场馆建设、城市建设和运动成绩上，而是在历史上、在精神层面上”[3]。奥林匹克精神和文化的传承，并非孤立地局限于体育的范畴，它们是深深地植根于古希腊文化的土壤中的人文精神，是对人类的文明有着巨大贡献的文化遗产。雅典凭借这一得天独厚的条件，向世人承诺举办历史上最好的、最独特的一届奥运会。

希腊政府和雅典奥组委充分发掘自身的文化资源优势，确立了“文化奥运”的主办理念，让全世界的人到奥林匹克的发源地“共享奥林匹克文化”。他们以“奥林匹克回家”为口号，通过一系列的文化活动，使人们在古希腊文化和现代奥林匹克运动之间建立起紧密的联系。也突出宣传古希腊文明对人类的贡献，借助古希腊神话中的情节和形象，运用爱琴海、橄榄枝、雕塑等希腊文化特有的符号，唤起人们对作为西方文明发祥地的古希腊文明的崇敬。雅典出色的形象景观设计系统从视觉上充分地展现了希腊文明和奥林匹克精神的完美交融，直观、丰富的视觉符号不仅塑造了一届让希腊人满意的奥运会，而且通过电视转播创造了让全球媒体受众都接受和满意的，令人难忘的视觉盛宴。国际奥委会主席罗格先生称雅典奥运会是一届独特、梦幻、史诗般的奥运会。

1999年9月30日，雅典组委会历时两年从来自14个国家的242位艺术家设计的690幅作品中选出了由西奥多拉・玛萨利斯（Theodora）设计的会徽。会徽简洁明了，深蓝的色块上浮现着质朴无华的橄榄枝桂冠，体现出希腊朴素的人文气息。斑驳的深蓝色块如同沐浴在阳光下的深邃的大海，体现了希腊的地中海文化背景。橄榄枝桂冠是希腊和奥林匹克精神共同的象征符号。在雅典大街小巷到处

[1] [EB/OL]. http://baike.baidu.com/view/179817.htm#6

[2] 胡雪琴.1996—2008奥运会形象景观设计：本土文化资源的开发与组织[D].北京：中央美术学院，2007: 43.

[3] 肖天.弘扬奥林匹克文化理念[EB/OL]. http://www.sport.gov.cn/n16/n1152/n2523/n377568/n377613/n377763/390599.html#，2006-11-22.

可见的橄榄树是希腊的国树，是希腊的象征。在奥林匹克传统中，用橄榄枝叶编成的桂冠作为运动员得到的最高奖赏，它代表着胜利者的荣誉和褒奖。同时，古希腊城邦的大门上都以悬挂橄榄枝桂冠的方式，来通知所有人“奥运会将举行，战火必须停止”，因此，橄榄枝也象征着和平。会徽中的橄榄枝花环围合成一个开放的圆形，代表着向全世界的邀请，雅典奥运会将是一个跨越边界、人人可以参与的人类庆典。信手拈来的橄榄枝花环，在随意和率性中渗透着自由、朴素、平等的人文气息（图2.132）。

雅典奥组委非常重视奥运形象景观的设计工作，会徽确定后，“组委会任命会徽的设计者西奥多拉·玛萨利斯为雅典奥运会形象景观设计经理，组建起一支优秀的设计团队，进行形象景观的整体设计开发与管理工作”。[1]西奥多拉和设计团队，在“奥林匹克回家”的理念下，确立了一个清晰、明确的设计主题——“以人为本”，并以 “遗产、人性、参与、盛典”为视觉设计开发的战略理念。明确的设计理念，为形象元素的开发指明了方向。设计团队以会徽为核心，以简洁、明晰的视觉语言，朴素而丰富的形象和色彩，以及系统化的设计管理，集中而突出地表现了希腊的历史、文化和精神，更唤起了人们对于希腊文明为人类文明所作出的巨大贡献的由衷赞叹。

雅典奥运会吉祥物雅典娜（Athena）和费沃斯（Phevos）是从来自世界各地的196个公司和设计师提交的方案中选出的，由希腊本土设计公司Paragraph Design Ltd.的S.Gogos设计的作品。它们的名字来源于古希腊神话中的智慧女神Athena和太阳与音乐之神Phevos。其造型灵感来自于公元前7世纪古希腊的一种赤陶玩偶“达伊达拉” （Daidala），据说是世界上最古老的钟状陶制玩具娃娃。玩偶的腿与身体之间有绳索相连，腿可以摆动。它们穿着系带的宽大外衣，长长的脖子、大大的脚丫，一副奇异可爱的样子（图2.133）。

吉祥物发布后，结合运动项目的一系列造型被延伸开发出来，它们在广泛的应用项目中，尝试运动的乐趣和团队精神，代表着高尚的竞争与追求和平的奥林匹克理想，代表着参与比胜利更有意义的奥运会理念。为配合特许经营计划，使特许经营商能在组委会的指导下开发各自的产品，或把吉祥物应用在自己的广告宣传中，雅典设计团队设计了吉祥物和专用字体的标准使用指南，保证了吉祥物造型得以正确规范和灵活的使用。在特许经营计划的促进下，吉祥物被开发成纪念别针、毛绒玩具，印在背包、服装、帽子、明信片上，出现在旗帜上，渗透到

[1] 胡雪琴.1996—2008奥运会形象景观设计：本土文化资源的开发与组织[D].北京：中央美术学院，2007: 44.

人们生活的每一个部分，受到大家的喜爱。

雅典奥运会辅助图形是一幅以希腊古老文明与自然风光为其灵感来源的社会文化与环境的“全景图”，称为“Panorama Graphic”。设计师从丰富多样的希腊文化遗产中提取了最具代表性，也最能传达希腊文化内涵和文化魅力的元素，如希腊自然风景中的海洋、太阳和海浪，代表着古希腊社会文化的陶瓶上的图案，记载古代奥运会的希腊文字等。整个图形由纵横交织的弧线划分为若干个不规则的四边形区域，将以上丰富的图形元素纳入其中，既像空中俯瞰的希腊大地，又似陶器的碎片。在弧线中折射出运动所蕴含的活力与动感，丰富的元素交织成一个希腊社会文化与环境的全景图（图2.134）。

通过切割的方式，设计师以不同的比例来确定构图，以纵横交织的弧线来分割“全景图”。由于全景图本身具有丰富的造型元素，使得切割后的图形不仅造型呈现多样的形态，而且因图形和色彩的丰富变化，带来既统一又多样化的整体印象。“为了确保每一块切割后的基本单元都有密切联系，设计师为‘全景图’制定了详细的使用规则，规定每一块切割后的基本单元都必须跨越母图中至少两块不规则四边形，而且其中一块必须包含图案。在其使用手册中还详细规定了主会标、运动图标、二级标志、吉祥物、图片、文字与‘全景图’的组合方法，并专门为赞助商提供了详细的使用说明”。[1]

“全景图”不仅将雅典奥运会形象景观的所有形象元素连接为一个整体，更为形象景观的开发与应用提供了图形组合、色彩搭配和构成的基础框架。绝大多数项目的设计都源于这个全景图的一部分，或者是它的延展应用。作为辅助图形的“全景图”，在雅典奥运会形象景观系统中，因其巨大的生成力和广泛的适应性，将系统中所有形象元素粘结起来，其作用与意义已经远远超出了辅助图形所能涵盖的范畴，成为一个十分重要的核心元素。鉴于此，在雅典奥运会之后，国际奥委会将这个形象景观中的核心元素正式由“辅助图形”更名为“核心图形”。

全景图不仅容纳了关于希腊和雅典的自然和人文元素，更将具有丰富内涵的色彩纳入其中。雅典奥运会标准色彩系统由20种不同的颜色组成，如此丰富的色彩已经远远超出了历届奥运会的设计，它是地中海与希腊旖旎风光的缩影。蓝色系列来自海洋和天空，绿色系列来自橄榄树和果园，灰色系列代表石头、鹅卵石和白色建筑，黄色与橘色系列代表地中海明快温暖的阳光，红色和玫瑰色系列源

[1] 潘婷婷.从配角到主角——奥运会视觉形象系统中的核心图形研究[D].北京：清华大学美术学院，2007：22.

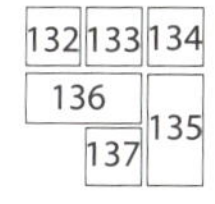

图2.132 雅典奥运会会徽
图2.133 雅典娜和费沃斯
图2.134 全景图
图2.135 体育图标
图2.136 火炬接力标志、环境标志、文化标志、志愿者标志
图2.137 门票

自希腊本土独特的植物倒挂金钟。

如此之多的色彩的选择，一方面是应广泛的景观需求而设置的，尤其要为电视转播中良好的画面效果提供多种可能性；另一方面，也考虑到赞助商和特许经营商品的多样性需求。丰富的色彩体系，为各种领域的相关设计提供了多样的色彩组合，充分发挥了色彩系统的灵活性和可塑性。

雅典奥运会开发了Gill.Sans.Hellenic字体作为标准字体。这种单线条的无饰线体，是根据Gill在1928年设计的字体Gill.Sans所做的希腊文字体。它具有古希腊建筑的几何图形感觉，也与古希腊石头上、希腊花瓶上所刻文字的单线体十分类似。Gill.Sans.属于字体设计史上最具有人性色彩的字体代表。所以，设计师在字体的选择上，特别考虑了这届奥运会“以人为本”的主题。选择最能体现主题，并与其他形象元素完美配合的字体并在所有的奥运形象设计中得到采用。[1]

雅典奥运会设计了28个大项中的35个体育项目的标识图形，主要应用于体育比赛相关的日程信息以及场馆导视等需要（图2.135）。体育图标的设计灵感来源于古希腊的文化艺术，陶制器具上具有简洁人物造型的小雕像，古希腊花瓶中黑色块面的人形以及细线勾勒出的细节，希腊黑陶瓶的碎片外形，都成为体育图标的造型来源。这些图标融汇了古希腊的艺术手法，具有着强烈的传统意味，却又不失时代的气息。典型的运动特征呈现清晰的运动人物造型，可以使观众迅速的识别，在使用上也具有很强的功能性。

体育图标不规则的外形轮廓与核心图形“全景图”分割而成的局部造型有着内在的联系——黑陶瓶的碎片，这种联系渗透出一种基于文化的血缘关系，使形象景观整体由内而外地成为一个有机体，满溢着希腊文化艺术的魅力。

雅典奥运会吸取悉尼的经验，仅设计了包括文化标志、环境标志、志愿者标志和火炬接力标志在内的4个二级标志，以免因图形符号众多，容易混淆而影响识别效果；同时也避免造成观众注意力的分散，弱化会徽的主体形象。这些二级标志的人物造型和风格都延续了体育图标的风格，并以会徽为共同的元素构成横式或竖式的排列组合，被广泛的运用到相应活动的形象景观中（图2.136）。

在古希腊神话中，缪斯是艺术音乐的守护神，是人类创造性的象征。雅典奥运文化标志由9个缪斯女神组成，前排四个人物造型完整，其余五个则仅概括到头部。她们作为雅典文化精神的守护者，表达了雅典奥运会对文化的重视和推广。环境是雅典奥运会继体育与文化之后，第三个考虑的核心点。雅典奥运的环境标志用人物的造型与繁茂的树叶共同构成了一棵茁壮的绿色大树，体现了人与自然和谐共生的观念。雅典奥运志愿者标志是三个志愿者手拉手共同围合成一个红色的心形，表现了志愿者们热情、合作、团结、奉献，充满活力和信念的精神。火炬接力标志是一个奔跑着的火炬手，他手持火炬在全球播撒奥运火种，传递奥林匹克精神，盛情邀请世界大家庭的人们都来参与这场全人类的盛典。

“雅典奥运会是第一届在国际奥委会的全程指导协助下完成奥运会形象景观设计项目的，从1998年到2004年这六年中，雅典组委会形象景观部门借鉴悉尼奥运会的经验，有计划有步骤地按照OGIP项目的总体形象框架和计划，确立设计

[1] 王军.奥林匹克视觉形象的历史研究[M]. 北京：北京体育大学出版社，2004：124.

图2.138　形象景观应用

理念，有条不紊地开展奥运会形象景观的各项设计任务。”[1]雅典奥运会形象景观设计积极从希腊历史、哲学、文化的深厚积淀中挖掘资源，并以朴素、简洁、现代的方式，创造出充满人文色彩的形象景观。“奥林匹克回家”，雅典奥运会形象景观带着全世界人们回归到“以人为本”的奥运主题上，实现了“一个理念，一个声音”的集中传达（图2.137—图2.138）。

第五节　奥运会形象景观的发展规律

伴随着奥运会的发展历程，奥运会形象景观经历了从无到有，从简单到复杂，从无序到有序，从单个元素到景观系统的历史变迁。作为奥林匹克精神和奥运文化的艺术表达以及主办理念的视觉化呈现，奥运会形象景观发展的历史，就是一部浓缩的奥运文化形象史。透过它，我们可以看到形象景观不断扩展的内涵与外延，折射出不同历史阶段下设计观念的变迁，使我们对其发展的内在动力和发展规律有一个清晰的认识。

在这种纵向梳理中，一条横向的线索也突显出来，即拥有不同文化背景的国家，透过形象景观的塑造向世界传达着本国的历史文化特色。尤其是自1964年东京奥运会以来至今的12届奥运会中，这种特点已经呈现为一种体现举办国文化多样性的发展趋势。在纵向的梳理中，呈现出北京奥运会形象景观所要因循的奥林匹克传统与惯例。在横向的比较中，为北京奥运会形象景观在中国丰富的文化资源中，探索属于自身的设计主题、视觉语言和设计方法，提供创作思路。纵横两条线索交织在一起，既是形成历届奥运会形象景观整体面貌的内在规律，也是影响“北京奥运会形象景观”面貌的内在因素。

一、奥林匹克运动发展的内在需求推动形象景观发展

奥运会在百余年的发展历程中，在社会、政治、经济、文化、科技等广阔的时代背景下，随着赛事规模的不断扩大，影响力也与日俱增，逐渐发展成为今天这个世界上最为壮观的社会文化活动。

在实践中逐渐完善并成熟起来的奥林匹克思想体系，是奥林匹克运动内在的价值观和文化传统，是奥林匹克运动可持续发展的保证。它从宏观上指导着奥运会的各项活动，成为推动奥运会各项活动的内在推动力，其中也包括作为奥运会重要视觉载体的奥运会形象景观。另一方面，在奥林匹克运动发展的不同历史阶

[1] 胡雪琴.1996—2008奥运会形象景观设计：本土文化资源的开发与组织[D].北京：中央美术学院，2007: 50.

段，种种现实问题和发展课题，不断向奥运会形象景观提出新的要求，促使奥运会形象景观以不断创新的艺术形式回应这种现实的需求，从而直接推动了奥运会形象景观的发展。因此，奥林匹克运动发展的内在需要，是推动奥运会形象景观发展的核心推动力。

从1896年到1960年，在奥林匹克运动的创立和初步形成时期，国际奥委会的基本形态，奥林匹克运动的思想理念和发展目标、组织体系和组织模式都在探索中逐渐趋于明晰。奥林匹克主义、“重在参与”的奥林匹克名言、“更快、更高、更强”的奥运口号构成了奥林匹克思想体系的核心，成为指导奥林匹克运动的灵魂。尤其是在1920年安特卫普奥运会上，奥林匹克五环旗、开幕式放飞和平鸽、运动员宣誓和1936年柏林奥运会的圣火传递，一些重要的奥林匹克仪式陆续出现，极大丰富了奥林匹克的文化内涵。奥林匹克思想体系的形成作为奥运会形象景观萌发的内在原动力，从宏观理念上指导着奥运会形象景观的创作方向。

在这一阶段，人们对奥运会还不十分了解，如何让更多的人对奥运会感兴趣，如何让人们获知奥运会举办的信息，如何透过艺术的手段去表现和传播奥林匹克运动的精神内涵，这些奥林匹克运动所面临的客观问题，都成为奥运会形象景观透过图形、色彩要传达和表现的主题和内容，直接推动着奥运会形象景观的萌生。相继诞生的奥运会官方海报、奥林匹克五环标志、会徽、体育图标，作为奥运会形象景观的重要设计元素和应用项目成为以后历届奥运会的重要设计内容。由于传播技术与手段的局限，奥运会形象景观的主要载体局限在报告书封面、海报、秩序册、参赛证书等印刷物上。这些设计以视觉的形式宣传奥林匹克思想，记载奥林匹克发展，向公众传递奥林匹克信息，满足了奥林匹克运动的实践需求。自1932年洛杉矶奥运会将奥林匹克五环标志运用到会徽中以后，象征五大洲团结的五环标志就作为重要的元素将以后历届奥运会贯穿起来，形成了一种潜在的设计模式，使奥林匹克精神理念一以贯之。

这一时期，尽管已经有企业通过统一设计的方式塑造企业形象的案例，但萌芽阶段的奥运会形象景观尚未形成系统化的面貌。一个企业要以设计改变面貌应对竞争，这种内在的动机是推动设计开展的主要推动力。在奥林匹克运动从范围、规模和影响力上都十分有限的初期阶段，不仅从客观上没有这种必要的需求，而且作为奥运会主办者的国际奥委会也还未形成统一识别的设计意识。

第二次世界大战后，随着奥林匹克运动的逐渐发展，奥运会主办地从欧洲、美洲，扩展到大洋洲和亚洲。随着奥运会举办范围的扩大，奥运会的规模也在逐步扩大，参赛国和地区、人数和项目数屡创新高。奥运会呈现出社会化、大型化、综合化的新趋势。传播媒体和技术的突飞猛进更为奥运会的发展起到推波助澜的作用。自1964年首次通过卫星实况转播奥运会以来，奥运会的精彩比赛得以在瞬间传遍世界，越发使奥运会置身于全球化的大舞台上。面对不同国家地区复杂的语言、文化背景，如何透过形象的传播达到对奥林匹克精神和文化的一致识别，是奥林匹克运动在全球传播背景下发展的新需求，这对奥运会形象景观的设计提出了更高的要求。

以1964年东京奥运会的形象景观设计为标志，由于运用了趋于成熟的企业形象识别系统的设计方法，设计师在明确的设计主题和目标下，对奥运会的形象景观展开系统性的设计规划。基本形成了以基础形象元素的统一应用，贯穿众多应用载体的系统化设计面貌。墨西哥、慕尼黑和蒙特利尔几届奥运会上也都运用了相同的设计方法，获得了主题鲜明、形象一致、集中有力的识别和传播效果，标志着奥运会形象景观设计系统的初步形成。

1980年以来，以“奥林匹克计划”（TOP计划）为代表的一系列规范而有效的奥运会商业运行方式，使奥林匹克运动获得了稳定的经济来源，从而获得稳步健康的发展。商业机制的引入，作为奥林匹克运动发展的客观需要，不仅为奥林匹克运动提供了坚实的物质基础，更为奥运会形象景观的开发提供了广阔天地。赞助商和特许经营商的奥运专属权利需要奥运会专有的形象识别来体现；电视转播也需要大量的形象景观来丰富画面；越来越多来自世界各地的观众来到奥运会举办地参加奥运盛会，赛场周边以及城市环境中需要大量的形象符号来标识和引导……无论平面立体，还是多维的，从手中拿的信息册到城市环境中巨大的指示标牌和景观造型，媒介的种类和性质十分多样而复杂，所有涉及奥运会视觉形象设计的载体，都需要奥运会形象景观以强有力的形象识别将众多媒介整合起来。自1984年洛杉矶奥运会首次提出“Look”的概念后，几届奥运会在形象景观的设计与规划方面都倾注极大心力，创造了各富特色的形象景观系统，充分发挥了奥运会形象景观在商业领域和景观环境方面的作用，使奥运会形象景观得到进一步的发展。

奥林匹克运动经百余年的发展，已经形成了其独特的品牌内涵与价值，对这一价值的保护与开发，是奥林匹克运动持续发展的保障。“20世纪90年代以来，国际奥委会就开始对奥林匹克理念、行为和视觉形象进行全面整合，以全力塑造和维护奥运会品牌”。[1]国际奥委会对奥林匹克品牌认识上的成熟，成为一股推动形象景观发展的核心力量，直接导致了1997年OGIP项目的确立。从此，国际奥委会对奥运会形象景观工作有了正式明确的规定，并以一套完整的设计、管理体系和具体的运作模式，对奥运会的品牌理念及形象设计提出了指导方向和总体要求，并在具体的操作层面上给予指导。

OGIP项目在近三届奥运会形象景观的设计实践中，作为一个核心推动力，使奥运会形象景观在正式的指导框架下，进入了系统化、统一化、整合化发展的新阶段，直接促进了奥运会形象景观走向成熟。

二、举办国文化的汇入塑造多样的形象景观面貌

在奥林匹克运动发展的历史中，经济力、政治力和文化力三大因素交织在一起，成为影响和推动奥林匹克运动发展的内在力量。1984年之前的历届奥运会，在资金上主要依靠政府和赞助人。资金来源的不稳定直接影响到奥运会是否可以持续举办下去的问题。直到1984年尤伯罗斯开创了商业运作模式以来，奥运会捉襟见肘的经济问题才逐渐淡出历史舞台。政治力量的角逐，在冷战时期尤其明显，尽管奥林匹克运动一直反对政治的介入，却从未切断与政治的瓜葛。1980年美国对莫斯科奥运会的抵制，以及前苏联对1984年洛杉矶奥运会的抵制，都使得政治力量的角逐深刻地影响了奥运会的发展。直到1992年的巴塞罗那奥运会，才真正实现了奥林匹克大家庭的团圆。在世界经济一体化的今天，政治的斗争已经逐渐转化为经济、商业的竞争，成为一种隐性的力量影响着奥运会的发展。

与此同时，文化力对奥运会的影响正逐渐加大。因为在全球一体化的时代，人们逐渐意识到各种竞争的背后，是不同文化之间的竞争。从1896年第1届奥运会的14个参赛国家和地区，到1968年第19届奥运会参加国突破了100个，再到2008年北京奥运会205个国家和地区的11 526名运动员和21 600名媒体记者参加，全球约有44亿人通过电视收看奥运会赛事，奥运会已经成为人类历史上规模最大的国际社会文化活动。它搭建起的这一跨地域、跨种族、跨文化、跨国家的平台，为促进世界文化的交流与融合做出了积极的贡献。人们也越来越需要在不同文化的交流与碰撞中，实现对他国、他民族的理解，以及对自身文化的发展与超越。萨马兰奇先生曾说过：“文化是奥林匹克主义中所固有的。没有反映主办国精神的生动而可见的文化活动计划，奥运会将会是不完整的。”[2]这个文化具有

[1] 胡雪琴.1996—2008奥运会形象景观设计：本土文化资源的开发与组织[D].北京：中央美术学院，2007：26.

[2] 杨耕.文化和哲学视域中的奥运[A].单三娅.奥运之光——光明日报2008北京奥运会报道评论集[C].北京：光明日报出版社，2008：25.

包容并蓄的特质，是一个充满活力与生机的开放的文化体系，在各举办国文化的不断汇入下，在不断的自我完善中一次次地开创着它崭新的形象。因此，文化力对奥林匹克运动的影响在今后较长的时间内，仍将是一种重要的内部力量。

“更快、更高、更强”的奥林匹克精神不仅激励着运动员们向着人类更高的极限努力拼搏，而且以一种无形的教育力量荡涤着人们的心灵。它是人类共同的追求，也是人类共同努力的目标。不同国家和文化背景的人，因循这永恒的精神，传递着奥林匹克的火种，以此来将这项人类伟大的运动发扬光大。从西方到东方，再从东方到西方，奥林匹克圣火在不同的国度里传递，不同民族和国度的人民就把自身的文化融入其中，将自己对于奥林匹克精神的独特理解展现并传播给世界人民。这种文化的差异性，源源不断的汇入，不断丰富着奥林匹克文化的内涵，拓展着奥林匹克品牌的外延。可以说，正是这种各国文化之间的差异性塑造了奥运会形象景观的多样性面貌。

如果以多元文化在奥运会形象景观中的渗透为主线，来观照形象景观的发展历程，我们可以看到从传达举办地信息的客观功能，到出于主办国对自身文化的重视而进行的形象传播，再到国际奥委会对于多元文化价值之于奥林匹克运动可持续发展的意义的深刻认识而积极主动地促进奥运会形象景观朝向多元化方向发展，三个不同的历史发展阶段。

在1964年以前的历届奥运会形象景观中，多以主办地典型建筑物或象征物来传达奥运会的举办时间、地点等必要信息。这是一种基于客观信息传达功能的形象表达。自1964年东京奥运会形象景观开始，主办国就已经有了明确的奥运会举办目标，通过奥运会传播本国文化。并且在形象景观中明显地渗透出这种意图。他们将本国的文化传统，透过典型的造型、色彩、符号等视觉形象积极地融入到形象景观中来，直观而突出地呈现在形象景观的视觉样式和整体面貌上。如东京奥运会、墨西哥奥运会都是最为典型的例子。随着规模和影响的不断扩大，奥运会逐渐超越了体育的范畴，日益担负起越来越多的文化传播使命，这种来自于主办国在文化传播方面的主观意识也随之得到进一步发展。在不同的举办国，由于社会、文化背景的不同，举办奥运会的目的和意图的不同，透过奥运会形象景观传达出的文化面貌和价值取向也各不相同，核心意图是借奥运会的国际舞台充分展现主办国自身的文化特色，从而获得更好的国际形象。尽管之后的历届奥运会在形象景观的多元化发展上做出了不同程度的努力，但这种多元文化渗透和交织的面貌，只是作为主办国的主观意愿，沿着一种自然而然的方式在发展着。真正推动奥运会朝向多元文化交融发展的力量来自于国际奥委会自身认识的提升。

“由于历史及社会发展的差异，长期以来，奥林匹克传播是西方文化向非西方文化、发达国家和地区向不发达国家和地区的单向流动过程。”[1]尽管全球化的浪潮可以推动这种单一文化的空间扩张，但也足以影响奥林匹克运动的可持续发展。因为，全球化不仅是经济整合过程，同时也是文化、科技和管理的整合过程，它所带来的负面影响之一便是文化的单一化。然而，文化只有在相互间的碰撞中，通过双向的交流来加深彼此的理解，进而在彼此的交融中，实现自身文化的飞跃。只有在这样的过程中，世界的文化才能多元共生，和谐发展。这个多元而平衡的文化生态，对奥林匹克运动的可持续发展同样是必需的。因为“奥林匹克运动的普遍性只有通过文化的多样性才有可能达到。”今天，“全球化与多元化以一种对立统一的方式，紧密联系在一起。”[2]“随着国际社会多元并存格局渐露端倪,奥林匹克传播也由单向传播逐渐演变为交互式的双向及多向的互动传播。”[3]奥林匹克运动正在成为一个动态发展，且日益开放的世界性文化体系，它秉承“互相了解、友谊、团结和公平竞争”的奥林匹克精神，坚持对文化差异的包容和理解，日益承担起促进文化多样性的责任。

在奥运会期间，来自世界各国的运动员集聚一堂，这个规模空前的大聚会中，一个最突出的问题就来自于各种文化之间的差异。这种文化差异也必然包括了各个国家在政治体制、经济制度和意识形态等方面的种种不同。而奥林匹克精神使人们得以在强调友谊、团结和互相了解的氛围下，跨越文化心理上的障碍，学会包容、欣赏和借鉴别的文化，学会尊重其他民族，学会以比较客观和公正的态度去看待别人和自己，进而促进文化的世界性交流与融合。这种突破狭隘的民族局限的文化氛围，指导着奥林匹克运动在促进世界和平和建立美好世界的发展过程中，走向文化多元化的方向。

在1991年版的《奥林匹克宪章》的第44条“文化活动计划”中有如下规定，“奥运会组委会必须制定一项文化活动的计划”，“该计划应为促进奥林匹克运动会的参加者和其他与会人士的和谐关系，相互了解和友谊服务”。“文化活动计划应包括：在奥林匹克村举办的、象征人类文化的普遍性和多样性的文化活动”。从这条规定中我们可以看到，国际奥委会把奥林匹克运动会当作一个平

[1][3] 任海.奥林匹克教育与跨文化传播[J].教育科学研究，2007（12）：7.

[2] 任海.奥林匹克运动的全球性与文化的多样性[J].体育文化导刊，2002（1）：83.

台，在展开体育竞赛的同时，把促进不同文化之间的交流和理解视为重要的内容，并以具体的制度贯彻下来。

“1997年，在国际奥委会文化委员会主持的论坛上，明确提出了要防止建立划一文化模式的体制，强调必须树立对不同文化加以包容和理解的共同意识。正是由于全世界文化的多样性才构成了人类文化百花齐放的壮丽图景，只有承认并尊重这种多样性，才能使奥林匹克大家庭所有成员共建美好的世界，只有吸收和融合各民族不同的文化，才能使奥林匹克运动更具世界性。”[1]正如2000年国际奥委会第110届会议报告所提出的：“在奥林匹克运动中，对普遍性的推崇绝不意味着标准化、现代化或文化的单一化，更非欧洲化或西方化。适宜的奥林匹克教育寻求在奥林匹克运动中开发和庆贺文化的多元性。”[2]可见，多元化发展的趋势，来自于国际奥委会自身对于奥林匹克运动可持续发展的建设性思考。作为一股内在的驱动力，它推动了奥运会形象景观有意识地朝展现多元文化方向发展，标志着奥运会形象景观多元化发展趋势的形成。因此，1997年以后的历届奥运会形象景观在规划、设计和整体的展现上，都更为鲜明地以展现举办国文化特色为主旨，积极挖掘自身文化资源，使本国文化在全球范围内得到最大限度的展现，为奥运会增添了多元文化的视觉魅力。

从这种意义上来看，奥运会形象景观的作用已经远远超出了对赛时场馆和主办城市的装饰功能，也超出了商业对形象景观的功利化需求，而承担起传播和维护文化多样性的使命。透过形象景观的塑造，奥运会主办国和国际奥委会在共同促进文化多元发展方面形成一股通力，也算是对全球一体化给文化带来的负面影响的一种有意识的修正。

国际奥委会前任主席（第7任主席）萨马兰奇先生在《奥运精粹一百年》的前言中做了如下的评价：“国际奥林匹克委员会一贯鼓励奥运会主办城市通过独特的艺术设计，同时表现当地的精神文化面貌以及奥林匹克的理想。多年来，主办城市在这方面的表现都令我们感到惊叹，他们不但克服了这项艰巨的挑战，事实上更超越了我们的期盼。他们发挥了丰富的想象力，再加上细心的计划和制作，创造了一批我们深信是极具魅力的现代艺术作品。”[3]

[1] 孙葆丽.多元文化视角下奥林匹克教育的发展趋势——兼论北京2008年奥运会对奥林匹克教育的贡献[EB/OL]. http://www.beijing2008.cn/49/90/article211719049.shtml，2003-09-26.

[2] 转引自周亭.奥林匹克的传播学研究[C].北京：中国传媒大学出版社，2009：7.

[3] 尤惠励. 奥运精粹一百年[M]. 新加坡：民生国际有限公司，1996：7-8.

三、综合因素对形象景观的影响

奥运会形象景观作为世界设计的重要组成部分，它的萌芽、初步形成、发展与成熟是与世界艺术设计的发展进程同步的，其设计的风格与面貌也自然受到相应时代的艺术与设计风格的影响。奥运会形象景观从具象到抽象，从繁琐到简洁，从孤立的标识到讲求整体一致的系统设计，其发展历程折射出不同时期的设计观念、设计方法和设计风格的变迁。

例如，企业形象系统设计对于1964年东京奥运会以来的历届奥运会形象景观的影响，使奥运会形象景观脱离了孤立、分散的单个元素的设计时代，进入了一个以系统化、统一化为特征的系统设计时代，初步奠定了奥运会形象景观系统的基础。品牌设计与管理的理论对于国际奥委会在奥林匹克品牌保护与管理方面的促进，使1984年洛杉矶奥运会以来的奥运会形象景观在以保护和塑造统一的奥林匹克品牌的宗旨下，创造各届奥运会富于特色的形象景观面貌，既使奥林匹克品牌获得一致的贯彻，又丰富了形象景观的多样性。信息时代下数字化技术的发展带动了设计工具的变化，直接影响了设计表现层面上视觉语言和设计方法的变化。新媒体的不断涌现为设计表现带来了更为广阔的空间，视觉符号从“平面”到“立体”，从“静态”到“动态”、从单向传播到双向“交互”，传播的形式和载体朝向多媒体、综合媒介的方向发展。自1996年亚特兰大奥运会以来，形象景观越来越体现出这种多维度、多层面综合传播的特质，给人以全方位的奥运视觉体验。2004年雅典奥运会的开幕式，就用高科技的手段和数字化的技术打破了体育场表演的时空局限，从空中飞舞的人到水中泛舟，再到缓缓升起的水幕形成的DNA螺旋结构……创造了如同古希腊神话般奇妙梦幻的世界，给世人留下了深刻的印象。

同时，由于奥运会形象景观在塑造国家形象方面的积极作用，各主办国对这一工作都十分重视，多倾尽全力以本国最高水平的设计师、艺术家或设计师们组成的团队来创造独具特色的形象景观，有的甚至联合多国设计师参与其中。这些设计作为奥运会主办国整体设计水平的呈现，其间也必然渗透了主办国的文化艺术基因、审美趣味等因素，不仅提升了奥运会形象景观的审美内涵和人文价值，还拓展了艺术设计的观念与方法，有些甚至成为影响未来设计方向的典范作品。奥运会形象景观正是在这种世界艺术设计观念与主办国设计能力的互动下走向成熟的。

然而，影响奥运会形象景观形成的因素是多样的。随着奥运会规模和影响的逐步扩大，各举办国借助奥运会平台实现着各自不同的目标，其间渗透着政治、经济、国际关系、社会与文化等众多因素。这些因素决定了奥运会的举办目标和诉求主题，也直接影响到奥运会形象景观所要传达和表现的内容。而作为实现国家目标的一种途径和载体，奥运会形象景观的设计面貌将直接关乎于国家形象的塑造，体现出“政体中权利部门对形象所体现的价值观的解读和认识”。[1]因此，各举办国自身在意识形态与政治体制上的不同，也决定了设计的组织形态、审核机制、设计师角色地位的不同，再加之民族审美取向的多样化因素，直接影响到奥运会形象景观的风格与面貌。这其中，来自于设计师、或来自于设计规律的价值判断和审美判断，只是其中很小的一部分因素，很难起到左右设计方向的作用。从这一点上来看，奥运会形象景观的设计风格和面貌与世界艺术设计的发展趋势并不呈现为一一对应的关系。例如1968年墨西哥奥运会形象景观中民族文化因素的突出反映，1980年莫斯科奥运会中强烈的政治因素对形象景观的影响，1984年洛杉矶奥运会中商业力量对形象景观的影响，1988年汉城奥运会中国家文化意识在形象景观中的凸显，2004年雅典奥运会中奥林匹克文化的人文价值对形象景观的影响等，都充分体现出影响奥运会形象景观的不同因素。因此，奥运会形象景观的形成不仅受到奥林匹克文化的影响，更是在特定的时代、国家、社会、文化的背景下，由特定的设计决策人、设计师和广大的受众群体共同塑造的。

[1] 杭间.论国家视觉设计[J].装饰，2009（9）：16.

第三章　现代奥运会形象景观的特征、作用与价值

第一节　现代奥运会形象景观的特征

一、奥林匹克文化与主办国文化的综合体现

英国文化人类学家泰勒（E.B.Tylor）在1871年《原始文化》一书中对文化给出如下定义，“从文化人类学的角度来讲，文化是一个复杂的整体，它包括知识、信念、艺术、道德、法律、习俗，以及作为社会的成员而获得的其他能力和习惯”。那么，奥林匹克运动作为人类的一种文化现象，在百余年的发展进程中逐渐形成的精神文化、制度文化和物质财富的总和就是我们所说的奥林匹克文化。而每四年举办一次的奥运会作为它的物质载体，成为生动直观展示奥林匹克文化的舞台。

奥林匹克文化具有丰富的内涵，其核心是由“更快、更高、更强”的奥林匹克格言（口号），“友谊、团结和公平竞争”的奥林匹克精神，“通过没有任何歧视，具有奥林匹克精神——以友谊、团结和公平精神互相了解——的体育活动来教育青年，从而为建立一个和平的更美好的世界做出贡献。”的奥林匹克宗旨构建起来的核心价值体系。它是奥林匹克文化的灵魂，是奥林匹克运动超越了任何其他体育赛事，焕发永恒魅力的根源。作为奥林匹克文化物质载体的奥运会，其举办的意图也在于在全世界范围内传播奥林匹克文化，以体育作为一种教育的手段，促进人类的精神发展，锻炼人的品格，培养人的道德，造就全面发展的人。奥运会形象景观是奥运会最为生动、直观的视觉传播载体，在表现的主题上也必然以奥林匹克文化的传播为核心，与其保持高度的一致，从而促进传播的效果。

同时，奥运会每四年在不同国家的不同城市举办，举办国和举办城市在筹备、举办奥运会的过程中，因地制宜，调动国内外的各种资源为奥运会服务，从客观上使每一届奥运会都体现着举办国之间的差异。从举办国主观的角度出发，随着奥运会对国际和社会影响的日益扩大，举办国通过奥运会要达成的奥运目标也越来越复杂和深入。其中，有意识的展现国家整体实力，通过文化传播的方式来改善国家形象，提高国家在国际社会中的竞争力是许多国家越来越重视奥运会

的原因之一。因此，奥运会形象景观在传播奥林匹克精神的同时，日益担负起传播举办国文化的重要使命。另外，从促进世界文化多样性的角度来看，奥运会形象景观以主办国文化为表现主题和表现形式，客观上促进了多元文化形态的传播，促进了世界各国的相互了解。

另一方面，奥运会已经形成了一套完整的制度文化，其中包括以国际奥委会、国际单项体育联合会和各国奥委会为骨干的组织体系，以及以奥运会为周期的活动体系。前者约定了奥运会形象景观在规划、设计和实施过程中与其在权利所属，方案审核与协调等方面的关系；后者则在申办程序、赛事流程以及各种仪式活动中，对形象景观提出了需求，直接影响了形象景观的系统结构和设计面貌。这些是奥运会不同于一般的体育赛事和企业、品牌活动的特殊性所在，也是决定奥运会形象景观系统的关键因素。

顾拜旦说，奥林匹克运动是“一个伟大的象征”。的确，奥林匹克运动创造了一系列具有象征意义的视觉符号，包括奥运会五环、奥运会会徽、吉祥物、核心图形、体育图标和色彩系统在内的奥运会形象景观系统，就是一个巨大的符号生成系统。它将奥林匹克文化、举办国文化、奥运会理念等抽象的概念，变为可视的、可触的、可感知的视觉形态。它将奥林匹克的理想价值与主办城市的价值观连接起来，在满足奥运会赛事需要的基础上，这些充满象征意义的形象符号向世界人民传达了奥林匹克关于和平、友谊和进步的精神，阐述了本届奥运会举办国对奥林匹克文化的理解，展示了举办国的文化传统、举办国和举办城市的形象。因此，奥运会形象景观设计的基本出发点是对奥林匹克文化和举办国文化的深刻理解，包含所有与之相联系的，以及建立在其之上的价值、理想、历史、文化等等。整合多种文化因素，寻找与之相适宜的形象符号，才能创造出作为奥林匹克运动重要文化遗产的奥运会形象景观。

二、奥林匹克品牌管理下的形象景观

尽管每四年奥运会就会在一个不同的国度里举办，尽管每一届奥运会都具有着与众不同的面貌，但奥林匹克品牌的形象识别始终以整合一致的传播，清晰明了的传达着奥林匹克精神和主办国的奥运会理念，令人记忆深刻。

2009年美国《SportsPro》杂志7月/8月刊最新公布了一项关于全球体育产业价值的排名，这也是全球第一次体育品牌的价值排名。在这项新的研究中：四年举行一次的夏季奥运会以10.4亿美元的价值位列第15名。[1]

“自1998年到2004年，国际奥委会对奥林匹克形象进行了品牌调查研究（《奥林匹克品牌的力量》），调查涉及16个国家，数据采集自国际奥委会、赞助商、电视转播商、国家奥委会等相关合作伙伴。”[2]29，“奥运会五环标志在所调查的16个国家中的平均认知率达到94%；它与“MTV”“世界杯”等一起，被列入全球最受关注和欢迎的国际活动。”[2]28

百年奥运不断传承和发展的奥林匹克主义及其永恒的人文魅力，使以奥运会为代表的奥林匹克品牌成为世界最有价值的体育文化品牌之一。奥林匹克运动在发展中逐渐形成并完善的精神理念、发展宗旨、价值标准、竞技规则、比赛项目和方法、奖赏方式、庆典仪式等，这一整套“完整科学的管理制度体系、统一的规则标准与操作方法”[3]已经汇聚成一股强大的品牌力量，成为所有参与人和群体共同遵循的“制度”，成为了国际社会普遍接受的共同语言和文化财富。这一切离不开国际奥委会作为奥林匹克品牌的所有人，对奥林匹克品牌的管理。

国际奥林匹克委员会（International Olympic Committee）对奥林匹克品牌价值的认识，源于1984年洛杉矶奥运会成功的商业运作为国际奥委会获得持续稳定的资金来源提供的崭新思路。20世纪90年代以来，国际奥委会从理念、行为和视觉形象方面对奥林匹克品牌展开了全面整合，以塑造和维护其品牌形象与价值。这一过程也正是国际奥委会在品牌营销理论的影响下，品牌意识逐渐成长、完善的过程。

“1991年《奥林匹克宪章》的基本原则中，第一次对奥林匹克运动的思想体系进行了整合性描述，界定了奥林匹克主义的概念、宗旨和奥运会的宗旨，与奥运会格言“更快、更高、更强”一起构成了奥林匹克品牌的理念识别体系。国际奥委会对其思想体系的整合，更加明确了事业发展的方向”[2]26。国际奥委会作为一个国际性的、非政府的、非赢利的组织，既要获得稳定的经济来源作为推进奥林匹克运动事业发展的必要基础。同时，又要避免因商业的侵蚀和金钱的左右而丧失奥林匹克的理想。在平衡经济利益和社会责任的过程中，对非商业性的坚持成为品牌价值的指针，对奥林匹克理想的忠实，不仅使奥运五环保持永恒的魅力，更塑造了奥林匹克品牌巨大的人文价值和社会价值。这是世界上众多企业、

---

[1] 汤伟.夏季奥运会品牌市值10.4亿美元[EB/OL]. http://www.wowa.cn/Article/80191.html，2009-06-28.

[2] 胡雪琴.1996—2008奥运会形象景观设计：本土文化资源的开发与组织[D].北京：中央美术学院，2007：26-29.

[3] 周登嵩.浅析现代奥林匹克运动的开放性、普遍性特征[A]. 谢亚龙. 奥林匹克研究[C]. 北京：北京体育大学出版社，1994：202.

品牌都愿意付出极大的代价来与奥运五环建立联系的关键所在。

“国际奥委会围绕着奥林匹克运动的宗旨对奥运会进行全面整合”[1]，其中包括“取消业余原则，向世界所有优秀运动员开放，使奥运会比赛的高水平和观赏性得到了保证”[2]。同时，它超越了体育运动的视角，在文化艺术领域拓展空间，发掘出包括开闭幕式、圣火传递、文化艺术节等在内的各种仪式和文化活动，不仅使奥林匹克精神的传播具有了丰富多样的形式，而且在给全世界的观众带来艺术享受的同时，创造了广泛的影响力。通过实施文化教育计划，相继建立的奥林匹克博物馆、奥林匹克学院、网站、《奥林匹克评论》杂志等，成为传播和研究奥林匹克运动的重要组成部分，不仅继承了奥运会发轫之初的文化教育与体育相结合的传统，更延续和创造着奥林匹克品牌的文化内涵。此外，为维护奥运会体育竞赛的公平性和纯洁性而积极展开的反兴奋剂运动等一系列改革，都在行为和制度体系中为维护奥林匹克品牌的形象和价值铺平道路。

奥运会形象景观是奥运会的视觉传播载体，它将抽象的奥林匹克精神和奥运举办理念通过形象化、视觉化的符号呈现出来，促进奥林匹克人文价值和品牌形象的有效传达。奥林匹克形象是奥林匹克品牌推广的一个重要展示环节，所有赛事、组织、策划、市场推广，包括形象景观都是围绕这一品牌的塑造展开的。奥林匹克是一个品牌，是文化与商业的融合体。体育竞赛、文化活动、市场营销都是其传递品牌形象的途径。而形象景观所要达成的目标不仅来自于这些领域的形象需求，还担负着塑造、保护、推广和维护奥林匹克品牌的使命。

1997年，国际奥委会为确保奥运会形象景观设计得到主办城市组委会最高层领导的关注与重视，同时也为了奥林匹克品牌形象在历届奥运会中保持一致性、完整性以及高水平呈现，正式确立了奥运会形象景观项目（OGIP——Olympie Games Identification Program）。并且通过设立国际奥委会形象景观顾问一职，指导协助主办城市完成奥运会形象的设计和组织工作。通过制定一系列的奥运会形象元素规范手册，指导奥运会形象景观的规范化操作，保证每一届奥运会主办城市顺利地开展品牌塑造工作。为那些即将举办奥运会的城市，明确了国际奥委会对奥运会形象景观设计价值的定位。经过2000年悉尼奥运会、2004年雅典奥运会在奥运会形象景观工作的实践检验，OGIP项目已经“逐步形成一个为期6年的总体设计规划。该规划包括对奥运会和残奥会视觉形象元素的设计开发和系统化的

[1][2] 胡雪琴.1996—2008年奥运会形象景观设计：本土文化资源的开发与组织[D].北京：中央美术学院，2007：26.

应用管理，以创造每一届奥运会和残奥会独特、完整的整体品牌形象”。[1]30

“从1998年开始，国际奥委会在取得主办权的城市组织召开奥林匹克设计大会，将塑造奥林匹克视觉形象的理念、方式和历史上成功的设计经验，传达给主办城市组委会和本土设计团队。”[1]27

正是在这样一系列的整合过程中，国际奥委会的品牌管理工作得以逐步实现。品牌管理的目标就是品牌价值的最大化，奥林匹克品牌价值的获得是国际奥委会市场开发委员会通过一整套的市场营销活动来实现的。主要包括“电视转播权的出售和门票计划、奥林匹克营销伙伴计划（TOP赞助商计划），特许经营权、特许供应商等权利的转让与营销，对以奥林匹克五环标志为核心的形象进行的商业开发”。[1]27奥林匹克营销是奥运与商家互惠互利的商业行为，对于企业来说，可借助奥林匹克的人文价值以提升企业或品牌产品的文化附加值，增进消费者对它的好感度，改善企业形象，提高企业竞争力；对于奥林匹克运动来说，则以此获得其生存与发展的资金来源。

奥运会形象景观作为奥林匹克品牌无形资产的象征符号，是其品牌营销的重要载体。作为奥林匹克营销双方利益的保障，同时也为市场开发的需要，所有核心的奥运会形象景观必须是独一无二的，以保障其在全球范围内通过注册获得法律上的保护。为此，国际奥委会委托每一届奥运会组委会来保护奥运品牌，并“在2000年最新版的《奥林匹克宪章》中对各国奥委会主动保护奥林匹克知识产权和无形资产进行了明确的要求和规定。各国政府依照法律程序，专门制定防止奥运会期间的隐蔽市场措施，以便更好地推广奥林匹克运动，保护奥运会赞助商的利益。”[2]这说明奥林匹克的品牌管理已经上升到法律的层面上。在国际奥委会品牌管理下，不仅为奥运会的成功举办提供了美轮美奂、丰富多样的文化背景，更为奥林匹克品牌价值的提升创造了巨大的空间。

三、奥运会形象景观的系统特征

奥运会形象景观随着奥运会的发展，从无到有、从单个形象元素到由众多形象元素构成的有机设计系统，其复杂性在逐渐增强。从1964年东京奥运会引入企业形象识别（CI）的设计方法以来，经过墨西哥奥运会、慕尼黑奥运会，已经逐步形成了以系统设计的方法，来使一届奥运会呈现整体一致的视觉面貌。尤其是

[1] 胡雪琴.1996—2008年奥运会形象景观设计：本土文化资源的开发与组织[D].北京:中央美术学院，2007:27-30.

[2] 钟秉枢，邱招义，于静，董进霞.奥林匹克品牌：中、美、澳三国奥林匹克品牌的比较研究[M]. 北京：北京体育大学出版社，2006：51.

1984年洛杉矶奥运会由于商业化运作机制对奥运会形象的大规模需求，使奥运会形象景观获得了极大的发展。从1997年OGIP项目执行以来，经过悉尼奥运会、雅典奥运会的设计实践，到2008年北京奥运会，奥运会形象景观已经发展成为以塑造奥林匹克品牌形象为目标，体现举办国文化特色的一套完整、独特的、系统化的设计策略，是包括规划、设计和项目管理在内的规模庞大而复杂的设计系统。

奥运会形象景观的设计，一方面遵循着奥林匹克运动的文化精神和发展规律，另一方面又要体现出举办国的历史、文化传统和时代风貌，还要为奥运会的市场开发，举办城市的形象建设等诸多方面创造良好的形象基础。因此，奥运会形象景观系统无论从设计的主题、内容、形式，以及整个系统的结构、应用规范和管理模式等方面都具有复杂性的特点。各种因素之间相互制约和协调的关系，决定了整个设计系统的成效和面貌。系统整合的方式，是提升整体传播效果的重要手段。

同时，这个系统本身由于置身于国际跨文化传播的背景下，复杂的传播环境、多样的传播载体、多层面多角度的传播需求，又构成了奥运会形象景观系统复杂的外部环境，从而要求设计系统寻求与之相适应的延展能力、弹性机制，以及可操作的方式方法。这些都使得奥运会形象景观系统的复杂性再次加深。例如，“北京奥运会形象景观”就包含了会徽、二级图标（3个）、火炬接力标志、吉祥物（5个）、举办口号、核心图形、体育图标（35个）、色彩系统以及三级图标（3个），还有在35个体育图标、25个国家强制使用的交通安全和消防应急标识、191个奥运会各项功能指示标识以及色彩、字体、箭头符号等视觉信息元素基础上构成的标识系统。众多的形象元素都有着各自相对独立的使用规范和应用空间，也有以某种特定的组合形式彼此联系起来应用的规范。在相应的使用规范下，在形象景观不同的规划层面上，它们相互协调、配合，以整体的一致性和协调性，共同塑造并成功传播了2008年北京奥运会的整体形象。

同时，随着新技术、新材料的出现，以及跨领域的合作与交叉，奥运会形象景观在应用上，逐渐发展成一个由平面二维的视觉设计，到三维的立体产品开发、景观展示设计以及空间信息导向设计，再到融入图形、影像以及交互介质等综合媒介打造的全方位、多维度的设计系统。已经发展成为一个全方位、复合型、跨学科的大型设计项目。

第二节 现代奥运会形象景观的作用与价值

奥运会在发展壮大的过程中，逐渐由一个体育的盛会发展成为一个世界文化交流的盛会，发展成为企业、品牌进行商业营销的世界性平台，更为举办国的形象传播与宣传创造了前所未有的舞台……随着奥运会肩负的使命和责任的日益多样，对奥运会形象景观的需要也有了更多的要求。商业利益的驱动，不断要求通过奥运会形象景观的开发与传播，向着更为广阔而深远的领域开拓。传播技术的进步，为形象景观的传播与推广推波助澜，从而使奥运会形象景观承担起越来越多的功能。因此，随着奥运会规模的不断壮大，奥运会形象景观所发挥的功能、作用也愈加综合多样，愈加有力，逐渐成为一个具有复合型作用与价值的传播载体。

一、传达奥运信息、营造奥运会氛围

奥运会形象景观的基本功能首先是服务于奥运会的信息传达，实现信息的告知和导引。这一作用，自奥运会形象景观萌芽至今，始终是其最为基本的功能。随着奥运会规模的日益扩大，奥运会逐渐发展成为逾百个国家的数万名运动员和数百万观众参加的国际大型活动，如何在奥运会短短的16天赛期内，为大量的外国运动员、国际奥林匹克大家庭的成员、官员以及各国来宾提供方便，即使不懂主办国的语言，也能够方便自如的观赛、生活起居、餐饮旅游、搭乘交通工具等，这些都要求主办国透过视觉形象来直观易懂地传达相关信息。

同时，奥运会在发展中不断增加的文化活动和一系列仪式，都需要透过形象载体来进行传播，为此所开展的设计项目也随之增多。从最初几个基本的形象元素，发展到今天包括奥林匹克五环标志、奥运会会徽、吉祥物、核心图形、单项体育项目图标、色彩系统、二级标志、三级标志等。为数众多的形象元素于不同的活动领域、不同的传播层面发挥着传递奥运会信息的作用。在应用方面，从早期介绍奥运会概况的奥运会报告封面、海报、赛场地图、奖牌、火炬及火炬接力地图等少数几种印刷载体，发展到今天应用于赛时的场馆景观、城市景观、赛事相关用品、市场开发景观应用，以及具有空间导向功能的标识系统等在内的，融汇多种媒介、多种传播途径的多维度的景观应用系统。全方位、多角度地为传播奥林匹克精神理念、文化内涵、赛事信息、导引参赛与观赛流程发挥作用。

在传播信息的基础上，奥运会形象景观以其独特的形象元素和创意设计为奥运会举办期间的比赛场馆景观、城市景观提供可视化的方案，实现了对公共空间

的装饰作用，为赛场增添激动、热烈的竞技氛围，为活动渲染欢庆的节日气氛，为前来参赛、观赛的人们创造了多维度的奥运体验。同时，奥运会形象景观更通过电视、网络等传播媒介为远在世界各个角落的观众，传递了盛况空前的奥运会赛事，每一个画面都以独具特色的奥运会形象景观为背景，创造了身临其境的现场感。奥运会形象景观向世人传递奥林匹克精神及举办国的文化，提升人们对奥林匹克精神的认识，激发人们对奥运会的热情。

二、塑造举办国国家形象

美国政治学家布丁（Boulding, K.E.）认为“国家形象是一个国家对自己的认知以及国际体系中其他行为体对它的认知的结合；它是一系列信息输入和输出产生的结果，是一个“结构十分明确的信息资本”。[1] 从他的定义中，我们可以看出：国家形象是在国际社会的交往中，在国与国之间的行为与信息互动过程中产生的，“是自我认知与国际认知博弈的结果”。由于国内公众与国外公众所处立场的不同，面对同一个事件所产生的价值判断、形象认知与评价也有着很大的差异。尽管“国家形象在根本上取决于国家的综合国力，但并不能简单地等同于国家的实际状况，它在某种程度上是可以被塑造的。”[2]这说明一个国家是可以通过有目的、有计划的方式和途径来塑造自身的形象。在国际社会的交往中，对国家形象的塑造已经成为全球化背景下各国面临的共同课题。

北京体育大学奥林匹克研究中心主任、教授任海认为“良好的国家形象是一国走向世界的通行证，而体育赛事是快速提升国家形象的有效方法之一。”[3]中美两国曾经运用“乒乓外交”的手段结束了中美两国20多年来人员交往隔绝的局面，使两国关系得以改善和缓；而今天的世界也透过姚明、刘翔等运动员来认识和了解中国。

奥运会作为世界性的体育赛事，其影响力已远远超越体育范畴，广泛地渗透到政治、经济、社会和人文等各个领域。奥林匹克运动以其倡导的“更快、更高、更强”的奥林匹克精神，以及对于人类和平与发展的重要贡献，为各举办国塑造积极、正面的国家形象搭建了国际性平台。举办国无不借助于这样难得的机会，树立城市乃至国家形象。1964年东京奥运会成为日本战后重建的里程碑，

[1] [EB/OL]. http://zhidao.baidu.com/question/76100039.html.

[2] 孙有中.国家形象的内涵及其功能[J].国际论坛，2002（3）：16.

[3] 张清.人民日报：“北京奥运”对话“上海世博”——奥运世博 激情交响[EB/OL]. http://www.expo2010.cn/expo/shexpo/xwzx/mtjj/userobject1ai43909.html，2007-06-20.

重塑了日本在国际社会的形象；1988年汉城奥运会，为增进各国人民对韩国的理解和认识发挥了重要作用。可以说，韩国和日本就因成功举办了奥运会和世博会后，在经济与社会发展方面取得了长足发展，成为两国迈入现代化和国际化的重要转折点。

奥运会是国家形象集中展示的舞台。从申奥成功开始，世界的目光便聚焦在举办国和举办城市上，这种关注一直延续在筹办奥运会而经历的7年时间里。当所有的努力和积累在奥运会短短的16天中得到集中释放的时候，所有的环节和角落都成为多侧面、多角度呈现国家形象的载体，通过整合一致的形象景观，人们将得到对主办国形象最直接、生动的印象。

全球人民所看到的奥运会，是透过媒体呈现的。国际公众对奥运会举办国的印象正来自于媒体传播的信息。“新闻媒体在信息传播过程中利用其在广度、速度和深度上的优势，对人们头脑中他国印象的形成会产生直接或间接的影响。”[1]奥运会形象景观为媒体中的奥运会提供了广阔而丰富的背景，置身于媒体中的世界观众，即使远在世界的各个角落，透过媒体的影像、图像，传递的举办国的形象和声音，也同样可以获得身临其境的奥运会体验，从而形成对举办国的形象认知。传播时代下，媒介的力量是巨大的，无论是正面的还是负面的信息，都会影响到世界公众对主办国的印象和评价。“‘国家形象’在全球化时代显得特别重要，已经成为国家利益的重要内容。损害国家形象，实际上就是损害国家利益，反之亦然。”[2]从这种意义上来说，奥运会形象景观对于塑造国家形象具有至关重要的作用与价值。

三、展示举办国文化特色　促进多元文化交流

国家形象的塑造和传播，对于提升国际竞争中的国家软实力具有积极的作用。自从哈佛大学肯尼迪政府学院院长（曾经担任美国国防部负责国际安全的助理部长）约瑟夫·奈提出“软实力”的理论以来，世界各国越来越重视透过文化传播的策略来提升本国的“软实力”。按照约瑟夫·奈的观点，一个国家的综合国力，不仅包括由经济力量、科技力量、军事力量等表现出来的“硬实力”，还包括以文化、意识形态吸引力、政治价值观、民族凝聚力所体现出来的“软实力”。软实力通过吸引、同化的方式以一种间接的力量，在国际社会中获得更多

[1] 张清.人民日报：“北京奥运”对话“上海世博”——奥运世博 激情交响[EB/OL]. http://www.expo2010.cn/expo/shexpo/xwzx/mtjj/userobject1ai43909.html，2007-06-20.

[2] 俞可平.全球化时代的国家形象[M]//乔舒亚·库珀·雷默，等.中国形象：外国学者眼里的中国. 北京：社会科学文献出版社，2006，1.

资源优势、取得竞争中的支配地位。因此，近年来人们越来越注意在国与国的交往与竞争中，以文化的影响力来达到塑造国家形象的战略目标。

通过举办奥运会提升自身的文化影响力、从而塑造积极正面的国家形象已成为国际社会不争的共识。奥运会作为多元文化交流的载体，为主办国的文化展示与传播创造了世界性舞台。在这个舞台上，主办国透过在奥运会形象景观的设计和规划强化本国文化价值观，使其独特的历史、文化、人文风貌和价值观念透过一系列的仪式、活动等途径得以充分呈现。不论在奥运会的现场，还是远在世界各地的人们，都通过观看饱尝了一次充满举办国文化魅力的视觉盛宴。而形象景观则为文化盛宴提供了独特的视觉样式和多维度的视觉载体，将文化的魅力以形象、生动、直观的方式呈现出来。

奥运会形象景观的这种文化价值的开发，来自于奥运会主办国以奥运为契机，以文化传播为途径，在国际社会中提升国家形象的动机。在这一主观意志的支配下，奥运会形象景观往往以主办国历史、文化、人文、自然风貌等为创作来源，借奥运会搭建的世界性传播平台，传播本国文化，在客观上则促进了世界上不同民族、国家和地区的文化交流，为世界文化的多样化作出了贡献。“这是奥运会在多元文化背景下的精神意义和文化意义的体现。”[1]

四、奥林匹克品牌提升商业价值

自尤伯罗斯成功地将奥运会与商业联系起来，使洛杉矶奥运会成为“第一届赚钱的奥运会”以来，奥运会就不可避免的与商业营销建立起紧密的联系。尽管此前奥林匹克运动一直秉承其纯洁神圣的精神而避免商业的渗透，但在为举办奥运会而捉襟见肘的经济困境下，洛杉矶奥运会的商业运作模式，着实为奥林匹克运动的发展开创了崭新的思路。此后，奥林匹克所坚持的非商业化路线，反而成为其获得巨大资金来源的品牌价值所在。围绕着奥运会举办城市在筹备、举办奥运会期间，以及奥运会后的一段时期内，利用奥运会的资源优势和奥运会创造的商机，所开展的一系列经济活动，对拉动本地区经济发展，并给举办城市和国家带来阶段性经济发展加速的经济现象被称之为奥运经济。

包括奥运会会徽在内的奥运会形象景观，是奥林匹克品牌文化内涵的象征符号，是奥林匹克品牌的重要视觉载体，对于带动奥运会市场开发具有重要的经济价值。组委会通过向企业出售奥运会标志使用权的形式，获得收入成为奥运会筹

[1] 冯霞，尹博.北京奥运文化传播与中国国家形象塑造[J].北京社会科学，2007（4）：72.

办经费的重要来源。

奥运会形象景观通过有形和无形的方式，为奥运会的市场营销活动创造价值。包括为举办国及参与奥运会赞助计划的赞助商、营销伙伴、特许经营商和供应商、电视转播机构等开展商业活动提供必要的形象支持。有形的商业价值，直接体现在赞助商通过与国际奥委会、举办国奥组委明确的赞助关系的确立，其中包括赞助的不同范围和级别，包括国际奥委会的全球合作伙伴计划奥运会举办国组委会的奥运会合作伙伴、赞助商、供应商。每个层次的赞助商通过不同的赞助投入，享有不同的市场营销权，获得在其商业行为中合法拥有和使用奥运会形象景观符号的权利。这些形象景观符号的使用，可以使企业、品牌获得区别于其他同类产品和服务的竞争对手，享有在主办国市场开发的排他权。

对于特许产品开发商来说，这些独特的形象景观符号，每一个都可以成为其产品开发和形象衍生的资源，纪念章、徽章、邮票、玩具、服装、文具、礼品等，每一个产品领域的开发商都因其产品上印有奥运会形象景观的元素，而获得超出竞争对手数倍的价值收入。

作为奥林匹克品牌的象征符号，这些形象景观代表了奥林匹克品牌乐观、友谊、健康、和平、激情与活力等核心价值，获得使用这些形象景观符号，就意味着把奥运的精神价值通过赞助的方式“移植”到赞助品牌上来，透过这种“移植”在两者之间建立了强有力的关联，从而提升企业的公众形象，获得企业、品牌经营的好感度、美誉度。这为赞助商们积累了企业的无形资产，从而为创造更高的商业价值铺就了成功之路。这也是赞助商们愿意与奥运会建立合作关系的重要因素。

五、创造丰富的奥运文化遗产

每一届奥运会都为世界奥林匹克运动的发展，创造了丰厚的物质和文化遗产。国际奥委会近年来逐渐认识到这些遗产的积累，将成为奥林匹克运动的无形资产，为奥林匹克运动的发展奠定重要的价值基础。

奥运会形象景观作为文化遗产中不可缺少的一部分，不仅以其外在的视觉形象，在赛时发挥了巨大的装饰作用、文化传播作用、创造商业价值等作用，还创造了奥林匹克运动的视觉记忆。它们作为现阶段人们对奥林匹克运动的理解，为今后的奥运会在形象景观上的创造提供详实、丰厚的视觉历史资源。同时，每一届奥运会在形象景观项目的规划、设计、景观应用、设计组织与管理等方面，都积累了丰富的实践经验，这些经验，作为一种无形的文化遗产，为奥林匹克运动的发展积累了宝贵财富。

用美的形式塑造崇高，以此来净化人的心灵，从而达到教育的作用。因此，在这种意义上，形象景观也在起着塑造和净化人的心灵的教育作用。体育与文化艺术的结合，是一种教育的形式和途径。在这种意义上，奥运会形象景观的作用是在潜移默化的美的熏陶中达成的。因此，奥运会形象景观以其视觉塑造的美感，在潜移默化的影响着举办地和世界的人们，即使在奥运之后，这种影响也在更为广泛的层面上塑造着人的情操。

同时，借助奥运会在全球所引发的关注，以及媒介传播的力量，一些原本不知名的城市乃至国家成为全世界的焦点，例如：巴塞罗那在举办1992年奥运会前，还是个默默无闻的城市。在成功举办了奥运会之后，就声名远扬了。奥运会所留下的无形资产，为其平添了一份宝贵的物质文化遗产，成为该城市在文化开发方面的重要资源。由此可见，利用好奥运文化遗产，在后奥运经济时代继续为举办地创造社会和经济价值是奥运会遗产价值的所在。

第三节　小　结

现代奥运会形象景观在百年发展历程中，通过不断的实践完善自身，逐渐形成了今天我们所看到的较为系统、完善、整体的奥运会形象景观。在对历史的梳理中，我们也逐渐认识到它与众不同的属性特征。其中包括：

（1）奥运会形象景观是奥林匹克文化与主办国文化的综合体现。

（2）奥运会形象景观是建立在奥林匹克品牌管理体系下的。

（3）奥运会形象景观具有系统性的特征。

（4）奥运会形象景观具有整合传播的特征。

（5）奥运会形象景观的作用与价值在发展中不断扩大和增强。

“奥运会形象景观” 是一个动态发展着的概念，这一概念的出现是随着现代奥林匹克运动的发展而逐渐演变出来的。在奥林匹克运动发展的不同阶段，“奥运会形象景观”所包含的内容与形式、功能与作用、价值与意义，都是不断发展的，综合地反映出不同的历史背景下，人们在设计观念、设计方法和设计形式的整体面貌。

这种不同一方面来自于奥林匹克运动自身的发展需求，伴随着奥林匹克运动规模的不断壮大，其商业化的运营机制必然要求运用一切可以运用的媒介和载体进行商业开发，以求得最大的经济利益。因此，多年来在商业领域里成功的设计观念、设计方法和营销手段都综合地影响到奥运会形象景观的设计开发与应用之中。如企业形象系统设计、品牌营销、广告传播等。另一方面，也来自于各奥运会主办国在文化多样性方面的自觉。在世界经济一体化的时代背景下，世界范围内对文化多样性的呼声逐渐高涨，各奥运会主办国也自觉地有计划有目的地，借助奥运会的形象景观塑造来传播自己国家的文化传统、展现民族风貌，促进自己与世界各国之间在文化等多方面的交流与增进理解。前者，在形象景观的传播媒介与空间的拓展方面起到了积极的促进作用，使奥运会形象景观担负起品牌传播和创造商业利益的作用；而后者则在形象景观所表现的文化内涵、设计主题、设计形式与风格上进行了深入的挖掘，使奥运会形象景观日益承载着更多的文化传承与交流的作用，极大丰富和延伸了奥运会形象景观的作用与价值。伴随着奥林匹克运动的发展，逐步形成一整套较为完善的奥运会形象景观设计体系。

对于2008年北京奥运会来说，只有理清奥运会形象景观的历史发展脉络，掌握蕴藏其中的发展规律，充分认识其特征、作用与价值，才能在奥运会形象景观的历史上有所创造。

第四章　北京奥运会形象景观的理念建构

在2008年北京奥运会开幕式上我们看到，无论是孔门“三千弟子”齐诵《论语》名句——“四海之内，皆兄弟也”体现出的博爱胸怀，还是由篆书到宋体字，字形变化而核心价值不变的“和”所传递出的追求“和谐”“和平”“和美”的至高境界，亦或由徐徐展开的历史画卷中铺陈而出的人与自然“天人合一”的东方神韵，无不向世界人民展示了中国灿烂的文化，它是世界文化大家庭中“和而不同”的一部分；它以人类对和平、美好生活的共同理想为目标，用自己独特的文化阐释，为人类的美好梦想谱写了新的篇章。

随着奥林匹克运动在全球的发展，“奥运会对举办地的影响经历了由单一到综合，由局部到整体的演变过程。概括起来分为体育、政治、经济和环境四大影响，这四大影响既是历时性的，使得不同的历史阶段的奥运会显示出不同的主导影响，同时又是共时性的，共同对近20 年来的奥运会产生综合性的影响。”[1]这种影响的扩大，也在客观上对举办国提出日益严峻的挑战。

对于主办国而言，来自世界广泛而深刻的关注，使奥运会成为一个展示国家综合实力的国际舞台。透过媒体的全线追踪，举办国可以向世界全方位地展示自己在筹办和举办过程中的方方面面。很多国家因为奥运会的成功举办获得了发展的机遇，也在不同程度上提升了国家的国际声望。例如：1964年的东京奥运会，日本向世界展示了战后重建的国家面貌；1988年的汉城奥运会，使原本处于国际社会边缘状态的韩国，获得了国际社会的普遍好评，成为韩国发展史上的一个里程碑；2000年的悉尼奥运会，则改善了澳大利亚在亚洲国家心目中的形象。正是由于主办国从主观上变挑战为机遇的积极应对，以奥运会为契机，以促进举办城市和国家的建设为目标，在筹办和举办奥运会的过程中，对其所面临的诸多领域的建设与发展课题给予加倍的重视，才使奥运会巨大的挑战转变为强劲的发展动力。

北京2008年奥运会对于发展中的中国来说，是机遇，也是挑战。未雨绸缪，积极地应对来自各方面的挑战是必须的，也是必要的。来自国内和国际的严峻挑战，是我们思考北京奥运会形象景观的理念建构时不容忽视的大前提、大背景。

[1] 任海.论奥运会对举办城市和国家的影响[J].体育与科学，2006（1）：4.

第一节 和谐是一个时代的命题

“和谐”理念作为北京奥运会的核心价值观的提出，是基于当下深刻的国内外背景和当代奥林匹克运动的发展背景。

一、国内背景

从1978年的1473亿美元到2007年的246619亿美元，中国国内生产总值呈现迅猛增长的态势；2001年中国加入世界贸易组织（WTO），标志着中国经济正式融入世界经济体系；2007 年中国已成为世界第二大出口国和第三大进口国。改革开放的30年，中国现代化建设取得了举世瞩目的成就。这种变化给中国社会带来前所未有的活力，增强了国家的综合国力，为北京2008年奥运会的成功举办创造了成熟的条件。然而，这种超常规的发展和快速转型，将“不同发展阶段的经济、社会和文化压缩在同一个时空场景中。经济方面前工业化的、工业化的和后工业化的发展区域同在；社会方面前现代的、现代的和后现代的现象并存；文化艺术方面现实主义的、批判现实主义的和超现实主义的作品杂陈。”[1]使我们必须同时面对不同性质发展问题的现实挑战，种种矛盾和问题显现为不和谐的因素。例如“市场化的过程也带来价值观转变的冲击，不同的地域人群、不同的社会阶层和不同的年龄段人口，在一些社会的重要价值认同方面，都出现了较大的差异”[2]，新旧观念的矛盾与冲突突出；由于社会各阶层之间贫富差距的加大，导致不同社会群体的利益冲突突出；人口增长的压力以及片面追求经济增长率，对许多基本资源的需求压力增加，以高投入、高消耗、重污染、低产出为特征的传统发展模式更使得资源枯竭和环境恶化的压力突出；商品生产的丰富极大地改善了人们的生活水平，却凸显出由于缺乏社会核心价值观而带来的物欲膨胀、急功近利、浮躁焦虑等心理和精神问题。“中国在发展进程中遇到的矛盾和问题，无论是规模还是复杂性，都是世界上所罕见的。”[3]

中国在面对发展过程所遇到的新问题、新特点和新态势，“对发展战略的选择和社会政策的制定提出了新的要求。构建社会主义和谐社会战略思想的提出，正是依据这种新的现实需求和对过去的经验的总结。”[4]

---

[1][2] 李培林.和谐社会十讲[M].北京：社会科学文献出版社，2006：363.

[3] 国家主席胡锦涛接受25家外国媒体的联合采访[EB/OL]. http://news.xinhuannet.com/zgjx/2008-08/01/content_8895301.htm, 2008-08-01.

[4] 李培林，陈光金，张翼等.中国社会和谐稳定报告[M]. 北京：社会科学文献出版社，2008.

二、国际背景

在国际上，中国的崛起使中国在国际舞台上日益扮演着举足轻重的角色，中国正以自身巨大的影响力对世界的政治、经济格局发挥着作用。同时，“处于这样一个在经济建设为中心的社会大变革的时期，中国比任何时候都需要和平的国际环境，获得广泛的国际合作和支持，以全面推进改革开放，建立良好的法制环境和经济秩序，本着平等、公平和互惠互利的原则，进一步地融入国际社会。”[1]然而，由于长期以来国际社会对中国的了解存在着许多片面、不真实的印象，对于中国在国际上树立良好的国家声誉十分不利。北京获得2008年奥运会的举办权后，国际社会对这届奥运会的关注程度大大超过以往任何一届奥运会，“国外媒体在关注北京奥运会时，讨论最多的主题是政治”[2]（其次是商业与经济，再次才是体育）。长期以来由于在政治体制和文化传统方面与西方国家的巨大差异，再加上国外主流媒体的不客观甚至是歪曲的报道，造成了国际社会对中国的种种误读，使和平崛起的中国在国际政治领域面临着巨大而严峻的挑战。

国际间的相互了解是世界和平的前提条件，跨地域、跨文化的交流活动是促进民族间相互理解的必要条件。让世界了解中国，让中国走向世界。北京奥运会给了中国一次由自己塑造国家形象的机会，得以在世界的舞台上传递中国追求“和谐”的声音——和平崛起，是中国发展的宗旨；和平共处，是中国处理国与国之间关系的基本准绳；和睦相处，善邻怀远是我们与世界人民友谊持久发展的前提。这些理念影响并改变着西方人长期以来对中国的不客观印象，积极地改善了中国在国际环境中的国家形象，提升国际威望。

同时，中国作为一个文化大国，保护和发展中华文化既是自身发展的需要，同时也为丰富和促进世界文化的多样性做出贡献。在奥运会这个世界文化交融荟萃的舞台上，中国以“和谐”理念再次向世界传达了自己对待文化多样性的态度，并以“和谐”倡导国与国之间相互尊重彼此文化的态度，倡导真诚平等的交流，在取长补短中获得共同的发展。同时，和谐理念将人与环境、不同种族与信仰之间的人们视为彼此关联共生的系统，倡导彼此的理解、包容和协调，从而化解矛盾，实现共同发展。因此，运用“和谐”理念，为促进世界和平，减少战争的威胁，为世界各国所面临的共同课题提供积极有益的思考和创造性的解决之道。

---

[1] 任海，罗湘林.论2008年奥运会对中国政治的影响[J].体育与科学，2005（2）：2.

[2] 董小英.奥运会与国家形象:国外媒体对四个奥运举办城市的报道主题分析[J].中国软科学，2005（2）：1.

三、当代奥林匹克运动的发展背景

奥林匹克运动以它对友谊、团结和公平精神的崇尚，为建立一个和平的、更美好的世界积极地参与和影响着国际社会的发展进程。同时，国际社会在发展中所面临的种种课题，也折射在奥林匹克运动的发展中，并对其产生不同程度的影响。比较突出地表现在以下几个方面：竞技运动因过度的商业化介入破坏了体育的纯洁性；职业化对奥运理想的负作用；片面追求成绩而造成的兴奋剂丑闻和体育道德的丧失；政治干扰使体育成为被政治利用的工具；举办规模过大带来的对环境和生态造成的沉重负担；奥运会文化单一化和世界文化多样性之间的矛盾等。这些问题，如果不能得到有效的解决，将严重影响到奥林匹克运动的可持续发展。

北京奥运会的举办正基于当代奥林匹克运动这一深刻的发展背景，并在不同程度上受到其发展因素的影响。可以说，西方文化价值体系所强调的竞争精神、拼搏精神以及要求个性解放的自由精神等，创造和孕育了西方辉煌的现代工业文明，但其与生俱来的严重缺陷也为今天的危机埋下了隐患。因此，如果说西方的文化价值体系是导致奥林匹克运动面临种种危机的文化根源的话，那么，我们也就不能期盼着运用西方一贯的思想方法为这些课题求得题解。

在奥林匹克文化和举办国文化双向互动的过程中，和谐理念是中国为奥林匹克运动的可持续发展提供的有益思路，它以充满东方智慧的思考，积极地影响奥林匹克运动的发展方向。作为奥林匹克与中华文明的最佳结合点，它既是对构建和谐社会的理论和实践的延伸，也是中国对于奥林匹克文化的有益补充。

北京奥运会的举办正值中国社会发展的关键时期，和谐奥运的理念，正是在以上国内外以及奥林匹克运动发展的时代背景下，因应时代和社会的需要而产生的。孕育在东方文化土壤中的和谐思想，以它强调整体的和谐，强调事物于矛盾中和谐统一的“和而不同”，强调人与人之间的“和为贵”，人与自然之间的“天人合一”等观念，作为一种不同于西方价值体系的思考方式，在处理以上时代背景下所面临的种种问题时，提供了积极有益的思路。既契合了中国构建和谐社会的时代需求，同时也与追求人的身心和谐、人与社会、人与自然和谐的奥林匹克精神相吻合。

作为一个时代的命题，近年来国内积极倡导的和谐社会理念为其奠定了广泛的理论基础、文化基础和群众基础。在2004年由中国人民大学人文奥运研究中心举办的“创造的多样性：奥林匹克与中国文化”国际学术研讨会上，“与会的许多外国著名奥林匹克研究者，不约而同地强调‘和合’‘和谐’思想，认为它是中国文化通过人文奥运奉献给世界最有价值的思想和理念。”[1]，标志着“和谐”理念作为北京奥运会的核心思想，作为奥运会形象景观设计的核心主题被明确地确立。作为一种超越意识形态、文化形态、社会形态的普适性价值观，为人类世界共同发展的未来提供可借鉴的思路。

第二节　和谐是一个文化的命题

“和谐”，作为一个文化的命题，是一个有着包容性和开放性的思想体系。在中国传统文化中、在奥林匹克文化以及其赖以生长的西方文化传统中，不同的文化背景造就了它不尽相同的文化表述方式。

一、中国文化的核心价值观

核心价值观是一个社会的主导价值观。它是“该社会所特有的文化、文明的精神实质和显著标志，是它赖以维系的精神支柱，也是社会决策的动机和目的之所在。”[2] 2008年8月8日，在北京2008年奥运会开幕式上，897个活字在时代脉动中上下涌动，从篆书到宋体字变换出中国汉字的不同形态。尽管汉字在历史的变迁中形态发生了种种变化，但蕴藏其中的以“和”为核心的价值观念却一脉相承。它是中国人在五千年的文化传承中沉淀下来的，在处理价值问题、特别是那些普遍性价值问题时所持有的独特的立场、观点、态度的总和。千百年来，它以一种无形的精神力量，影响着中华民族的思维方式、心理结构、价值选择、审美情趣、伦理道德和行为特征。[3]成为流淌在中华民族每一个人身体里的血液。

“在中国古代典籍中，‘和’的概念出现很早，在甲骨文和金文中都有‘和’字。在《易经》‘兑’卦中，‘和’是大吉大利的征象；在《尚书》中，‘和’被广泛地应用到家庭、国家、天下等领域中去，用以描述这些组织内部治理良好、上下协调的状态。”[4]“按《说文解字》，‘和，相應也’。‘應’通‘应’。‘和’的概念包含有和顺、合一、和衷、和气、和平、合同、和合、和恰、和睦和乐、协和、亲和、调和、和谐等多种相异而相近的含义。其中最具代表性的就是‘和谐’，它最典型地体现了以儒家思想为主的中国传统文化中的基

[1] 金元浦.北京奥运的人文理念与和谐思想[J].国际公关，2006（4）：66.

[2] 陈立基.当代奥林匹克运动发展观之研究[D]. 北京：北京体育大学，2006：95.

[3] 马仲良，王鸿春，黄亚玲.人文奥运研究[M]. 北京：北京体育大学出版社，2005：7-10.

[4] 黎红雷.“和谐观”中西合论[J].中国哲学史，1999（4）：116.

本精神和价值追求。”[1]

（一）和而不同——和谐的本质

中国的先秦时期，以晏婴、老子、孔子为代表的先秦诸子，从伦理学、政治学方面将和谐思想作为一种社会理想加以探讨。孔子的学生有若在《论语·学而》中提出了“和为贵”的命题，即以和为贵，认为和谐是天底下最珍贵的价值，是人世间最美好的状态。作为一种价值判断，这个“和”正是儒家所推崇和追求的一种价值理想和价值目标。对这一目标的实现是建立在“和而不同”的基础之上的，在《国语·郑语》中，西周末年的郑国史官史伯对郑恒公有一段重要的谈话，“夫合实生物，同则不继。以他平他谓之和，故能丰长而物归之。若以同裨同，尽乃弃也…… 声一无听，物一无文，味一无果，物一不讲。”[2]阐述了事物在单一雷同中，是无法继续发展下去的。“和”是宇宙中诸多性质不同的因素的统一，是以承认相互间差异和多样性为基础的，不同的因素在相互的对立和消长中，通过差异互补从而达到和谐统一的状态。只有融合多种多样不同因素事的“和”，才是产生万物的法则，而没有对立面的“同”是不能产生什么新事物的。

春秋后期齐国著名政治家晏婴在《左传》中明确提出了“和”与“同”的本质区别。据《左传–昭公二十年》载：“齐侯至自田，晏子侍于遄台。公曰：‘和与同异乎？’对曰：‘异。……若以水济水，谁能食之？若琴瑟之专一，谁能听之？同之不可也如是。’ 和与同，就像厨师烹饪菜肴，需要各种佐料的调配一样，如果厨师只懂得“以水济水”，谁会愿意喝呢？又像琴师，要是老弹奏一个曲调，又有谁会愿意听呢？晏婴用形象的比喻揭示出：“正是各种不同或对立的要素与事物，相辅相成，相反相济，融合涵化，才能生成和转化出新的有机统一体，即新的事物。”[3]，“和”的关键是调节。

孔子明确提出“和而不同”的思想，他说“君子和而不同，小人同而不和”。孔子强调的是保持个体差异基础上的“和谐”，是一种有差异的统一，而不是简单的同一。“和而不同”的思想，揭示了和谐的本质特征，它所具有的丰富内涵以及在儒家思想中所处的重要地位，使它一直作为中国传统文化的核心思想渗透并影响着中华民族的发展。

---

[1] 张小平.和谐文化的理论与实践[M]. 北京：人民出版社，2007：1.

[2] 国语·郑语[M].

[3] 张小平.和谐文化的理论与实践[M]. 北京：人民出版社，2007：4.

（二）和谐共生——和谐的追求

“八年之中，九合诸侯，如乐之和，无所不谐。”[1]“施之金石，则音韵和谐。”[2]“夫任一人则政专，任数人则相倚，政专则和谐，相倚则违戾。”[3]“中国古代经典就把各种关系的协调和连贯一致，比喻为像悦耳的音乐一样‘和谐’”。[4]

和谐是一种关系平衡的状态，是世间万物在相辅相成、相反相济的关系中得以和谐共生的状态。这种状态，从古至今都是中国人不懈追求的理想。中国文化的先贤们，围绕着和谐这个基本命题，在人与自然、人与自我、人与社会的关系中展开思考，试图创造一种和谐的理想范式。

“天人合一”思想体现了一种人与自然的和谐关系。“这里的‘天’指‘天道’，即自然规律。‘人’指‘人道’，即人类社会的规则。‘天人合一’也就是说天道与人道、自然与人为应该是和谐统一的。”[5]在儒家看来，人是天地自然的一部分，整个自然界是一个统一的生命系统，主张尊重自然界一切有生命的物质，爱护一切动物、植物和自然之物，强调人与自然的和谐相处，顺应自然发展的客观规律，因势利导，与自然相通相依，协调一致，和谐共处。

“礼之用，和为贵”“和而不同”，创造了一种人与人、人与社会之间的和谐关系。中国传统文化强调“和为贵”，重视人际关系的和谐，看重人与人之间的团结合作，强调以“礼”来规范各种社会关系。孟子提出的“父子有亲，君臣有义，夫妇有别，长幼有序，朋友有信”[6]，就是对封建社会人伦关系最基本的概括。每一对关系的双方都通过责任与义务的规定，获得维持稳定与和谐关系的最佳状态。它是构成稳定、和谐的社会关系的前提。

孔子在《论语·季氏》提出“和无寡”的主张，从国家治理的角度肯定了和谐的作用。荀子则提出“和则一，一则多力”[7]的主张，认为：“在一个组织内部，人们和谐相处就能取得一致，取得一致力量就会增多，力量增多组织就会强大，组织强大就能战胜万物。”[8]孟子提出“天时不如地利，地利不如人

[1] 左传[M].

[2] 晋书[M].

[3] 后汉书[M].

[4] 辞源[M].北京：商务印书馆，1988.

[5] 易小明.文化差异与社会和谐[M]. 长沙：湖南师范大学出版社，2008：370.

[6] 孟子.滕文公上[M].

[7] 荀子·王制[M].

[8] 黎红雷.“和谐观”中西合论[J].中国哲学史，1999（4）：116.

和”[1]的主张，认为只要组织内部保持上下齐心合力的和谐状态，就能无往而不胜，“人和”是事物兴衰成败的关键因素。

儒家思想特别强调通过各种社会关系的和谐以“致天下之和”，从构成社会的最小单元的家庭和谐，推及到邻里、亲朋、师生等人际关系的人我和谐，进而扩大到国家政治层面的君臣、君民之间的上下和谐，以及国家民族之间的“协和万邦”。这些论述从不同的角度强调了“和谐”的至上地位，以及追求和谐的至高目标。

二、古希腊哲学中的和谐思想

奥林匹克运动诞生于古希腊，奥林匹克精神中所蕴含的深刻人文内涵正源于崇尚平等自由的希腊文明，而古希腊哲学的丰硕成果在价值观的层面上，深深地影响了希腊文明的形成。

古希腊哲学家毕达哥拉斯认为数是万物的本原，一切事物都是由数产生的，数是宇宙万物的本质和终极原因。数之间存在的一种关系和比例产生了和谐，进而支配着整个自然界，也支配着人类社会。

赫拉克利特则提出了“对立和谐观”即“辩证的和谐”。他认为：“自然是由联合对立物造成的最初的和谐，而不是联合同类的东西”[2]“相反的东西结合在一起，不同的音调造成最美的和谐，一切都是通过斗争而产生的。”[3]“在他看来，和谐不是各个分散部分的外在联合，而是他们基于本质的内在统一。”[4]这种内在的统一是事物内部矛盾双方在对立和斗争中，相反相成，才获得统一的和谐。作为辨证法的奠基人之一，赫拉克利特揭示了和谐的本质特征，极大地丰富了和谐思想的内涵。

较之于中国先秦诸子一开始就从人与人之间的伦理关系、社会与国家政治关系来探讨和谐的角度不同，古希腊的和谐思想主要是从宇宙学、美学的方面开始探讨的。这种基于自然的和谐观在后期开始向精神、社会方面进行转化。苏格拉底使这种转变进一步得以明确，他“在自然哲学的尽头，转向‘善’、转向‘自我’、转向‘人’的。苏格拉底哲学的重大的历史意义在于他是第一次在真正的意义上发现了‘自我’，苏格拉底哲学在和谐观上的贡献在于他开始赋予和谐以

[1] 孟子・公孙丑下[M].

[2] 北大哲学系美学教研室.西方哲学家谈美和美感[M]. 北京：商务印书馆，1980：15.

[3] 北大哲学系外国哲学史教研室.西方哲学原著选读：上卷[M]. 北京：商务印书馆，1987：23.

[4] 于爱华.古希腊和先秦和谐观之比较[J].天津：天津商学院学报，1996（2）：58.

社会的意义。”[1]

柏拉图“明确地使和谐范畴具有社会伦理的意义，使和谐观进一步伦理化了，把和谐作为人类的一种道德理想来研究。”[2]在《理想国》中，他阐述了“公正即和谐”的观点，他认为一个“理想国”就是一个“公正国”，具有智慧、勇敢、节制和正义四种美德。

在柏拉图的影响下，亚里士多德把和谐看成是整体的统一性和完满性，是多样性的统一，认为和谐是美好事物的基本特征之一。并把这个概念应用于现实的一切领域，进一步丰富了和谐内容。他吸收了赫拉克利特的辨证法理论，把和谐看成对立面的统一。在《论灵魂》一书中，他指出有机的生命个体就是肉体和灵魂的和谐统一体。至此，亚里士多德提出了古希腊较为完备和充分的和谐观。”[3]

从毕达哥拉斯学派的宇宙和谐到赫拉克利特的自然和谐，再到柏拉图的社会伦理和谐的思想发展，呈现出古希腊早期和谐观发展的基本轮廓。这一源远流长的文化传统造就了古代奥林匹克文化的灵魂，也孕育了现代奥林匹克精神。

三、奥林匹克文化中的和谐思想

如果说古代奥运会价值理想是在宗教信仰的力量下得以实现的，那么现代奥运会要实现它的崇高理想没有对“奥林匹克主义”的信仰是不可能成功的。顾拜旦“把古希腊关于人的均衡发展与现代社会教育改革提倡的人的全面发展思想结合起来，奠定了现代奥林匹克运动发展的基础。”[4]他有感于现代竞技运动虽有先进的手段，但缺少一个哲学基础和高尚的目标，试图以“奥林匹克主义”一词来为奥林匹克运动的发展明确方向。尽管他当时并未给出一个明确的定义，但奥林匹克运动在一个多世纪的发展中，逐渐明晰了它的内涵，并在1991年6月16日《奥林匹克宪章》中第一次对其进行了明确的表述。“奥林匹克主义是将身、心和精神方面的各种品质均衡地结合起来并使之得到提高的一种人生哲学。它将体育运动与文化和教育融为一体，奥林匹克主义所要开创的人生道路是以奋斗中所体验到的乐趣、优秀榜样的教育价值，和对一般伦理的基本原则的尊敬为基础的。”[5]从这个定义中我们可以看到：奥林匹克主义是以人的和谐发展为中心思想的，以体育运动作为实现人和谐发展的途径，而且必须与教育、文化相结合，

---

[1][2][3] 于爱华.古希腊和先秦和谐观之比较[J].天津商学院学报，1996（2）：59.

[4] 何振梁.奥林匹克精神及其本质[J].体育文史，1996（5）：6.

[5] 皮埃尔·德·顾拜旦.奥林匹克宣言[M].北京：人民出版社，2008：192.

强调奥运选手的榜样作用，才能更好的达到人的和谐发展的目标。它不仅是奥林匹克运动的最高纲领，更是具有普遍意义的一种生活哲学。

"奥林匹克主义"概念的明确，为奥林匹克各项活动的开展给予明确的指导方针，规定了奥林匹克运动的性质和发展方向。并且以它为核心形成了包括奥林匹克精神、宗旨在内的一整套思想体系，为奥林匹克运动的发展奠定了坚实的思想基础。

这一思想体系是沿着由个体到社会、由微观到宏观的逻辑顺序构建的。"试图在人类社会的三个基本关系上促进人类社会的和谐发展。即针对人自己的身心关系，促进人自身的和谐发展；在人与社会的关系上，促进人与社会的和谐；在人与自然的关系上，促进人与自然的和谐。"[1]这三个方面的关系，在不同的时代背景和变换的社会需求下，呈现出不同的内涵，同时也体现了奥林匹克运动所具有的现实意义。这种明确的指导思想和价值观念成为奥林匹克运动发展的内在动力，也是其获得成功的关键。

第三节　和谐是一个人类共同的命题

今天的世界正在经济一体化的进程中，快速发展为一个不可分割的经济共同体。"所有政治上的界限，制度上的分野，都不得不隐退成为次要的因素。世界的同将超越国家、种族与地区的异。"[2]当政治、制度的界限隐退为次要因素时，文化的力量被凸显出来，成为影响世界的重要因素。许倬云先生所谓的"世界的同"是在正视世界文化多样性的基础上，以追求各文化之间的平等性为世界文化发展的前提下，超越民族、文化、国家的拘囿，放眼整个人类未来发展的共同目标。

奥林匹克运动经过一个世纪多的动态发展，逐渐形成了一个开放的世界性文化体系。尤其是自1984年洛杉矶奥运会以来，奥运会与举办国家的发展形成了良好的互动关系。一方面，奥运会对举办国的社会、经济、文化的促进作用开始充分显示；另一方面，来自世界五大洲绚烂多姿的文化也在不断融入并丰富着奥林匹克的文化内涵，为其发展提供了取之不尽的文化资源。这种促进作用是在奥林匹克文化与举办国文化之间相互作用、相互影响下产生的。在这种良好的互动关

[1] 任海.奥林匹克运动的教育价值[J].教育科学研究，2006（12）：16.

[2] 许倬云.中国文化与世界文化[M].桂林：广西师范大学出版社，2006：223.

系中，奥林匹克运动得以跨越种族、国家、地域、文化界限，成为促进世界和平与文化交流的重要平台。“更快、更高、更强”这个奥林匹克的不懈追求，在各个举办国不同的文化背景下，得到了不同形式的解读，每一次的诠释都是对奥林匹克精神内涵的丰富和对奥林匹克文化的拓展。

北京奥运会作为奥林匹克文化与源远流长的中华文明的交汇点，两种文化在碰撞中实现着彼此文化的超越。一方面，中国从“更快、更高、更强”的奥运精神中学到了公平竞争的原则，这种不断超越的精神激励着中国锐意发展的步伐。另一方面，中国把奥林匹克竞技文化与中国传统文化中追求身心和谐、人与人、人与自然和谐相处的思想有机地融汇为一体，对以西方文化基因为主体的奥林匹克运动进行着补充，这也是中国人对于奥林匹克精神的一种独特阐释。

和谐要建立在“和而不同”的思想之上，以“海纳百川，有容乃大”的博大胸怀去尊重和承认其他民族、文化、国家的不同文化形态，和谐以共生共长，不同以相辅相成，在和谐中相互吸收对方文化的优点，求同存异，促进共同的发展。正像温家宝总理2003年12月在哈佛大学发表讲演时指出的那样，“因为我们有自己的文化，源远流长的文化，这种文化的核心又是以和为贵，就是和的文化，当然我们还要和而不同，这种不同是相互补充，是相互借鉴，而不是冲突的来源”。

和谐理念是具有包容性和开放性的思想体系，它以不同国家、不同文化背景下的社会需求，不断充实着其理念的内涵与外延。当全世界204个国家、地区，不同民族，不同宗教信仰的人们相聚在五环旗下，共同奏响“同一个世界，同一个梦想”的乐章，这个梦想就是追求和谐的至高目标。纵然民族不同、国家不同、文化形态不同、社会制度不同，人类追求和谐世界、和谐发展的目标却始终是共同的。

“和谐”思想不仅体现了中国传统文化追求身心和谐、人际和谐、天人和谐的核心价值观念，体现了当代中国所秉承的发展理念，更与奥林匹克所倡导的“使体育为人的和谐发展服务，以促进维护个人尊严的和平社会的发展”的精神实质与文化内涵深度契合。当世界文化在经济一体化的进程中日趋融合的时候，和谐理念作为世界文化与中国文化最佳的交汇点，站在人类共同发展的高度上，审视和思考人类社会所面临的种种严峻考验，是一种文化的超越。中国立足于自身的文化传统，以和谐思想作为协调和推动世界文化发展的基本思路，为解决世界争端、维护人类的共同繁荣提供智慧渊薮。作为一种超越意识形态、文化形态、社会形态的普适性价值观，为人类世界共同发展的未来提供可借鉴的思路。

第四节　和谐理念对于北京奥运会的价值与意义

“和谐”理念，作为主导奥运会筹办和举办工作的核心思想，是北京奥运会成功的重要文化因素，是北京奥运会的战略定位，是北京奥运文化传播的诉求点。它从价值观的层面上对形象景观的创意设计与规划管理给予指导和统筹。作为一个设计观念，它以追求设计系统的整体和谐为目标，追求传统与现代、东方与西方设计语言的和谐共存，在处理具体的设计问题时，成为思考的出发点。作为一条无形的文化之线，它贯穿于奥运会形象景观的众多形象元素和景观应用之间，使其形成整合传播的力量，共同塑造一届和谐的奥运会。

一、北京奥运会文化传播的集中诉求点

奥运会以其所具有的庞大规模和强大的影响力，为世界上不同国家之间的文化交流创造了宽广的平台。对举办国来说，更是一次集中“展示国家综合实力、提高国际声望和文化影响力的重要机遇。”[1]举办国借助奥运会这个文化交流的国际平台，有计划有目的地实施文化传播的战略规划，是塑造国家形象、提升国家“软实力”的好机遇。

“在奥林匹克运动历史上，一个国家或地区所制定的发展奥林匹克运动的计划和策略被称为‘奥林匹克运动会战略’。这种战略是一个近期或远期的发展目标。”[2]许多举办过奥运会的国家都曾制定过本国的奥运会战略，随着奥运会对举办国产生的影响日益扩大，战略目标也愈加以谋求奥运会对举办国产生的长远的综合效应为重点。1964年，日本为东京奥运会所制定的战略目标便是借助竞技体育的社会影响力，展示日本在二战后近20年的民族振兴运动中所取得的经济、教育、科技等综合国力的进步，即所谓的“奥运景气”。1979年，韩国在制定申办奥运会计划时，明确的申办奥运会战略包括：显示韩国的经济发展和国力；提高韩国体育的国际地位；通过体育比赛增进同世界各国的友谊；创造同社会主义国家和非结盟国家建立外交关系的条件；主要通过国际体育活动提高国民整体意识。可以说，韩国和日本在成功举办了奥运会后，在经济与社会发展方面取得了长足发展，成为两国迈入现代化和国际化的重要转折点。

---

[1] 冯霞.北京奥运文化传播的特点、性质及其对国家形象的塑造[J].新闻界，2008（2）：79.

[2] 孙越，孙浩然，杨祥全.奥林匹克运动简明百科全书[M].青岛：青岛出版社，2008：143.

北京奥运会从申办、筹办到举办的过程，对内是一个奥林匹克文化的传播过程，对外则是一个中华民族传统文化向世界传播的过程。在世界的目光都聚焦在北京乃至于中国之时，我们要通过奥运会这个文化传播的平台，向世界传达的声音必须是坚定而令人信服的。选择什么样的文化内容来传播，将直接影响到其在国际公众心目中的形象认知。

中国的文化和形象，是一个蕴涵着多种时间维度的概念，它不仅是一个在五千年的历史中积淀着丰厚文明的东方古国，还是一个经过30年的改革开放，充满现代气息、涌动着活力与激情的国家，更是一个具有宽广胸怀、对未来发展充满影响力的国家。这些跨越中华民族昨天、今天和明天的文化内涵，如同三个相互关联又不尽相同的篇章，呈现了多种层面的中国形象。要全面的展现中国形象，如果没有一个具有综合性、整合力的思想是很难将其串联起来的，也很难将中国文化和形象诉诸于一个集中的概念。

北京奥运会主题口号“同一个世界，同一个梦想”（One World One Dream)，诉诸人类追求和平、和睦、和爱的共同心愿，表达了中国这个有着五千年悠久历史文化传统的大国，致力于和平发展、和谐共生的坚定信念，表达了13亿中国人为建立一个和平、更美好的世界做出贡献的愿望。而贯穿其中的则是以“和谐”为核心的中国传统文化的价值观念。

“和谐”理念，作为中华民族生生不息的价值观，跨越时间的维度在今天更加焕发出它独特的价值。“和谐”，向世界诠释着中华文明中人与自然、人与人、人与社会、人的身心和谐的境界，展示了以“和谐”为代表的中国传统文化在今天跨文化传播时代背景下的意义与价值。对于正处于迅速发展中的中国来说，“和谐”是和平崛起的中国对世界负责任的承诺。当中国以宽广的胸襟观照世界的未来时，“和谐”更以东方的智慧为世界勾画出超越国家、民族和文化，和谐发展的美好愿景。

作为主导奥运会筹办和举办工作的核心思想，“和谐”是奥运会成功的重要文化因素，是北京2008年奥运会的战略定位，是北京奥运文化传播的诉求点。它对塑造中国和平崛起的国家形象起到了关键性的作用。只有它才担当得起这个串联整个篇章的主旋律，只有它才能成为整合传播诉求的核心概念。

二、建构北京奥运会形象景观的指导思想

正如奥林匹克主义、精神和宗旨的确立，明确了奥林匹克运动的思想体系，规定了奥林匹克运动的发展方向一样。“和谐”思想的明确，为2008年北京奥运

会注入了文化的核心原动力，为北京奥运会的各项筹备工作提供了统一的发展方向，尤其对于奥运会形象景观工作具有着重要的意义。

奥运会形象景观是塑造国家形象的重要载体，面向国际塑造、传播和提升中国的国家形象，是奥运会形象景观在为奥运会赛事服务的基础之上的更高目标。和谐理念的构建对北京奥运会形象景观产生的文化环境、社会环境、经济环境等进行了整体性的描述，是影响其视觉构建的深刻背景，也是对其效果与作用进行判断与评价的依据。既要表现奥林匹克运动永恒的精神内涵，又要展现中国对奥运理念的独特理解，更要在展现中国、北京独特文化精神与形象的同时，体现出时代发展的面貌，这些都需要“和谐”理念从价值观的层面上，对形象景观的创意设计与规划管理给予指导和统筹。

一方面，它作为北京奥运会要达到的战略目标，需要通过形象的载体来呈现，并在推广和宣传的过程中，使这一理念深入人心，从而由内而外地达成目标。和谐的理念需要直观的形象呈现才能感染人，产生号召力，而形象符号需要理念的支撑才会获得源源不断的生命力，二者相辅相成。

另一方面，和谐思想作为一个价值判断的立场，在处理设计中所面对的传统与现代、东方与西方之间，单体符号与系统、局部与整体等之间的关系时，设定了判断的标准。和谐思想作为一个设计观念，是以追求设计系统的整体和谐为目标的，这种和谐体现出来的美感具有整体的一致性、完整性和系统性特征。同时，它可以作为处理设计问题的出发点和具体指导方法，从整体上协调和统筹设计系统所包含的各个设计项目、设计环节，成为指导形象景观具体设计工作的设计方法。它是一条无形的线，将众多形象元素和景观应用紧密地串连起来，形成整合传播的力量，共同塑造一届和谐的奥运会。

第五章　北京奥运会形象景观设计系统的建构

国际奥委会终身名誉主席萨马兰奇先生曾经说："奥林匹克就是体育与文化。奥运会一方面通过体育运动员来体现生命对自我极限的不断超越；另一方面，在奥运会这个伟大的平台上以体育的名义来相汇，展示不同国家、民族、文化的风格特色，留下奥林匹克史上无数次赏心悦目，并为之震撼、感动的瞬间"。[1]奥运会形象景观作为这些精彩、震撼瞬间的缔造者，成为对主办国文化的一次全面整合，透过形象符号的传播，为举办国的文化概念提供了一个巨大的展示空间，让全世界的人们共同分享这一概念所蕴含的文化魅力。

以"和谐"理念为统领的"同一个世界，同一个梦想"的奥运口号、"科技奥运、绿色奥运、人文奥运"的三大主题，从概念上明确了本届奥运会要集中传达的主题和内容，但五千年的悠久历史和中华文化的巨大魅力，该以怎样的视觉符号，以怎样的形式、风格和面貌在短暂的16天里集中向世界展现，仍是摆在设计师面前的艰巨课题。

据北京奥组委文化活动部形象景观艺术总监赵萌说："国际奥委会调查后发现，奥运会最引人注目的十项内容中，名列第一的是开幕式，其次是形象景观，第三是闭幕式。"[2]由此可见，奥运会形象景观作为人们接触主办国文化的一个重要载体，已经成为奥运会的一大看点（图5.1）。

在国际上，奥运会形象景观已经随着奥林匹克运动的发展，积累了丰富的设计实践经验。但对于中国来说，操作规模如此庞大的设计系统工程还是第一次。在充分借鉴雅典奥运会形象景观操作经验和整体工作模式的基础上，北京奥组委文化活动部的形象景观处，结合中国的文化，发展出一套具有中国特色的形象景观系统。从机场到竞赛场馆，从奥运村到街头公园，以和谐为核心理念的北京奥运会形象景观系统覆盖了众多奥运场馆、渗透到北京的城市景观之中，与北京奥运会开、闭幕式一起营造了恢宏壮丽的文化景观。将中国传统文化与现代元素有

[1] 索贝."中国色彩"舞动北京奥运[EB/OL].http://news.xinhuanet.com/olympics/2008-09/02/content_9756972.htm，2008-09-02.

[2] 毕武英.奥组委权威解读奥运景观艺术——访奥组委形象景观艺术总监赵萌[EB/OL].http://www.visionunion.com/article.jsp?code=200808220029，2008-08-22.

机结合，营造出浓烈、热情的奥运氛围，为来自世界各地的奥运观赛者创造了充满文化色彩的视觉体验。全球有45亿人同时通过电视观看奥运转播，每一幕精彩的电视画面上都以北京奥运会形象景观为背景，充分展示了以中国文化传统为内在特质的中国形象。

本章从设计系统的目标与规划、构成元素、系统结构、景观应用、系统机制与创新点等方面，对“北京奥运会形象景观”的形式构建进行了深入的剖析。整体勾勒出一个庞大而复杂的“北京奥运会形象景观”的系统全貌。

第一节 北京奥运会形象景观的总体规划

一、北京奥运会形象与景观工程启动

2002年7月2日和7月3日，在北京召开的“北京2008——奥林匹克设计大会”（图5.2）标志着北京奥运会形象与景观工程的正式启动。作为奥林匹克设计界最高水平的国际会议，国际奥委会官员以及亚特兰大、悉尼、雅典、盐湖城和利勒哈默尔等奥运会举办城市的设计负责人、国内外著名设计师和设计公司代表、美学专家、国际奥委会赞助商代表等共计600多人出席了会议[1]。近几届夏、冬季奥运会组委会的设计负责人在会上介绍了各自城市如何创造最佳奥运形象和城市形象的经验，并对北京奥运会的形象设计提出了自己的理解和建议。他们丰富的奥林匹克知识和宝贵的设计经验，对于第一次操作规模庞大的奥运会形象景观的中国来说，具有十分重要的意义。

国际奥委会市场开发部主任麦克·佩恩认为“奥运会的形象设计必须是举办城市和东道主国家向世界充满自信的宣言，组委会设计的形象不能只着眼本地市场，而应放眼全球。为奥运会设计形象，就是在为世界做形象设计。设计的好坏，将极大关系到世界对奥运会和对东道主国家的印象和评价。”[2]国际奥委会执委及文化和奥林匹克教育委员会主席、北京奥组委顾问何振梁在讲话中说，“没有比形象设计更能清楚地表达一种文化。中国将通过奥运会的设计把自己的文化传达给全世界。”[3]

北京奥组委常务副主席刘敬民阐述了北京奥运形象与景观设计所应遵循的五个原则和具体实施的三个阶段。“第一是要体现奥林匹克精神，特别是坚持以运

[1][2][3] 刘广，李贺普.北京2008——奥林匹克设计大会在京开幕[EB/OL]. http://news.xinhuanet.com/newscenter/2002-07/02/content_467084.htm，2002-07-02.

动员为中心的这一理念；第二，设计应紧扣‘新北京，新奥运’的主题。具有悠久历史的北京正以崭新的面貌进入新世纪，北京将和世界人民一起，共创人类的奇迹，决心向世界贡献一届历史上最出色的奥运会；第三，要表达‘绿色奥运，科技奥运，人文奥运’的举办理念；第四，表现中国、北京的独特形象和精神，有着强烈的地域特色；第五，体现世界各国文明，古老文明和现代文明在北京的和谐交融，体现‘地球村’里人类的共同价值。”[1]并且依时间顺序将未来六年划分为三个工作阶段，并初步的规划了每一个阶段形象景观工作要达成的预期目标，为形象景观工作提供了战略上的宏观构想（表5.1）。

表5.1　北京奥运会形象景观工作初步阶段规划表[2]

阶　段	时间段	工作阶段
第一阶段	2002—2003年	制定奥运形象与景观战略计划，提出北京2008形象与景观的战略构想；了解国际奥委会品牌原则，研究奥运会标志创作理念，完成奥运会标志的设计；完成奥运会形象(图形与色彩系统)的开发。
第二阶段	2004—2006年	制定奥运会形象识别标准，完成奥运会吉祥物的设计；推出一系列主题设计，全面配合市场开发项目，完成奥运会形象与景观设计和运行构想。
第三阶段	2006—2008年	制定形象市场开发计划，完成场馆和城市景观布置方案和运行计划与实施。

五点设计原则，对奥运会形象景观所要呈现的丰富文化内涵给予了逐一的描述，但由于诉求点过于分散，使主题不够明确和集中，比较宏观和笼统，未能形成一个统摄整体的设计主题。这个讲话对处于筹备初期阶段的形象景观工作来说，为今后六年的形象景观筹备工作勾勒了宏观的工作框架，从整体上指导和推进了形象景观工作按计划、有秩序的进行。

作为一个对北京奥运会形象景观工作具有重要意义的大会，这次大会让北京奥组委以及国内的设计师们充分认识了形象景观的重要价值，了解了国际奥委会在形象景观工作中的国际惯例，并充分借鉴历届奥运会形象景观的实践经验，为北京奥运会形象景观工作的开展奠定了良好的基础。在这次大会的闭幕式上，北

[1] 刘广，李贺普.北京奥运形象设计："五点要求""三个阶段"[EB/OL].http://news.xinhuanet.com/newscenter/2002-07/04/content_468786.htm，2002-07-02.

[2] 根据刘广，李贺普.北京奥运形象设计："五点要求""三个阶段"[EB/OL].http://news.xinhuanet.com/newscenter/2002-07/04/content_468786.htm，2002-07-02.制表

京奥组委副主席、本次大会主持人蒋效愚宣布：北京2008年奥运会形象与景观工程正式启动，会徽设计大赛开始。他说，他坚信在未来的几年里，一定能够创造出具有东方智慧的无以伦比的北京2008年奥运会视觉形象，为北京、为中国、为奥林匹克运动留下宝贵遗产。[1]

二、总体规划保障形象景观整体协调一致

从2002年北京奥运会形象与景观工程正式启动到2006年8月的四年时间里，奥运会会徽“中国印”、色彩系统、吉祥物“福娃”、二级标志、核心图形“祥云”、体育图标“篆书之美”等形象元素陆续设计开发出来，但作为整个形象景观的总体目标和整体规划并未明晰下来。这在形象景观元素的开发过程中，在创意的主题上、表现的手法上以及形式风格上导致了一定程度的不协调。工作的焦点集中在每一个形象元素上去寻求丰富的内涵表达，却忽视元素之间在诉求上的一致性、系统性以及整体关系的协调，使得各个元素自成一统，缺少整体协调的一致性和统一感。从某种角度来说，这也是我们第一次操作如此庞大的形象景观设计项目所付出的实践代价。

2007年6月，北京奥组委文化活动部制定的《北京2008奥运会、残奥会形象景观总体规划设计方案》（以下简称为《总规》），获得了“第83次奥组委执委会原则通过后，成为形象景观创新设计与运行管理的纲领性文件。”[2]这一方案的制定，既基于国际奥林匹克运动在百余年的发展中所积累下来的形象景观的成功经验，也充分结合了中国特定的文化、艺术和社会背景，在传承奥林匹克精神，传播奥林匹克文化的基础上，为奥运会形象景观工作确立了符合中国国情的总体目标和理念定位，对形象景观规划的设计理念、设计方案以及实施计划进行了详细的阐述，从而形成了指导北京奥运会形象景观构建的可操作性规划方案。

（一）总体目标——展示国家形象

“依循国际奥运的相关规则和惯例，体现奥林匹克精神和北京奥运‘绿色、科技、人文’三大理念，以奥运形象元素和景观应用系统构建北京2008年奥运会、残奥会的形象景观体系，营造热烈、欢快、和谐的奥运氛围，实现举办一届‘有特色、高水平’的奥运会，达到展示‘国家形象’的总体目标。”[3]既明确

[1] 李贺普，刘广.北京2008年奥运会形象与景观工程正式启动[EB/OL]. http://www.people.com.cn/GB/shizheng/19/20020703/767510.html，2002-07-03.

[2] 曾辉.北京奥运会形象景观的设计规划、设计管理与运行模式解析[A]. 北京奥组委文化活动部.用瑰丽的中国文化感动世界[C]. 北京：当代中国出版社，2009：243.

[3] 北京奥组委.北京2008奥运会、残奥会形象景观总体规划设计方案[Z]. 2007：3.

指出了形象景观工作的具体目标，也揭示了形象景观的重要意义。

所谓“有特色”，是从国家、民族、地域三个层面上呈现出的文化特质，即：“中国气派——以中国独有的文化语汇，体现自强不息、恢宏博大的民族精神。民族风格——以丰富多彩的民族艺术，体现多样共生、和谐统一的民族风格。地域特点——以地域（北京及京外六城市）的文化符号，体现不同地方文脉和现代城市精神交相辉映的形象特色。”[1]

所谓“高水平” 即“国际水准——形象景观的规划、设计、制作、实施和管理，遵循国际奥委会的通用惯例，并达到国际水准。充分体现北京奥运会对奥林匹克精神与文化的弘扬和发展。前沿突破——参照国际奥运会已有的成功范例和经典模式，用新的设计理念、新的表现方式，实现北京奥运形象景观的前沿突破。创新成果——彰显北京奥运三大理念，为国际奥林匹克运动的发展建树中国人的创新成果，为北京城市发展留下创造性的奥运文化遗产。”[2]“高水平”体现了为达到终极目标所必须满足的三个层面上的条件，首先是达到国际奥委会对形象景观的基本要求；其次是在理念和形式上的创新；最后成果展现为对三大理念的彰显，对国家奥林匹克运动发展的贡献，以及对北京所留下的文化遗产。这逐渐递进的三个层次，从实际操作层面、具体的理念和形式层面，逐渐上升到文化的层面上，对北京奥运会形象景观提出了更高的要求。

其中阐释了“展示国家形象”的意义，“奥运形象景观以独特的空间表现方式阐释和传播‘文明中国、活力中国、和谐中国’的核心价值体系，展示和体现国家形象。”，“文明中国——奥运形象景观以中国文化母语体现中华民族璀璨悠久的文化，用现代表现方式展示中华民族生生不息的文化精神，及其对东方文明和世界文明的贡献。活力中国——奥运形象景观以自成体系和独具魅力的艺术风格，展示当代中国开拓进取、生机勃勃、自主创新的时代精神。和谐中国——奥运形象景观以整体设计、系统规划，完美营造和谐、祥瑞的奥运氛围，体现和谐社会的价值理念和人文精神，展示开放、文明、乐观、友好的国家形象。”[3]

（二）理念与定位——追求和谐

《总规》中将“人文、和谐、共享”确立为北京奥运形象景观总体规划设计的理念，以“彰显人文奥运的核心理念，弘扬和平、和谐、发展的人类理想，创造全球共享的奥运盛典。”，并明确了以核心图形“祥云”，来构建北京奥运会

[1][2][3] 北京奥组委.北京2008奥运会、残奥会形象景观总体规划设计方案[Z]. 2007.

"祥云瑞彩、共享和谐"的景观意境。这一理念为形象景观明确了基调，为形成以祥云为核心元素贯穿整体的形象景观面貌、为核心图形在整个系统中发挥整合作用奠定了理念基础。

《总规》中对形象景观分别从艺术、功能和工作的角度明确了定位，即"①艺术定位——传承中创新，依循国际奥运惯例规范，以北京奥运的形象元素、丰富多样的民族艺术形式，创造性地诠释和表现中国文化内涵，融中国气派、民族风格和时代精神为一体，体现传承中创新的精神。②功能定位——完善中提升，明确奥运场馆和城市空间结构的功能分区，突出奥运各项活动的主题，系统地展示奥运文化，提升北京城市的整体形象。③工作定位——整体中协调，以整体规划、合理布局、重点突出为原则，通过科学统筹、有序运作，高效率、高标准、高水平地完成奥运形象景观体系的规划、设计和实施。"[1]5（表5.2）。

表5.2 北京奥运会形象景观工作三大阶段[1]43

第一阶段	第二阶段	第三阶段
2007年1月—2007年7月	2007年7月—2008年5月	2008年5月—2008年10月
完成初步设计方案，技术测试，设计终稿审定，招标工作启动。	完成奥运合同商招标，景观制作工作。	完成安装、维护、拆除、移交工作。

形象景观整体目标的设定是保障北京奥运会形象景观系统能够在既定的目标框架下，按部就班、有条不紊、整体系统地开展各环节工作的前提。它对奥运会形象景观要传达的内容和要达成的传播目标进行了设定。为确保从一个标志到一系列的景观应用，从一张入场券到一个场馆景观，从一个奥运特许产品到一次大型的文化活动的景观设置，从一个旗帜到整个城市的形象景观，整体地、全方位地传达一致的理念，形成系统的形象识别，确立了指导方针，从而保证形象景观整体目标的实现。

《北京2008奥运会、残奥会形象景观总体规划设计初步方案》是在奥运会形象景观各元素发布之后，具体的景观设计工作之前出台的。它在奥运会开幕前的近两年的时间内，指导了奥运会形象景观的设计与实施。由于在前期对系统性、整体性的关照不足，使得后期的景观设计工作中要根据具体的应用需求，对基础元素做适当的调整，以提高景观设计对具体环境和条件的适应性。

[1] 北京奥组委.北京2008奥运会、残奥会形象景观总体规划设计方案[Z]. 2007.

三、北京奥运会形象景观的系统结构

北京奥运会这样规模庞大的国际性赛事，对于景观的需求是全方位的，每一项设计都需要针对具体的条件来斟酌，小到一枚胸章、一张海报、一面旗帜，大到一个场馆、一个城市的景观设施，都是奥运会形象元素展示传播的空间。奥运会形象景观设计系统包含众多的视觉元素，这些元素之间又有着特定的组合关系，在不同的景观需求中以特定的角色和关系组合应用。从局部到整体，从平面到立体，从纸质载体到虚拟网页，呈现出多维度、综合性、立体传播的特征。

对北京2008年奥运会的形象景观进行规划，是保障奥运会理念得以科学有效、形象生动的展示的前提。这个庞大系统的规划，要综合地考虑到来自以下方面的因素：要遵循奥运会自身的规律和特征，要符合国际奥林匹克运动委员会的指导框架和国际惯例，要获得国际各单项体育委员会的审核通过；要传达本届奥运会的主题理念，传播中国的历史文化；要根据举办城市的场馆分布、城市空间结构、场馆空间结构等具体状况，保证形象元素的规范性和一致性；还要依据种种复杂多样的应用需求给予设计可操作的弹性空间等，以形成层次清晰、系统有序的奥运会形象景观。

《总规》中对北京2008年奥运会的形象景观明确了如下的规划原则，成为保障北京奥运会形象景观工作按时、保质完成的指导原则：

（1）整体规划。全面梳理，科学统筹，形成相对集中的分区格局，明确功能分区，形成主题明确、重点突出的形象景观。

（2）区域整合。结合奥运城市环境的整治，突出奥运文化主题和中国文化特色，促进城市空间质量的有效提升，形成鲜明、现代的奥运形象景观。

（3）场馆协调。以奥运形象景观总体规划为前提，兼顾各场馆的个性特色，形成统一性与差异性相得益彰的艺术效果。

（4）系统运作。依据北京城市总体规划，明确奥运场馆与城市空间结构的关系，系统运作，协调发展，建构主次分明的奥运城市景观系统。[1]

北京奥运会形象景观设计系统的结构是在国际奥委会形象管理的基本框架下构建的，国际奥委会于1997年正式确立OGIP奥运会形象景观项目以加强奥运会形象的统一管理以来，经过2000年悉尼奥运会、2004年雅典奥运会的实践，已

[1] 北京奥组委.北京2008奥运会、残奥会形象景观总体规划设计方案[Z]．2007：9.

经形成了一套较为科学、完善的系统结构，逐步形成一个为期6年的总体设计规划。该规划包括对奥运会和残奥会视觉形象元素的设计开发和系统化的应用管理，以创造每一届奥运会和残奥会独特、完整的整体品牌形象。北京奥运会形象景观设计直接参照了雅典的实践经验，结合中国的实际情况构建起适合自身操作的形象景观系统结构（表5.3）。

表5.3 北京奥运会形象景观结构表[1]

<table>
<tr><td rowspan="14">北京奥运会形象景观系统结构表</td><td rowspan="3">形象元素系统</td><td>通用元素</td><td>奥运五环、会徽、主题口号、色彩系统、吉祥物、核心图形、体育图标</td></tr>
<tr><td>专用标识元素</td><td>二级图标——绿色奥运、志愿者、文化节、火炬接力标志
三级图标——青年营、安保、票务</td></tr>
<tr><td>形象推广元素</td><td>官方海报、官方图片</td></tr>
<tr><td rowspan="11">景观应用系统</td><td>场馆景观</td><td>竞赛场馆（31个）、非竞赛场馆（14个）、训练馆</td></tr>
<tr><td>北京城市景观</td><td>功能景观、展示景观、人文景观</td></tr>
<tr><td rowspan="7">赛事相关用品设计</td><td>颁奖仪式相关物品景观</td></tr>
<tr><td>火炬接力形象景观</td></tr>
<tr><td>奥运和残奥赛时用品景观</td></tr>
<tr><td>印刷出版相关物品形象景观</td></tr>
<tr><td>交通用品相关景观</td></tr>
<tr><td>互联网、电视传播相关景观</td></tr>
<tr><td>仪式庆典、文化活动相关景观</td></tr>
<tr><td>标识系统</td><td>指示图标分为14个类别：交通运输、物流服务、无障碍、医疗设施、比赛场地服务、非比赛场地服务、便捷服务、公共规定、公共饮食、应急服务、注册群体（媒体服务）、消耗物品、特许经营、方向指示。</td></tr>
<tr><td>京外景观</td><td>京外场馆景观、京外城市景观</td></tr>
</table>

[1] 根据北京奥组委：《北京2008奥运会、残奥会形象景观总体规划设计方案》相关内容整理分类。

北京奥运会形象景观系统主要由形象元素和景观应用两部分组成，是奥运会形象景观规划设计的重要内容。其中，形象元素系统主要有通用元素、专用标识元素和形象推广元素三类。通用元素是构成整个北京奥运会形象景观的基础元素，具有系统的核心价值，它包括：奥林匹克五环、北京奥运会会徽、主题口号、色彩系统、吉祥物、核心图形和体育图标。专用标识是为特定的业务领域和特定的服务领域而专门设计的标识。主要包括四个二级标志——绿色标志、文化活动标志、志愿者标志、火炬接力标志，三个三级标志——青年营标志、安保标志、票务标志，以及具有导向功能的标识图标若干。官方海报和官方图片，作为奥运会形象推广的必要元素，在景观应用中发挥着重要的作用。如果说形象元素系统是北京奥运会形象景观中闪耀的明星的话，那么景观应用系统就是把这些明星串联起来，让它们在不同的领域中发挥各自作用的大舞台。景观应用的需要是这些形象元素诞生的前提，形象元素的价值也在这多维度的景观空间中得以释放。

景观应用系统是一个庞大的系统，如果根据景观应用的不同领域来划分的话，它可以分为赛事相关用品设计系统、场馆景观系统、城市景观系统、京外场馆与城市景观系统、标识系统、市场开发景观系统等。在这个超大的形象景观系统中，每一个部分都是一个相对独立的子系统，它们在形象景观的不同领域中扮演角色、发挥作用，既具有自身内在的组成部分与结构关系，同时又与其他子系统之间保持着协调一致的关系，共同构成北京奥运会形象景观系统的整体。

本书论述的重点将集中在奥运会赛时景观上，按北京奥组委形象景观《总规》的规划，赛时景观包括场馆景观和城市景观，前者主要以竞赛场馆、非竞赛场馆以及训练场馆为景观载体，为来参赛的运动员、教练员、技术官员、媒体人员以及观众等人群创造形象生动的奥运景观；后者主要以城市为景观载体，从更广阔的空间中营造赛事的热烈气氛。两者在相互呼应中，共同塑造了北京奥运会的赛时氛围，向世界传达了中国的文化，传递了中国的形象。

第二节　北京奥运会形象景观的形象元素系统

差异是识别的基础，有差异的形象容易成为显著的识别特征，给人留下深刻的印象，而形象差异的根本在于文化的差异。形象因文化的支撑而有了生命力和传播力，文化因形象的展示而呈现，从而有了生动的载体。因此，文化是形象传播的根系，缺少了它，形象不过是一具空壳，更不会焕发活力去感染人，以文化为依托的形象才能够更为广泛和深入地传播开去。

历届奥运会都把传播和推广举办国形象作为形象景观塑造的重要使命。尤其是透过独具特色的视觉形象符号展示，既形成了鲜明的形象识别，又为多元共生的世界文化大家庭贡献了力量。北京奥运会形象景观的规划和设计也不例外，据北京奥组委文化活动部形象景观艺术总监赵萌介绍，“一直以来，形象景观处就把挖掘、探讨和研究中国文化在北京奥运会上的展示、提升作为工作的主线和最终目标”。[1]中国历史、哲学与文化中蕴含的丰富资源，北京的地域文化特色都成为形象景观创作的灵感来源。

对于中国来说，悠久的历史、灿烂的文化，改革开放以来国家和社会所呈现的勃勃生机，以及中国透过奥运会要在世界上塑造和传播的和谐文化，都是中国文化不可缺少的组成部分。这个中国文化承载着中华民族的昨天、今天和明天三个层面的中国，如同三个相互交织的篇章共同奏响了北京奥运会形象景观的“和谐”乐章。它们是形象景观要传达和呈现的重要内容，也是阐释和传播“文明中国、活力中国、和谐中国”的核心价值体系，展示和体现国家形象[2]的重要内涵。

处在跨文化传播时代的今天，北京奥运会的形象景观以悠久的文化资源为基础，但绝不能停留在对传统文化符号的表面堆砌和挪用上，如何以国际化的视觉语言、现代的表现方式传达中国文化的精神与内涵，为世界呈现一个独具特色的北京的奥运会形象，是形象景观设计开发的核心点。陈汉民在《好样——平面设计十四人》一书中写下了这样的感言：“理论的价值在于指导实践，在传统与现代、继承与发展、外来与本土方面要摆正关系。学习传统为现在，继承历史求发展，引进外来促本土，坚守民族融世界，妄自菲薄不可取，也莫夜郎自大不思进取。引进、消化、吸收、创新是因果关系，果是融合而来，绝非拼凑，设计运用民族形象元素，不应该是标签式的附加，而是结合内涵的理念表达，是形象背后的思想体现。平面设计的民族化从根本上讲是体现民族精神，包括伦理观、道德观、人生观、审美观、价值观等，是从物质里渗透出的精神。”[3]这一设计目标和创意思路，贯穿于整个北京奥运会形象景观系统中，在以下的小节中我将从核心形象元素的创意、相对独立的子系统、核心图形、官方海报等几个层面上，分

[1] 索贝.“中国色彩”舞动北京奥运[EB/OL].http://news.xinhuanet.com/olympics/2008-09/02/content_9756972.htm，2008-09-02.

[2] 北京奥组委.北京2008奥运会、残奥会形象景观总体规划设计方案[Z]. 2007，3.

[3] 肇文兵，赵华.在平面设计中熔铸国家形象——陈汉民访谈[J].装饰，2009（9）：29.

别论述这一设计思想是如何构建起形象景观设计的基础系统。

一、基于中国文化之源的形象元素开发

（一）会徽——“中国印”的承诺

会徽是一届奥运会的标志性符号，是奥林匹克精神和奥运会理念的象征，更是举办国历史、文化和举办城市地域特征的艺术化呈现。2003年8月3日20时30分，北京天坛公园祈年殿，一方晶莹剔透的和田玉精雕而成的中国“印章”，饱蘸红色的印泥，在宣纸上郑重地盖下印记，标志着北京2008年奥运会会徽“中国印——舞动的北京”的诞生，这是奥林匹克视觉形象设计史上的首个印章会徽（图5.1、图5.2）。

图5.1　北京奥运会会徽“中国印”

图5.2　北京奥运会会徽发布仪式

会徽“中国印”由印章、“Beijing 2008”字样和奥林匹克五环三个部分构成。印章部分，汲取中国传统印章和书法等艺术形式，以阴刻的汉字“京”字造型构成了一个奔跑的、舞动双臂迎接奥运盛会的人形。会徽选用了在中国文化中象征吉祥、喜庆、热烈气氛的凝重的中国红为主色。“Beijing 2008”用具有汉代竹简文字风格的笔法书写，自然、简洁、古朴的气息跃然而出，与会徽“中国印”和奥运五环形成和谐的整体，传达了北京期待与世界“共舞”的美好愿望。

国际奥委会主席罗格在会徽揭幕的电视致辞中说“你们的新会徽直接明确地传达着在中国人民和文化中世代传承的无与伦比之美和弘大的精神力量。”这精神力量正来自于中国传统文化的丰富内涵及独特的艺术形式。

印章文化——作为源远流长的中国传统文化艺术形式之一，在中国有着数千年的历史，悠长的历史塑造了它古朴、稚拙的艺术特征，更给予它深沉而厚重的历史印记。在古时印章称作玺、印、宝、章，历史上出现过“印章”“朱记”“图章”“符”等各种称谓。会徽“中国印”的创作就基于一类以图画入印的印章——肖形印。肖形印是早在先秦就有的印章形式，两汉时期是古肖形印的

兴盛时期。那一时期的肖形印，既有刻画民族崇尚和神话传说的，也有反映汉朝人生活、娱乐情景等现实社会生活的印章形式。由于印章起初是作为商业上交流货物时的凭证，因此也成为信誉的标记。“中国印”取印章作为诚信的意义，代表着中国向全世界作出的庄严承诺——北京将实现“举办历史上最出色的一届奥运会”的庄严承诺。

汉字文化——汉字，作为世界上唯一还在使用的象形文字，具有音、形、意的特点。因物象形和以形表意是汉字的突出特征，也是区别于西文的表音文字的重要特征。会徽印章部分取汉字“京”字的造型特征，与奔跑的人物造型同构，在似与不似之间，赋予符号以广阔的意象空间。似张开双臂的中国“人”期待与世界共舞，似奔跑着迎接胜利的运动员最后的冲刺，又似蜿蜒不屈的中国龙，承载着时代的光荣使命……它传递着友好、真诚与热情，充满动感、朝气与活力，这一切汇聚成开放的、充满活力的、具有美好前景的中国形象。

“Beijing 2008”的字样采用了汉简文字的风格书写，较之于标准的印刷字体更具有汉字书写的韵味，较之于自由稚拙的儿童体更显其深厚的文化底蕴，其古朴的气息也在与印章的相互呼应中达到协调统一。从会徽易于识别和推广的角度来看，汉简风格的文字在保持书法意趣的同时，更易于满足实用功能。

会徽“中国印”于方寸之间、挥毫落笔之处，将中华几千年的灿烂文明透过汉字呈现出来，传递着华夏文明所独具的人文特质和优雅品格。“中国印”给世界人民留下了独特的印象，国际奥委会主席罗格在听完北京奥运会会徽的送审陈述后，对会徽设计方案赞不绝口，称其“既展现了中国的历史和文化遗产，又传递了一个前途光明的伟大国家青春和富有朝气的精神”“出色、富有诗意！”[1]“利勒哈默尔1994年冬奥会设计与景观主任彼得·T.莫舒斯说，我一直在寻找这样的一个图案，那就是当世界另一端的人第一眼看到它的时候，就会感觉到这是中国的，能传达出基于悠久历史传统沉淀之上的现代感。美国盐湖城2002年冬奥会创意总监斯考特·吉文斯说，会徽形象充满活力，展开的双臂表现了中国人的友好、欢乐和热情。这个会徽神奇地集中反映了中国的文化和奥运会精神，形象简洁而内涵丰富，这个会徽完全有潜力跻身于伟大的奥林匹克运动史上真正富有冲击力的形象标识之列。”

从这些评价和肯定中，让我们看到国际社会对中国文化的尊重、理解与欣赏，在国际化传播背景下形象景观获得的成功传播效果，也让我们看到这种基于

[1][2] 第29届奥运会会徽诞生记[EB/OL].http://2008.people.com.cn/GB/22192/1997671.html

中国文化土壤、展现中国人民智慧和中国文化魅力的设计方向是正确的。作为形象景观最为重要的元素之首，会徽“中国印”所传达出的设计理念和设计风格，为其他形象元素的开发，为构建基于中国文化传统，同时又富于时代特色的形象景观奠定了基础。

（二）主题口号——“同一个世界，同一个梦想”的和谐内涵

“同一个世界，同一个梦想”（One World One Dream）的主题口号，“集中体现了奥林匹克精神的实质和普遍价值观——团结、友谊、进步、和谐、参与和梦想，表达了全世界在奥林匹克精神的感召下，追求人类美好未来的共同愿望。尽管人类肤色不同、语言不同、种族不同，但我们共同分享奥林匹克的魅力与欢乐，共同追求着人类和平的理想，我们同属一个世界，我们拥有同样的希望和梦想。”[1]（图5.3）这个口号简明易懂，朗朗上口，却蕴含了丰富的内涵。在排比与对仗中加深了语感，强化了主题。

同一个世界 同一个梦想

One World One Dream

图5.3　主题口号标准字体

正像奥林匹克运动的发展早已超越希腊和欧美，而成为全世界人民共同的盛典一样，2008年奥运会口号则超越了北京与中国之梦，成为世界人民共同追求的梦想。如果说百年前的奥运之梦，还只是近代以来的中国人在争取平等与尊严的艰辛跋涉中的慨叹，那么，百年后的奥运之梦，不仅是我们建设和谐社会、实现和谐发展的追求，更是我们超越了单纯、狭隘的民族梦想，以更为博大的胸襟对全世界、全人类具有普遍意义和价值的共同梦想的追寻——和平、和谐、和美、和睦，这种超越将中国传统文化精髓和奥林匹克精神有机地融合在一起。正像胡锦涛主席在2008年8月1日接受外国媒体采访时所说的那样，“中国人民的梦想，就是要加快国家现代化建设，实现中华民族伟大复兴，同世界各国人民一道追求和平进步、和睦相处、和谐发展。”[2]

[1] [EB/OL].http://www.beijing2008.cn/spirit/beijing2008/graphic/n214068873.shtml

[2] 国家主席胡锦涛接受25家外国媒体的联合采访[EB/OL].http://news.xinhuanet.com/zgjx/2008-08-01/content_8895301.htm，2008-08-01.

这个口号既饱含中国特色，也富有国际意识，获得了国际奥委会形象景观专家布莱德·克普兰德先生的赞美，“我非常喜欢这个口号，它非常简洁，上口易记，具有奥林匹克特色，在很全球化的同时也极具中国特色。”他认为，“同一个世界，同一个梦想”与“舞动的北京（北京奥运会会徽中文名）”有相同的蕴意：全世界将为建设一个更美好的世界而起舞。“这种内在的联系对于北京奥运会下一步的形象景观设计开发和推广具有非常积极而重要的作用。”[1]同时，“同一个世界，同一个梦想”所蕴含的和谐思想，也直接催生了形象景观中核心图形“祥云”，并为由核心图形而串联起来的形象景观整体赋予了主题思想。

（三）吉祥物——人与自然和谐共生的“福娃”

北京奥运会吉祥物“福娃”是名为“贝贝”“晶晶”“欢欢”“迎迎”和“妮妮”的五个可爱的小伙伴。当把它们的名字连在一起读时，“北京欢迎你”的盛情邀请就响彻耳畔。“福娃”的创意来源于奥林匹克五环、来源于中国广袤的山川大地、江河湖海。造型中融入了鱼、大熊猫、藏羚羊、燕子以及奥林匹克圣火的形象。它们头上冠以海洋、森林、圣火、大地和天空的头饰，就如同我国民间娃娃头上戴的虎头帽一样，蕴含着人与自然和谐相处的美好愿望。每个娃娃都带着一个美好的祝愿：繁荣、欢乐、激情、健康与好运，带着北京的盛情，带着友谊、和平、积极进取的精神，将祝福带往世界各个角落，邀请各国人民共聚北京，欢庆2008奥运盛典（图5.4—图5.9）。

福娃的造型设计运用了中国传统艺术的表现方式，将中国文化的丰富内涵呈现出来。福娃贝贝是一条鱼，来自海洋。“在中国传统文化艺术中，‘鱼’和‘水’的图案是繁荣与收获的象征。人们用‘鲤鱼跳龙门’寓意事业有成和梦想的实现，‘鱼’还有吉庆有余、年年有余的蕴涵。贝贝的头部纹饰使用了中国新石器时代的鱼纹图案。贝贝温柔纯洁，是水上运动的高手，和奥林匹克五环中的蓝环相互辉映。”[2]

福娃晶晶是一只国宝大熊猫，来自广袤的森林。“象征着人与自然的和谐共存。他的头部纹饰源自宋瓷上的莲花瓣造型。晶晶憨厚乐观，充满力量，代表奥林匹克五环中黑色的一环。”[3]

---

[1] 王建新.同一个世界 同一个梦想[EB/OL]. http://www.fmprc.gov.cn/ce/cejp/chn/zt/ww23/t201323.htm，2005-06-27.

[2][3] 第29届奥林匹克运动会组织委员会.北京2008年奥林匹克运动会吉祥物[Z]. 2007.

图5.4　福娃贝贝与创意来源（年画——莲年有余；中国传统鱼、水纹样）

图5.5　福娃晶晶与创意来源（熊猫、宋代瓷器莲花造型）

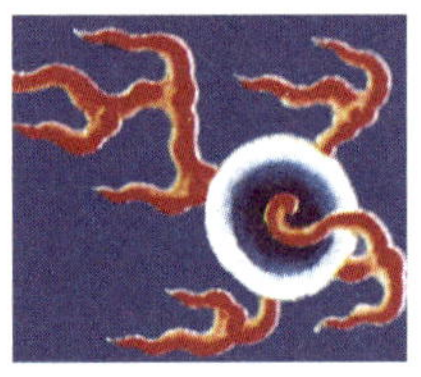

图5.6　福娃欢欢与创意来源（中国传统火纹图案、敦煌壁画中的火焰纹样）

图5.7　福娃迎迎与创意来源（小藏羚羊、中国青藏地区的装饰造型纹）

图5.8　福娃妮妮与创意来源（燕子、北京传统的沙燕风筝）

图5.9 福娃的各项运动造型

福娃欢欢是一个火娃娃，象征奥林匹克圣火。作为“运动激情的化身，他将激情散播世界，传递更高、更快、更强的奥林匹克精神。欢欢所到之处，洋溢着北京2008对世界的热情。欢欢的头部纹饰源自敦煌壁画中火焰的纹样。他性格外向奔放，熟稔各项球类运动，代表奥林匹克五环中红色的一环。”[1]

福娃迎迎是一只来自青藏高原的珍稀动物藏羚羊，它机敏灵活、驰骋如飞，将健康的美好祝福传向世界。作为保护动物的他也体现了绿色奥运的精神。“迎迎的头部纹饰融入了青藏高原和新疆等西部地区的装饰风格。他身手敏捷，是田径好手，代表奥林匹克五环中黄色的一环。”[2]

福娃妮妮是一只展翅飞翔的燕子，其造型创意来自北京传统的沙燕风筝。“‘燕’还代表燕京（古代北京的称谓）。妮妮把春天和喜悦带给人们，飞过之处播撒‘祝您好运’的美好祝福，代表着奥林匹克五环中绿色的一环。”[3]

福娃的原型虽取自动物，却被赋予了人类的智慧和造型，他们是自然的孩子，更是人类的娃娃。自然给予人类生存的资源，人类要像对待自己的娃娃一样善待自然，才能在与自然的共生中获得持久的发展。这种中国文化中蕴含的“天人合一”的思想，通过一个个福娃——人与自然之子的形象传达了出来。

（四）核心图形——和谐如意的“祥云”

核心图形作为形象景观的重要组成部分，是在奥林匹克精神、理念和主办国文化内涵的框架下创造的一个或一组图形。它将奥运会理念和主办国文化用独特的视觉形象传达出来，既对以会徽为代表的形象景观中众多形象元素的传播应用起到辅助作用，又积极协调形象元素之间的关系，将它们紧密地连接在一起，以明确的组合规范，为所有应用系统提供设计的基础框架，以整合全局的力量使奥运会形象景观获得集中、一致的传播效果。

对北京奥运会来说，成功的核心图形是与“同一个世界，同一个梦想”的奥运会主题口号以及“绿色奥运、科技奥运、人文奥运”的三大举办理念有着一脉相承的文化基因的视觉符号。既要体现出中国悠久的文化传统和深厚的历史积淀，更要展现出与时俱进的时代面貌，体现出中国对奥林匹克运动的独特理解。核心图形“祥云”正是这些精神内涵的具体呈现（图5.10），它的创意来源于中国传统的如意、绶带、祥云，它们根植于中国传统文化的土壤，都具有着丰富的

[1][2][3] 第29届奥林匹克运动会组织委员会.北京2008年奥林匹克运动会吉祥物[Z]. 2007.

文化内涵。如意，寓意心想事成，万事如意，寄托了中国人民对美好生活的企盼和梦想。绶带，百转千回，如神龙飞动，绵延流长，意寓连接世界、携手并进。祥云，是最具中国特色的传统吉祥纹样，象征对世界的祝福。以祥云、绶带、如意结合成富于动感的球形，则象征着世界、象征着运动的生生不息。它们交织成为吉祥如意之带、真诚相系的纽带、庆典欢腾的绸带，象征着和谐美满、吉祥如意，寄托了中国人民对和谐世界的美好希望和梦想，从而体现了“同一个世界，同一个梦想”的主题口号。水墨笔触的运用创造出丰富的视觉质感，体现出中国文化艺术的神韵，更赋予图形以飘逸灵动的意蕴。

图5.10 核心图形“祥云”及其创意来源（自上而下绶带、祥云、如意）

在北京奥运会期间，这个充满动感的“祥云”，带着中国人民和谐美满、吉祥如意的美好祝福，被广泛的运用在场馆景观、城市景观、赛事相关景观、特许产品开发、赞助商宣传、奥运会制服、官方海报、车体形象、网站、公共设施等方面。向世界展示了中国、北京的文化传统、城市形象和人文精神，提升了北京的国际形象，感染和激励着全世界人民追求和谐世界的信念。作为形象景观中运用最为广泛的图形元素，核心图形“祥云”的创意理念更为奥运会火炬，以及火炬传递景观等相关设计提供了思想来源，为北京奥运会的形象赋予了和谐的主题，充分展现了核心图形对北京奥运会形象景观的核心价值和重要意义。

（五）体育图标——形意流转的“篆书之美”

体育图标——篆书之美，是北京奥运会形象景观重要的形象元素之一。它以篆字笔画为基本形式来表现体育项目的典型动作，共有35个运动项目的图标组成。它融合了中国古代甲骨文、金文等文字的象形意趣和现代图形的简化特征，将形与意和谐的统一在易识别、易记忆、易使用的体育图标中。强烈的黑白对比，既传达出体育运动的激烈竞技特征，又于婉转圆润的线条中，呈现出运动的美感和丰富的文化内涵（图5.11—图5.14）。

在体育图标的造型处理上，一方面要满足于人物动态的典型性，另一方面则强调用书写汉字的方式设计图形，追求图形与汉字之间的艺术共性。比如：计白当黑，图底互补，既是书写汉字所追求的境界，也是巧妙处理标志图形常用的手法。横平竖直、刚柔并济，则把篆书书写的特征运用到图形设计中，追求汉字结构的平整、线条工整，于刚与柔、动与静中达到运动图标的张力。

体育图标还提供了一种“拓片”的表现形式。拓片是将宣纸贴在器物表面，用墨拓印出碑帖或器物上的文字、图案等内容，它再现了与原物大小、形状相同的图文内容，是一种科学记录文献的载体，也是中国传统艺术形式之一。甲骨文字、铜器铭文、碑刻、墓志铭、古钱币、画像砖、画像石等，都广泛使用这种办法记录。碑帖拓片的艺术形式具有粗犷、古朴、稚拙的意境，以拓片形式呈现的体育图标，如同一枚枚阴刻的肖形印章，与“中国印”的艺术形式相一致。由于图底互换，两种体育图标给人性格各异的视觉感受，前者优雅灵动而文静端庄，后者粗犷质朴而厚重，内在的文化意蕴就在这黑白的对比平衡中得以呈现。

奥运会体育图标“广泛应用于各竞赛场馆、训练场馆、奥运村和奥林匹克公共区内的道路指示系统、场馆内外的装饰、赛时运动员和观众参赛和观赛指南等。同时还将应用于奥运会电视转播、广告宣传、市场开发等领域。它不仅具有很强的功能性，也是传达奥运会举办理念和主办国文化的重要载体。”[1]

图5.11　散氏盘拓片

图5.12　马术体育图标及其造型来源

[1] [EB/OL].http://www.beijing2008.cn/25/34/article212033425.shtml

图5.13 北京奥运会体育图标（上图）

图5.14 体育图标的拓片形式（下图）

（六）色彩系统——中国文化与北京地域（文化的色彩联想）

北京奥运会专用色彩系统由六个基础色彩和10个辅助色彩组成，包括中国红、琉璃黄、国槐绿、青花蓝、长城灰及玉脂白，其灵感来源于中国以及北京的历史文化、地域特色以及民风民俗。这些色彩与核心图形以及其他形象元素一起，共同塑造了中华文化的灿烂与辉煌，体现了和谐共生的美感（表5.4）。

表5.4　色彩系统与色彩联想

	中国红	琉璃黄	国槐绿	青花蓝	长城灰	玉脂白
图释						
基础色彩						
辅助色彩						—
色彩联想	宫墙、灯笼、婚礼、春联、国旗、会徽	琉璃瓦、金秋的树叶、丰收的农田、金色、炎黄子孙	国槐、树木、绿叶、植物	青花瓷、景泰蓝、蓝天、海洋	四合院、长城、北京城	玉石、白云、雪、光
色彩内涵	激情、运动、喜庆、祥和、民俗与文化	精彩、辉煌、明亮、欢快、崇高	生命、环境、活力	青出于蓝胜于蓝、凝重、深邃、高远	内敛、中和、朴素、民间	崇高、高风亮节、德行、清高、洁白无暇

热烈而凝重的“中国红”包含了中国文化中众多的色彩联想，它是北京的色彩，红色的宫墙、红色的灯笼；它是中国的象征，红色的国旗和政权；它是中华民族民风民俗的象征，红色的婚礼、红色的春联、红色的祝福，古往今来，红色是中国人生活中不可缺少的重要装饰色彩，是人们心目中的中国、北京的色彩印象。它既是运动中充满激情与活力的色彩，也是中国人迎接世界来宾的热情与喜庆；既是民俗与文化中充满祥和的色彩，也是北京奥运会会徽的主色。

“琉璃黄”是北京城市风光特有的颜色，黄色的琉璃瓦、金秋的树叶和丰收的农田，都是北京最亮丽的风景。同时它也是一个充满北京独特的人文历史特色的色彩，以故宫为代表的中华文化的辉煌与灿烂都凝聚在一个明亮与欢快的黄色之中，其在中国的色彩文化中所具有的崇高象征意义也不言自明。

国槐是北京的市树，作为古都风貌不可或缺的一个标志物，无论在公园名胜，还是街巷庭院，到处都能看到国槐的身影。它是北京地区栽培历史悠久的乡土树种，“自元代建大都城起，国槐就一直是北京行道树的当家树，到明清两代北京的行道树基本上都为国槐”[1]，它见证了北京的历史与发展。“国槐绿”就取自充满生命力的国槐，这郁郁葱葱的自然风采寄寓着北京珍视自己的家园，与自然和谐发展的精神，表达了“绿色奥运”理念。

中国传统青花瓷承载着深厚的历史文化价值、科技工艺价值和美学艺术价值，在中国陶瓷艺术史上占有极其重要的地位。“青花蓝”取自于青花瓷温润而典雅的“蓝”色，不仅具有一种历史沉淀的美感，更象征着文明与创造。在中国的文化中，青色也一直是人们喜欢的颜色之一，不仅因为它不易使人产生视觉上的疲劳，还有一系列“隐喻”之意。如：“古时的读书人希望‘青出于蓝而胜于蓝’，走上仕途后便有‘青云直上’的愿望，渴望做一个人民爱戴的‘青天’，甚至在卸甲归田之后，还希望能够‘名垂青史’，‘留取丹心照汗青’。‘青’在当时士人心中的分量可见一斑。”[2]

“蜿蜒起伏的万里长城和掩映在绿树丛中的四合院民居的灰色，是北京城传统建筑景观中的重要的标志色。”[3]“长城灰”就取自于这些典型的北京地域文化景观，成为北京奥运色彩系统中独具魅力的元素。

中国传统中历来有尚“玉”的文化，认为君子不仅应“比德于玉”，且“君子无故玉不去身”，即以佩玉来洁身明志，以佩玉为道德与修养的标志。“玉脂白”取自玉中极品“羊脂白玉”，它不但象征着“仁、义、智、勇、洁”的君子品德，而且象征着“美好、高贵、吉祥、温柔、安谧”的世俗情感。“白色是北京奥运会会徽色彩构成重要元素之一，在奥运会色彩系统中起着重要的协调作用”。[4]

10个辅助色彩是在6个基础色彩的基础上衍生出来的，为色彩的应用增加了适应性和弹性，与基础色彩一起形成了系统的配色方案，广泛地应用于北京奥运会景观之中。北京奥运会专用色彩系统呈现了中国、北京独特的人文与自然、传统与现代，是具有中国传统文化特色的象征性色彩系统。

综上所述，北京2008奥运会形象景观的形象元素，都是融汇了中国传统文化

[1] 高付元.北京市市树——国槐[EB/OL].http://www.bjkp.gov.cn/bjkpzc/tszr/zwdg/zwygs/gsygh/15487.shtml，2004-02-18.

[2] 刘亮.中国瓷器史上的一抹青——青花瓷的前世今生[EB/OL].http://www.beijingww.com/1470/2009/07/21/229@97397.htm，2009-07-21.

[3][4] 北京2008年奥运会专用色彩系统[EB/OL].http://www.beijing2008.cn/26/90/column212009026.shtml.

艺术的精华，突出展示中国文化的特色，不仅向世界介绍中华文明，更是结合时代风貌与奥林匹克精神的创造性结果，成为中国在奥林匹克视觉形象设计史册中留下的独一无二的文化遗产。

二、系统的统一与活化[1]

核心图形的概念是由企业形象识别中的辅助图形演变而来的，原本只是用于增强企业标志的意义、强化和延伸形象的识别作用的辅助图形，在规模日益扩大、传播载体日益多元化、形象景观需求更为综合化的设计系统中，它发挥着越来越重要的作用。它将独立而分散的众多形象元素串连起来，使它们成为一个有机的整体，发挥整体划一且集中一致的传播力量，从而在媒介发达、信息庞杂的传播背景中获得最佳的传播效果。这种整合全局的作用和价值，已经超越了辅助图形的范畴，在雅典奥运会的“全景图”上得到突出的体现。因此，国际奥委会在雅典奥运会之后，将“辅助图形”更名为“核心图形”。

北京奥运会形象景观设计系统是由众多的形象元素构成的，无论是会徽、二级图标、吉祥物、核心图形，还是体育图标，每一个元素都是精心打造的，它们的创意设计源自于中国传统文化的不同方面，在造型和视觉样式上也呈现出各不相同的风格特征。作为单独的个体，它们各个都很精彩，但当它们作为形象景观设计系统的一部分，仅以单个角色的突出是无法担当起整体传播的重任的。这些独立的形象元素必须通过一个粘合剂将它们串联、整合起来，形成合力，才能使形象景观的塑造和传播更为集中而有力。核心图形“祥云”就是这个粘合剂，在北京奥运会上充分发挥了它的整合力。

核心图形“祥云”的整合力，首先来自于它所阐发的“和谐”理念。这一理念作为人文奥运的灵魂，以其深刻的文化内涵和独特的东方视角，将“绿色奥运、科技奥运、人文奥运”三大理念、“有特色、高水平”的奥运目标、“同一个世界，同一个梦想”奥运主题口号这些不同时期、不同角度所阐发的语句串连起来，成为整合奥运会传播体系的核心价值观。核心图形“祥云”的诞生基于“同一个世界，同一个梦想”的奥运口号，这个集中体现了奥林匹克精神实质和普遍价值观的口号所传递出的人类对美好未来的共同愿望，也正是“和谐”的至高境界。这一内在的思想逻辑，为以祥云、绶带、如意结合而成的核心图形注入了强大的生命力，为它在整个设计系统中的充分运用奠定了理念上的制高点，也为整个北京奥运会形象景观的阐述和传播提供了有力的注脚。

[1] 原博.创造北京奥运会的和谐之美[J].创意与设计，2009（2）：80-82.

其次，核心图形“祥云”的整合力来自于它极强的可塑性，作为形象景观系统中的活性因子，能够充分适应各种景观的需要，以最为广泛的应用发挥着超越其他元素的整合作用。核心图形在形象景观工具包中，被按照1：1、1：2、1：4、1：6、1：8、2：3、2：5、2：7、3：5、3：7、4：3、4：7、4：9、7：6、16：10以及A4等共16种比例进行切割，并且在北京奥运会色彩系统的基础上提供了“单色系统”和“双色系统”两种色彩应用系统。其中“单色系统”是以北京奥运会色彩系统主色“中国红”“琉璃黄”“青花蓝”“国槐绿”“长城灰”为色彩基调变化的，作为可选系统。而在红黄、黄红、蓝绿、绿蓝、绿黄、黄绿等两种标准色之间渐变的“双色系统”，既呈现出一种丝绸的质感，又充满热烈活力的炫动气氛，是本届奥运会形象景观推荐的最佳使用色彩系统。这种双色渐变的炫色，一方面具有丰富的色彩变化，在视觉上可以产生虚实变换的空间感和层次感，打破平涂色块的停滞感，提升赛场视觉形象的速度感和运动感。尤其在高清数字转播技术的支持下，双色渐变的色彩使原有的空间进深感得以加强，让电视机前的观众也有身临其境的现场感。另一方面，根据场馆和城市空间属性的不同，可以选择不同的色彩渐变来装饰空间、营造氛围、形成差异、传达特定的信息。例如在比赛场馆，为了烘托竞争气氛，多使用红黄渐变；在媒体区或生活区，多运用蓝绿渐变，给人以清新舒畅的感觉。将色彩的配置与环境功能结合起来考虑，不仅能创造充满活力和热烈的景观氛围，更使观众对空间的秩序和性质产生功能上的识别，创造出富有节奏韵律的空间气氛，成为北京奥运会形象景观区别于历届奥运会视觉景观的一个创新性成果（图5.15）。在《北京2008年奥林匹克运动会核心图形基础使用指南》中给出了不同比例和色彩组合的电子文件，并对其与会徽、主题口号、吉祥物、体育图标以及与文字和图片的组合方式进行了规范，以保证核心图形在景观应用中的规范一致（图5.16）。

这些不同比例、不同构图、不同色彩基调的局部图形，具有着家族般相似的造型特征和内在联系，既为不同的景观应用提供了充分的弹性，也使不同的景观应用呈现一致的面貌。作为粘合剂的核心图形“祥云”，从没有在奥运会形象景观中以完整的面貌出现过。但作为一个母体，它的价值体现在从它身上分割出来的众多不同比例的局部图形在整个形象景观中所发挥的数倍于它的整合价值。在这个解构的过程中，核心图形“祥云”的最大的整合力得以实现。

可以说，核心图形“祥云”的成功来自于准确的创意定位，“和谐”思想赋予它生命，它又为“和谐”思想赋予了可视的形象。作为“和谐”思想的视觉载体，核心图形“祥云”承载着中国人的美好愿望，出现在奥运会的每一个角落，

图5.15　按不同比例分割的双色核心图形模块

图5.16 核心图形的组合规范

广泛地应用于奥运会的31个竞赛场馆景观系统、15个非竞赛场馆景观系统、5个境外城市分场馆景观系统、公共环境指示系统、26个文化广场、城市的景观系统、奥运制服系统、电视、网络、出版物系统、赞助商广告系统、车辆识别指示系统、特许产品开发等各领域，为所有景观应用提供设计的基础框架，将所有奥运视觉元素连接为一个统一的整体（图5.17）。“祥云”以其绚丽热烈的色彩、流动飘逸的造型给参与和关注奥运会的人们留下了深刻的印象。它不仅在有形的传播载体上展现了美好和谐的赛事氛围，成为视觉形象景观中视觉覆盖面最大、应用频率最高的视觉元素，更于无形之中，提高了城市的艺术与文化品位、塑造了美好的城市形象；在世界各国人民面前展现了一个具有悠久历史文化的、热爱和平的、充满活力与开放进取的、和谐进步的国家形象。

图5.17 核心图形“祥云”在北京奥运会各种景观中的应用

一点遗憾：我们把北京奥运会核心图形“祥云”与雅典奥运会“全景图”进行比较就能发现，尽管两者在图形创意来源上都根植于举办国深厚的历史文化遗产，但在构成图形的方法和形式上却极为不同。前者，将各种文化资源抽象为具有不同造型特征的元素，以纵横交织的弧线分割构图，并将各种性格迥异的造型元素和色彩纳入其中，形成了一个如同拼图般的社会文化与环境的“全景图”。这些元素在造型特征上是丰富的，粗细不同的平行线、折线、同心圆、波浪线、格状交织的散点以及文字，加之冷暖色彩的交织，使每一个分割出来的局部都具有着丰富的表情。在景观应用中，这些核心图形的局部充满了活力和丰富的视觉张力。北京奥运会核心图形“祥云”，在图形生成的过程中逐渐将祥云、绶带和如意综合为一个造型完整、浑然一体的圆。尽管“祥云”图形蕴含着丰富、可阐发的文化内涵，但在造型上，局部与整体形成的极为协调一致的线条和笔触特征，却使每一朵“祥云”缺乏独立的个性语言。也许这和中国人注重整体、追求一致的观念有着内在的联系吧。另外，“祥云”的完整性在切割中被打破，局部图形的构图和造型也不能全部尽如人意，被广泛使用的是部分在构图上较为完善的。因此，在整个形象景观的运用中，尽管双色渐变的色彩运用为其增色不少，整体协调一致的特征也很突出，但也因缺乏丰富的造型元素而产生一些单调的印象。

三、 相对独立的子系统

除奥运会赛时的竞赛之外，围绕着奥运会各项活动的开展，为了宣传和信息交流的便利，许多重要的活动和部门都通过特定的视觉符号来建立与公众之间的识别和认知。在悉尼奥运会的形象景观中，就曾开发了多达60余个的二级标志，很多职能部门都拥有自己独立的标志。尽管很多标志都是从会徽元素中衍生出来的，但由于数量众多，也造成了悉尼奥运会整体品牌结构的混乱，整体视觉形象分散，不易认知和记忆的结果。雅典奥运会为避免出现类似悉尼奥运会的状况，也出于维护奥运会视觉形象整体性的考虑，在对奥运会筹备工作的特点以及各项工作的受关注程度进行分析的基础上，选取环境、文化节、志愿者和火炬接力这四个最具宣传力度和宣传效果的项目作为二级标志的设计对象。[1]北京奥组委在借鉴了雅典形象景观经验的基础上，紧紧围绕“绿色奥运、科技奥运、人文奥运”三大理念，确定了文化节、志愿者、环境及火炬接力四个主题，进行奥运会二级标志的研发。同时，也为青年营、奥运安保和票务工作这类相对独立且与公

[1] 马晓芳.雅典奥运会形象景观实习报告[A].2004年雅典奥运会实习报告集[C].北京奥组委，2005：613.

众有密切关系的项目设计了专门的符号，作为三级标志。

（一）二级标志

二级标志作为次于奥运会会徽的主要标志，在应用上具有相对的独立性，在围绕各自工作领域开展的各项活动中，根据需要展开相关的形象设计，在以北京奥运会会徽为核心的形象景观系统框架内，形成相对独立的子系统（图5.18）。

文化活动标志表现了人在灯笼下欢快舞动的情景。灯笼是中华民族传统节日中不可或缺的吉祥物件，它饱满的造型象征着喜庆与团圆，代表着中国的传统文化民俗风情。奥运会文化活动是全世界人民在奥林匹克精神的凝聚下举办的重大文化盛会，是中国人民的大喜事。张灯结彩，喜迎四海宾客共赴盛会，体现了中华民族热情好客的性格。标志营造了人、灯共舞，喜气洋洋的节日气氛，既反映了中国的民俗文化特色，又与会徽“中国印・舞动的北京”相互呼应。

绿色奥运是北京奥运会秉承奥林匹克运动对可持续性发展的不懈追求提出的重要理念。奥运会环境标志以一笔连贯的绿色线条，在环绕交错中，与人共同组成一棵生机盎然的参天大树，茂密的树冠犹如盛放的花朵，又似和谐有序的生物链条，充满无限生机和希望。形象地描绘了人与绿色自然和谐共生的美好景象，充分体现了自然环保的可持续发展理念。

志愿者标志中两颗紧紧相系凝聚在一起的心形，象征着志愿者们的爱心、关心、热心，无数颗心的汇聚。他们在北京奥运会上，用真挚的笑容、友善的行动和出色的服务，成为一道亮丽的风景线。用无私奉献的精神使中国人民与世界各地的运动员及奥林匹克大家庭所有宾客的心紧密相连，为奥林匹克运动增添光彩（图5.19、图5.20）。

奥林匹克火炬接力作为奥运会的前奏，是传承古代奥林匹克精神和开创现代奥林匹克运动未来的象征性仪式，是仅次于奥运会本身的最重要的全球性活动。奥运圣火在全球传递的过程中，向世界人民传播奥林匹克精神、传递友谊与和平的信息，点燃人们对奥运会的激情。同时，它也是奥运会主办国组委会提升公众对奥运会认知度和创造宣传点的最有力的传播活动，它使主办国人民有机会全面感受奥运会的力量，也为举办国家和城市提供了展示的机会。

北京奥运会火炬接力以“和谐之旅”为主题，以“点燃激情，传递梦想”为口号，来自全球的21880名火炬手，在长达130天的传递时间里，完成了约13.7万公里的传递总里程。途经五大洲19个国家的19个城市，在中国境内31个省、自治区和直辖市省会等115个城市和地区传递，并且成功地登上了世界最高峰珠穆朗玛峰。

圣火传递有着一整套独立完整的程序和操作方式，在国内外的传递过程中对火炬及其延展设计、运行车队和飞机设计、火炬接力服装设计、火炬接力场地环境设计和城市景观设计等都有着全方位的景观需求。因此，较之前3个二级标志来说，它需要一个较为独立完善的景观设计系统以应对实际的设计需求。包括火炬接力标志、主题口号、火炬接力图形和火炬接力色彩在内的景观设计元素，支撑了火炬接力景观的应用系统（图5.21—图5.24）。

18	
19	21
20	

图5.18 北京奥运会二级标志
图5.19 奥运会志愿者项目启动仪式
图5.20 奥林匹克文化节
图5.21 《奥运参与人员环保指南》

在中国古代传说中，凤凰是百鸟之王，是吉祥、祥瑞、高贵美好的象征。“凤凰涅磐，浴火重生”的美妙传说，使其成为火的图腾，象征着永生不灭的精神。火炬接力景观系统的设计灵感来源于“火凤凰”，标志的主体形象是两个共擎奥运圣火奔跑着的人，圣火在极为意象的书法笔触中幻化为“火凤凰”的造型，使造型在两者的复合中获得了丰富的意趣，象征着北京奥运会通过火炬接力把吉祥美好的祝福带给世界。

火炬接力图形是基于北京奥运会核心图形“祥云”和“火凤凰”的概念构建起来的，在“祥云”基础上加入中国传统的凤纹图案，祥云缭绕，有凤来仪，于虚实相生的境界中，呈现出中国传统艺术所特有的刚柔相济、含蓄优雅的意蕴。火炬接力图形作为北京奥运会火炬接力重要的形象景观元素之一，具有着与奥运会核心图形“祥云”同样的功能和作用，它连接起火炬接力标志、火炬接力色彩、火炬接力字体、火炬接力口号等形象元素，以特定的构成关系形成独特的景观模块，充分运用在火炬接力景观的各个领域之中。主题口号“点燃激情，传递梦想”在揭示火炬接力的精神实质的基础上，以“传递梦想”的后半句建立起与奥运会“同一个世界，同一个梦想”之间的内在联系。

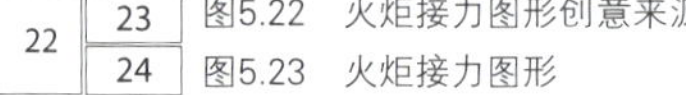

22 23 24

图5.22 火炬接力图形创意来源

图5.23 火炬接力图形

图5.24 火炬手服装及火种灯展示

火炬接力景观与北京奥运会形象景观系统拥有着一脉相承的文化内涵和形象元素，并以“凤凰”的形象拓展出它独特的系统特征，为记录与传播奥运会火炬接力活动提供视觉背景，每一幅火炬接力的精彩画面上都有火炬接力景观的形象，这形象为传播中国文化和火炬接力主题，营造火炬接力运行环境和途经城市的欢庆气氛，烘托奥林匹克圣火的纯洁与神圣，激励火炬手、护跑手，提升人们对北京奥运会火炬接力的体验起到了积极的作用。在奥运之前，在世界各地传达了中国奥运会对世界的美好祝愿，奏响了热烈如火的奥运序曲。

四个二级图标在设计风格和创意来源上都基于丰富多样的中国文化传统资源，以泼墨写意的笔触再次展现了中国文化艺术的魅力，与会徽“中国印·舞动的北京”相互映衬。

（二）三级图标

北京奥运会对于像青年营、安保和票务工作这类独立并且与公众具有密切关系的项目都设计了专门的标志，它们都是奥运会的组成部分，但在性质上和重要程度上较之于二级图标所代表的活动而言，又略逊一筹，故将之列为三级标志。这些标志在创意来源和设计风格上，也都延续了将中国传统文化内涵融于简约、易识别的具有现代传播和审美特质的视觉样式之中的设计风格（图5.25）。

（1）青年营标志。在奥运会举办期间，举办青年营是历届奥运会的惯例，目标是在世界青年中广泛传播奥林匹克精神，倡导世界和平、合作发展、共同繁荣的理念。2008年8月6日至17日举行的北京2008奥林匹克青年营，以“青年创造未来”为主题口号，邀请了200多个国家（地区）的奥委会成员选派代表参加，并首次邀请残疾人青年代表参加青年营，为世界各地的青年人提供了一个学习奥林匹克精神、体验中华文明魅力、增进了解和友谊的机会。

北京2008奥林匹克青年营的标志，以5个欢快舞蹈着的人物造型组合，在旋转环绕中围合成象征地球的圆形。人物造型分别选取了奥运五环的颜色，象征着五大洲青年团结、融合的理念；贯穿人物造型之间的祥云，蕴含世界青年相聚北京，天地同欢共庆盛会的寓意。标志整体构图饱满、人物造型充满青春的朝气与活力，笔墨意趣化为轻松欢快的气息，体现出青年营活动的全球化和奥运主题。

（2）安保标志。根据历届奥运会惯例和北京奥运安保工作的需要，经北京奥运会安全保卫工作协调小组和北京奥组委同意，北京奥运安保部门于2006年底启动了第二十九届奥运会安保标志设计工作。2007年9月13日，北京举行了第二十九届奥运会安保标志揭牌仪式。最终确定的北京奥运会安保标志，外形为国际上广为人知的安保盾形图案。标志图案基本形象为中文“人”字，三个“人”字叠加形成“众”字，以“众人加入，参与安保”之意突出公众参与共保奥运安全的含义。标志不仅易于识别，而且展现出统一、规范、文明的奥运安保形象。标志的色彩使用北京奥运会专用色彩系统中的青花蓝。

图5.25　三级标志：青年营标志、安保标志、票务标志及其应用

北京奥运会安保标志“一般在奥运安保工作设备、设施、旗帜、服装等上面使用，不允许利用其进行任何商业行为。安保人员佩戴、使用奥运安保标志，必须与安保人员证件同时使用方可有效。”[1]

（3）票务标志。票务标志以中国汉字“票”的字形特征为创意出发点，用书法的笔触勾勒出北京标志性建筑天坛的造型。在形意之间，直观地传达了票务工作的属性特征，又具有生动的地域文化特色。

四、官方海报——和谐的图景[2]

自1912年斯德哥尔摩奥运会首创官方海报起，奥运会海报的推广和宣传就成为了主办城市的一个重要的使命。历届奥运会的官方海报都由主办城市奥组委授权设计并选定，内容涵盖多种奥运形象元素如：会徽、吉祥物、核心图形、体育图标等，以及运动员、场馆、主办城市特色等奥运相关元素，以多样化的视觉语

[1] 第二十九届奥运会安保标志揭牌仪式举行[EB/OL].http://olympic.people.com.cn/GB/22180/22193/94175/6262572.html，2007-09-14.

[2] 原博.创造北京奥运会的和谐之美[J].创意与设计，2009（2）：80-82.

言传递奥运信息。尤其在传播奥林匹克精神，塑造奥运会的独特魅力，宣传主办国的文化传统，塑造主办城市的形象等方面具有十分重要的价值与意义。

与往届相比，北京奥运会官方海报设计首次从整体上对创作主题、设计原则、表现形式、创作规模等进行了整体规划并提出了明确的要求。要求设计师围绕“同一个世界，同一个梦想”的主题，创作出包括主题海报、人文海报、体育海报在内的三大系列的海报作品，每个主题各创作3~5幅，从而形成一套完整的系列海报。在设计原则上体现“绿色奥运、科技奥运、人文奥运”三大理念，在表现形式上，要深刻理解和创造性地表现中国文化元素,体现中国独特的文化底蕴与人文精神，传达中国人对奥林匹克的热爱与激情，具有时代创新特征和高水平的设计表现力，具有为全世界所接受和传播的基础。

北京奥运会共发布了3个系列共16张官方海报，采用了中国古代绘画“长卷”的形式，将一个个主题形成一幅缓缓铺陈开来的宽阔画面。系列一是传达北京奥运会核心理念的主题海报3张；系列二是展现北京历史与人文景观的海报，即微笑系列海报3张；系列三是表现体育竞赛的海报，两种表现形式每5张为一组共10张。这些海报从不同的主题切入，用不同的创意视角展现了北京奥运会的“和谐” 图景，广泛运用于场馆景观和城市景观中（图5.26—图5.28）。

作为奥组委官方发布的海报，奥运会官方海报代表着举办国——中国的国家形象，承载着中国首次举办奥运会的重大历史使命和对外传播奥运精神与中国独特的文化魅力的重任，更渗透着和平崛起的东方文化大国的时代精神与风貌等许多复杂而深刻的信息和内涵。

和谐，是一种面貌，一种价值观，更是人类共同追求的至高目标。在主题海报和人文海报中，“和谐”成为统摄全篇的内核。在体育海报中，则充分利用作为和谐思想化身的核心图形“祥云”的整合力，串连起一系列的运动画面。

主题海报中，故宫和鸟巢、天坛和水立方，前者是象征着中国五千年辉煌文明的重要皇家建筑，后者是融传统文化理念和现代建筑创意的标志性场馆，二者皆因奥林匹克盛会而辉煌，因中华文化的精神而灿烂。彩色的“水墨”将山水、古迹与场馆建筑串联起来，将人对历史、文化与时代的感知，上升到充满想象的意境之中。古老与文明、传统与现代、东方与西方的文化与精神，在这里和谐地交织起来，为奥林匹克的历史烙下了深深的“中国印”。

在人文海报中，“和谐”是洋溢在孩子、青年、老人脸上的笑容，充分展示出中国人的热情与友好，传达着微笑的北京欢迎世界人民共享奥运的美好愿望。

红、黄、蓝三种基调，分别象征着人文奥运、绿色奥运、科技奥运的三大理念。背景中隐约浮现着北京的重要文化遗产故宫、长城和天坛，它们与微笑的中国人辉映着，共同展现着人与人、人与社会、人与环境（自然环境与人文环境）的和谐关系，演绎着“同一个世界，同一个梦想”的和谐乐章。相对于往届奥运会官方海报多采用运动员形象而言，北京奥运会人文海报采用普通民众形象作为创作元素还是第一次。正像刘淇在“北京2008——奥林匹克设计大会”开幕致辞中表达的那样，我们不仅要通过宏伟壮观的形象与景观设计，向全世界展示北京和中国的悠久历史、灿烂文化和生机勃勃的今天，更要展示创造这一切的充满自信与希望的人民。

26 27 28

图5.26 主题海报（左页上）
图5.27 人文海报（左页下）
图5.28 体育海报

在体育海报中，和谐是运动员在赛场上奋力拼搏不懈追求的目标，“祥云”代表着运动员心中的梦想，“祥云”的翻转起伏表现出运动员为了实现梦想而努力拼搏的奥林匹克精神，衬托出运动员富有张力和动感的形象。这种在运动中焕发出的身心和谐的健康之美，正是奥林匹克运动所追求的目标，也是北京奥运会所追求的和谐价值所在。在视觉形式上，“祥云”将不同的体育运动整合为一个和谐的整体，使官方海报与形象景观系统保持高度的一致，主题传达得更为集中和突出。残奥会体育竞赛主题海报延续奥运会体育竞赛主题海报的色调和风格，体现了“两个奥运，同样精彩”的理念。

中国文化源远流长，体现在社会、经济、文化等很多领域。当面向世界范围进行文化传播时，越是集中有力的诉求，就越能形成差异性的识别，也就越能取得良好的传播效果。“同一个世界，同一个梦想”的奥运口号，为我们指明了北京奥运会的愿景，为达成这一人类共同的愿望，需要我们以“和谐”的思想去面对世界上的种种问题，把“和谐”作为共同追求的至高目标。北京奥运会官方海报的设计，正贯彻了这种中国文化的精神，主题海报《文明北京　和谐奥运》体现了文化传统与时代精神的和谐关系，人文海报《微笑北京　共享奥运》体现了人与人、人与社会、人与环境的和谐关系，体育海报《活力北京　超越梦想》体现了人的身体与精神的和谐关系。一张张海报在中国传统绘画“长卷”上，不断铺陈延续着，以中国传统艺术形式承载着北京奥运充满和谐之美的人文图景。

不求单个画面的丰富性，追求官方海报于整个形象景观系统中的功能诉求，追求与整体一致的主题诉求，追求每一个系列的画面整体贯通的完整性，从而达成系统的整体和谐之美，这正是官方海报对于整个形象景观的贡献。

第三节　北京奥运会形象景观应用系统

一、北京奥运会景观工具包

要确保奥运会这样庞大复杂的形象景观能够按照预先的整体构想和规划落实，保持形象的一致性和整体性，贯穿落实到北京奥运会的31个竞赛场馆、15个非竞赛场馆、100多家签约饭店、26个文化广场的景观设计，以及6个京外协办城市的城市景观与场馆景观中，没有一个行之有效的设计管理工具是难以达成的。

雅典奥运会在形象景观设计中开发的KOP（Look of the Games Kit of Parts）景观工具包，作为雅典奥运会形象景观的资源库，为创造丰富统一并井然有序的景观奠定了基础，成为贯彻和执行形象景观工作的有效工具。北京奥运会的形象景观工作借鉴雅典的经验，开发了《北京奥运会、残奥会形象景观工具包（KOP）》。这个工具包是以奥运会形象景观元素为基础，针对场馆的通用景观需求进行了一系列设计，通过对通用设计方案以及通用景观物品规格进行规范的方式，对所有竞赛场馆、非竞赛场馆、场馆公共区域的形象景观应用设计给出标准化、一体化的文件，指导和贯彻到具体的设计制作、安装和拆卸环节中，以确保奥运会形象景观整体的一致性。 KOP景观工具包包括以下几个部分：基本元素、场馆内外、景观物品、景观装置（图5.29—图5.37）。

基本元素部分，列举了奥运会五环、北京奥运会会徽、主题口号、吉祥物、运动图标、核心图形与色彩系统等形象元素，以及元素之间的多种排列方式。这些元素均以一定的比例关系分别配置在矩形框内，形成一个个基本元素的模块，

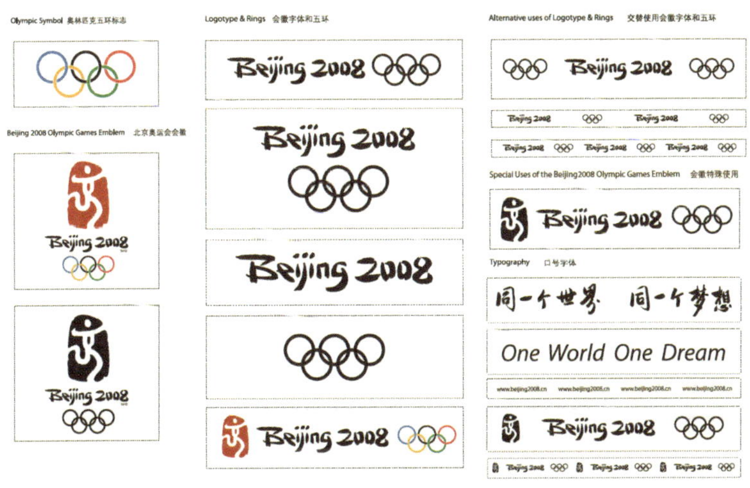

图5.29 KOP基本元素——奥运五环和会徽

图5.30 KOP基本元素——核心图形与色彩系统

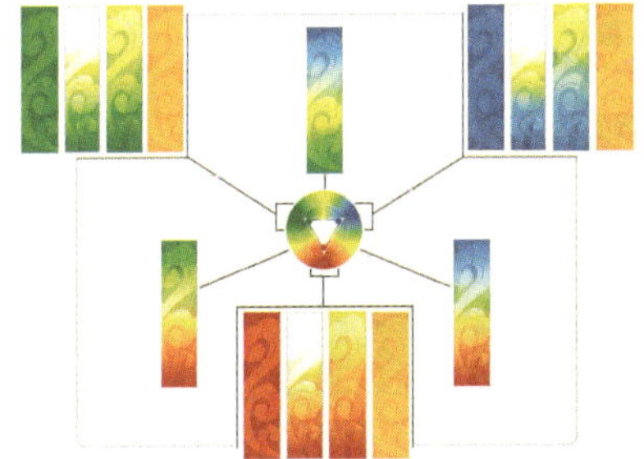

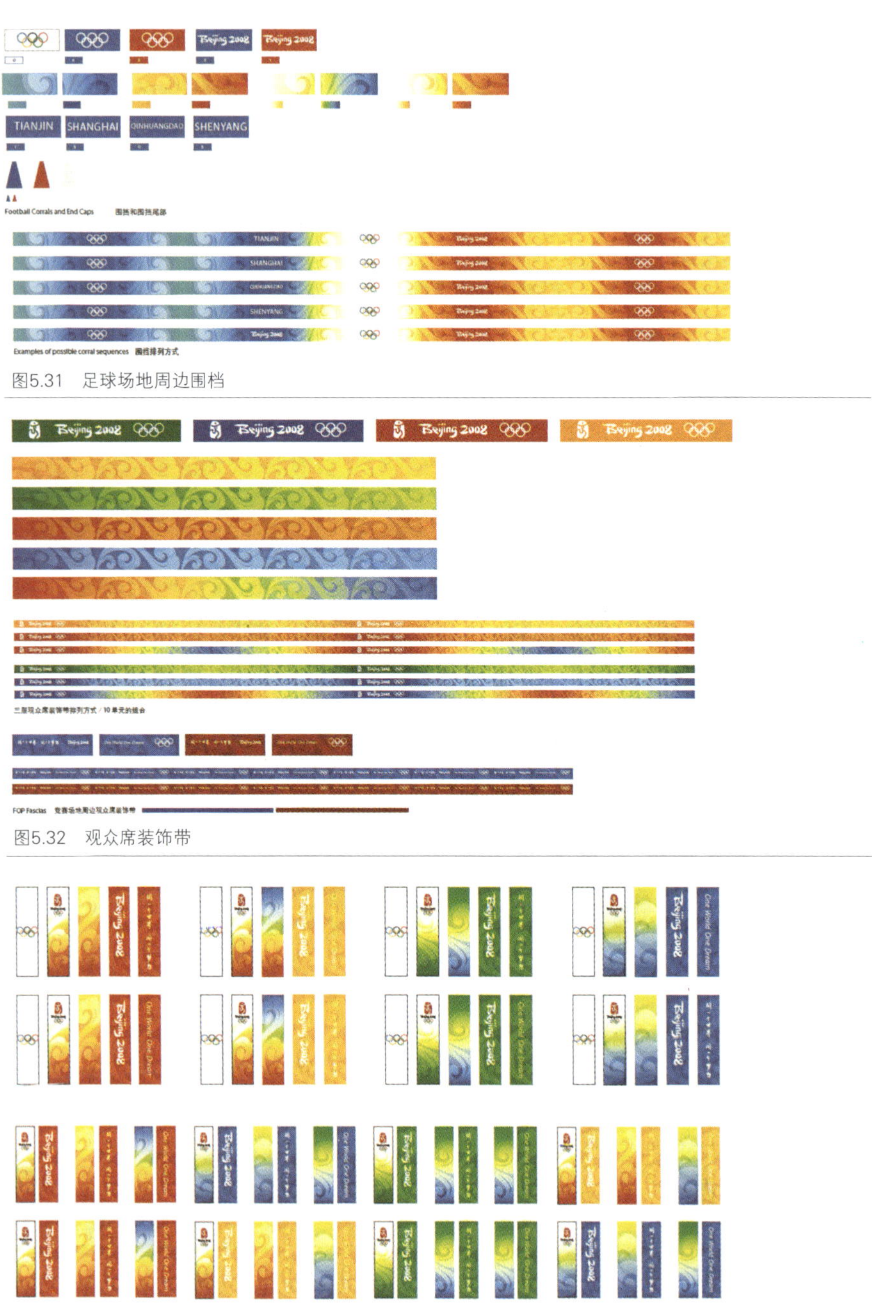

图5.31　足球场地周边围档

图5.32　观众席装饰带

图5.33　挂旗建议排列方式

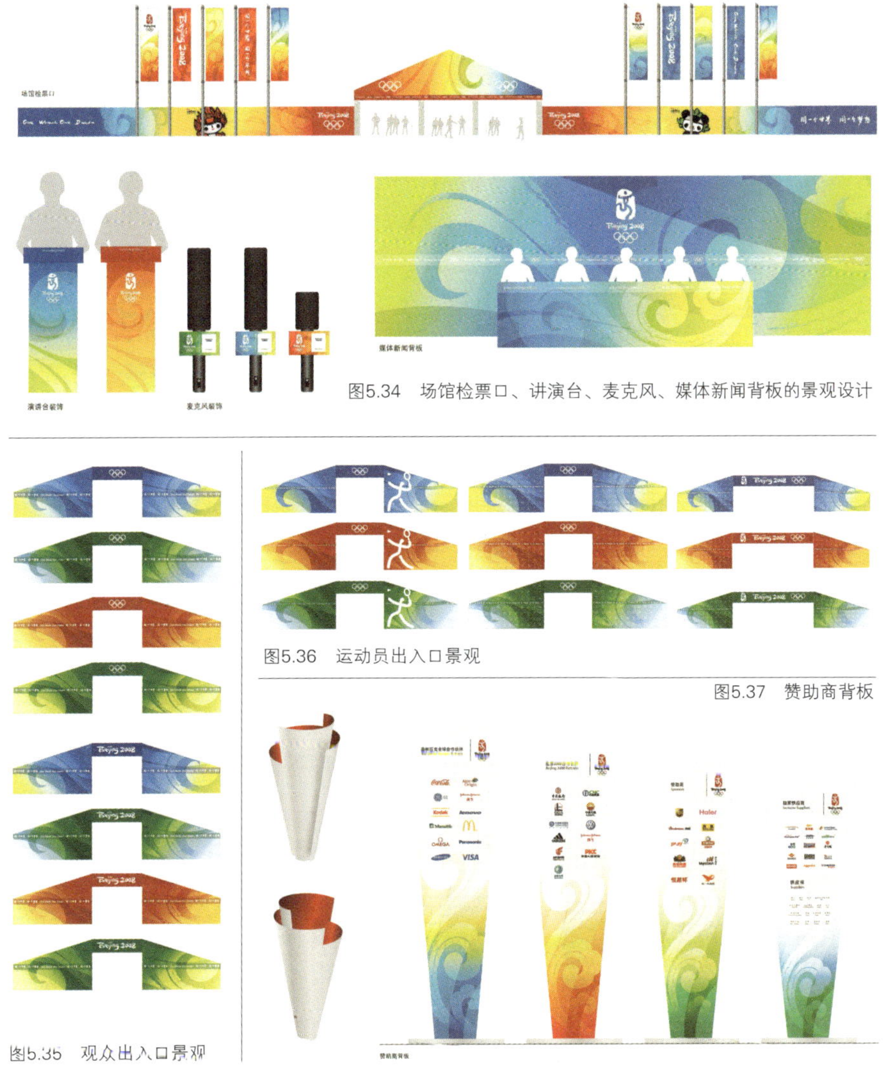

图5.34 场馆检票口、讲演台、麦克风、媒体新闻背板的景观设计

图5.35 观众出入口景观

图5.36 运动员出入口景观

图5.37 赞助商背板

为后面的景观设计与运用奠定基础。

场馆内外部分主要对场馆内外所涉及到的景观载体进行了设计，主要包括：场地周边围档、观众席装饰带、观众出入口、临时看台侧面、运动员出入口、锥筒、起终点、安检口、观众服务相关用品等。首先列出在某一具体载体上所需的

景观元素的模块，进而对这些模块的组合序列、色彩配置进行设计，使其形成较大的模块组，便于根据具体的载体取用，并对模块的具体规格、工艺要求等进行了规定。

景观物品部分主要包括混合区墙面装饰、等人高围档、路障、挂旗、京外城市挂旗、装饰旗、媒体新闻背板、玻璃贴、不干胶贴、锥筒、易拉宝、招贴、水上漂浮物、桥梁装饰、隔离带、不干胶、路边桌布、新闻桌布、贵宾桌布、告示牌、讲演台、麦克风装饰、电脑显示屏装饰、评论员席位装饰、摄影位装饰等。景观装置部分主要对赞助商识别牌和赞助商背板进行了设计。

KOP景观工具包一方面对形象元素的使用方式进行了规范，从而保证了在景观运用中形象元素的标准性和一致性。另一方面，它将所有的奥运会形象元素以及色彩系统的使用方式和组合方式进行了系统的规划和设计，形成众多特定组合的模块，再针对具体场馆或城市景观需求，进一步设定模块间的组合关系，使其成为一个更大规模的组合。这种化整为零的设计思路使庞大复杂的系统趋于简化便捷。由于工具包中不同的元素之间及色彩配置方面，提供了为数众多的模块，因此，为景观应用提供了多种可能性，也增强了适应性。

KOP景观工具包作为衔接形象景观元素与形象景观应用的重要设计环节，在总体规划的框架内，通过提供常规场馆景观及景观物品的标准化应用设计方案，为形象景观在具体场馆的贯彻与落实提供了统一化的方案。通过提高多种模块组合的方式，为进一步的景观深化设计提供了延伸的可能性，从而有效保证了形象景观的整体性。

二、赛时景观应用系统的规划

北京奥运会形象景观由场馆景观和城市景观两部分构成，场馆景观主要涉及竞赛场馆和非竞赛场馆，是主要提供正式比赛和运动员训练的场所，它们是奥运会赛事的主体空间。作为奥运会形象景观在城市空间的延伸，城市景观对场馆安保线以外的广阔城市空间进行景观规划与设计，使整个城市成为巨大的景观载体，最大程度的发挥形象景观的作用。其中，奥运场馆景观是形象景观的主要工作目标，而城市形象景观则是在奥组委制定的城市形象景观规划框架内，由北京市“2008”环境建设指挥部主要负责实施。奥运场馆景观与城市景观交相辉映，共同构成了整体景观系统，营造出富有中国文化魅力的奥运之城的形象。

（一）分区

在北京的奥运会、残奥会主要场馆包括31个竞赛场馆和15个非竞赛场馆，这些为数众多的场馆在北京城市空间中的分布广，建筑体量大，且风格多样，加之城市空间结构与场景的复杂性，必须对其加以整体规划，以形成层次清晰、系统有序的奥运形象景观。以南北中轴线和东西主轴线来作为划分依据的话，主要形成了包括北部奥林匹克公园中心区、东部工人体育场馆中心区、西部五棵松场馆中心区在内的三大场馆中心区，以及由中心赛区向外辐射到的相关区域内的大学区等场馆，它们成为奥运形象景观规划的主要区域（图5.38、图5.39）。

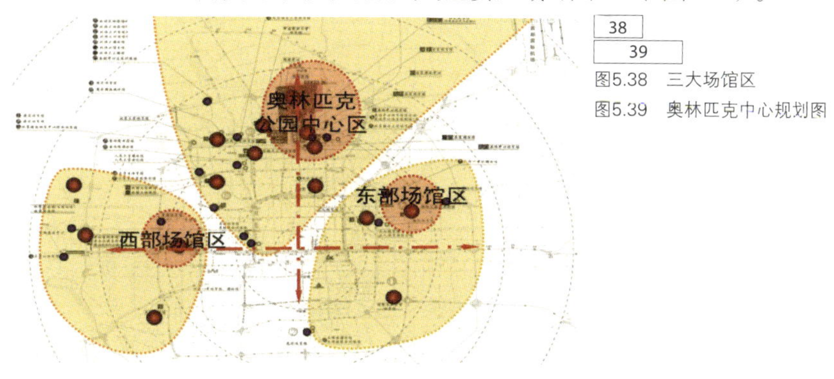

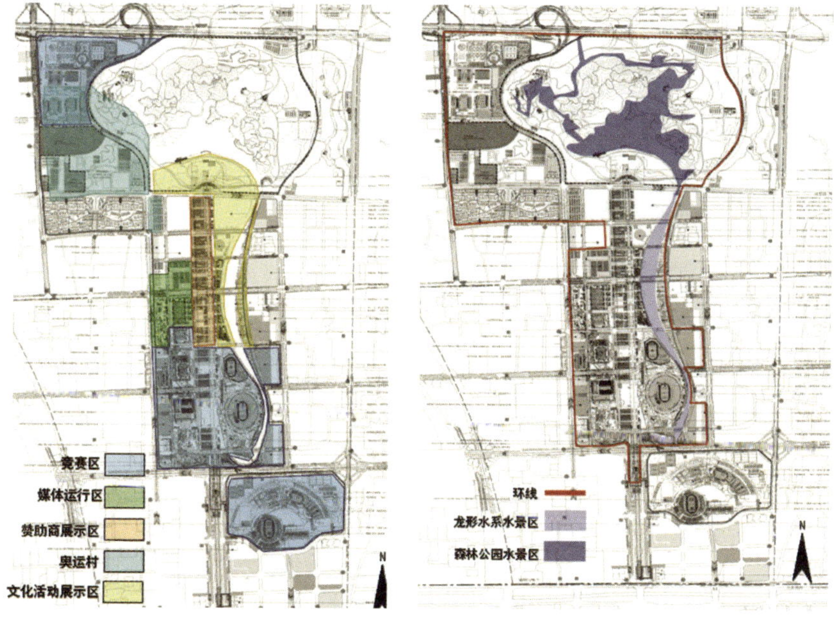

38
39
图5.38 三大场馆区
图5.39 奥林匹克中心规划图

（二）分类

根据奥运会形象景观的不同功用，北京奥运形象景观又可分为功能景观、展示景观和人文景观三大景观体系（表5.5）。它们在具体的场馆环境和城市空间中，往往交织在一起运用，以获得多层次、多维度的景观效果。

（三）分级

为达到主次分明、层次有序的景观效果，在形象景观的规划中，根据奥运竞赛场馆、非竞赛场馆、训练场馆的功能属性和所在区域的重要性，对奥运形象景观进行分级规划。奥运场馆形象景观与城市形象景观各分为A、B、C三个层级。并根据不同形象景观的层级，分别配置不同的景观载体（表5.6）。

表5.5 景观分类表[1]

功能景观		满足人流、车流的交通分流，提供快捷有效的人性化服务。交通路径、各竞赛场馆和非竞赛场馆门区、服务设施等流线节点，设置奥运导向标识、体育图标等功能性形象景观。
展示景观		为展现奥运形象，营造奥运氛围，奥运场馆内外、楼体装饰、门区、公共区、道路、交通流线等，设置奥运会形象元素的景观。
人文景观		体现中国特色的人文奥运理念，丰富北京奥运的文化内涵，场馆、道路、室内、门区、公共区等重要节点，设置官方海报、雕塑、绿化景观、大型景观装置、临建构筑物、多媒体显示系统等形象景观，构成特殊景观系统。

如果说场馆景观是散落在北京城市中引人注目的焦点的话，那么以场馆为核心而向周围扩散的城市景观则形成了较大面积的景观载体，由点及面地相互配合，相互呼应，共同塑造北京奥运会的整体形象。配合不同级别的场馆，城市景

[1] 北京奥组委.北京2008奥运会、残奥会形象景观总体规划设计方案[Z]. 2007，10-13.

观也进行城市区域景观分级和级差配置。主要围绕奥运场馆进行规划，形成主次分明、相得益彰的层次关系：

“A 级城市景观：以奥运场馆（或场馆区）为中心，场馆周边区域、辐射区域和重要的奥运文化活动广场形成城市景观重点区。B 级城市景观：主要交通道路和其他奥运文化活动广场为城市景观次重点区。C级城市景观：城市商业中心、旅游区和有一定特色的街区、街道和社区。”[1]

表5.6 形象景观规划分级表[2]

级别	场馆类型	场馆区域和名称	形象景观级差配置
A级	竞赛场馆	奥林匹克公园中心区：国家体育场、国家游泳中心、国家体育馆； 西部五棵松区：五棵松篮球馆、五棵松棒球场； 东部工人体育场区：工人体育场。	道旗、旗阵、围档、标识系统、大型景观构筑物、主题雕塑、公共艺术装置、大型绿化景观、大型灯光照明系统、互动投影、激光景观、多媒体显示系统。
	非竞赛场馆	首都机场、主新闻中心(MPC)、国际广播中心(IBC)、奥运大厦、奥运村、赞助商接待中心、总部饭店。	
B级	竞赛场馆	奥林匹克公园中心区及辐射区：奥林匹克公园网球中心、奥林匹克公园射击场、奥林匹克公园曲棍球场、北京农业大学体育馆、北京科技大学体育馆、北京航空航天大学体育馆、北京大学体育馆、北京理工大学体育馆、首都体育馆、击剑馆、英东游泳馆、奥体中心体育场、奥体中心体育馆。 西部五棵松区及辐射区：老山小轮车赛场、山地自行车场、场地自行车馆等场馆群、丰台垒球场。 东部工人体育场区及辐射区：工人体育馆、朝阳公园沙滩排球场、北京工业大学体育馆、顺义奥林匹克水上公园场馆。	道旗、围档、中小型景观构筑物、景观小品、公共艺术装置、标识系统、绿化、灯光、多媒体显示系统。
	非竞赛场馆	北京奥运物流中心、制服发放和注册中心、青年营、安保指挥中心。	
C级		各类单项体育训练场馆	道旗、围档、标识系统、景观小品、绿化、灯光。

[1] 北京奥组委.北京2008奥运会、残奥会形象景观总体规划设计方案[Z]. 2007，10-13.

[2] 根据北京奥组委：《北京2008奥运会、残奥会形象景观总体规划设计方案》，第11页，整理制表。

（四）分流线

同时，在具体的场馆景观和城市景观的规划中，还进行了形象景观的流线设计。流线，是指观众进入场馆和进行参观时必经的路线。对这一路线进行合理的设计，有助于观众沿最方便、快捷和有利于欣赏景观的路径进入场馆、参观比赛，有效地保障参观秩序。针对这一流线的观众的类型特点来有计划地进行景观的设计与设置，会给观众以更为有效合理的景观体验，从而对北京奥运会产生深刻鲜明的印象。《总规》中对流线的设计注重流线中节点的位置和节点之间景观设置的节奏变化，从而保障整个场馆与城市空间中井然有序的景观层级。“场馆景观流线：由安检门区（重要地点）、公共区（道路分流区次重点）、场馆入门区（景观重点）、场馆内路径（次重点）、场馆内FOP[1]景观（重点）构成一个轻重相宜、节奏有序的景观流线系统。 城市景观流线：由城市重要景观节点、主要交通路网和场馆周边辐射区域构成“点、线、面”结构的城市景观流线。城市街区景观以营造气氛为主，城市节点景观以突出主题为主。街区以道旗、围档、建筑遮挡物、绿化、灯光配置为主要城市景观。节点景观以城市家具、雕塑、公共艺术装置、绿化、灯光配置为主。”[2]

三、赛时竞赛场馆景观——以国家体育场为例

竞赛场馆的形象景观设计是以功能性为第一位的，首先要符合竞赛本身的需要，其次是符合场馆整体景观形象的定位，最后还要具体结合场馆建筑空间的特点因地制宜地设计和设置景观。因此，场馆景观的设计与设置必需建立在对建筑空间和比赛项目充分了解的基础之上，在充分认识景观层级与景观流线的基础上，将形象景观的元素和元素模块加以灵活运用，才能形成一个与建筑空间浑然一休，与体育赛事相适应，与宏观布局相协调的场馆景观。它是形象景观设计在空间中的延伸，更是根据场馆空间对形象景观的再创造。

北京奥运会为数众多的比赛场馆中，国家体育场“鸟巢”一直以来都是备受世人瞩目的头号场馆。它位于奥林匹克公园中心区，是举办马拉松、竞走、田径和足球决赛的竞赛场地，也是举行奥运会、残奥会开闭幕式的重要场馆。鸟巢建筑设计以中国文化概念、现代表现形式，充分体现“有特色、高水平”的形象价值。在奥运大道和龙形水域的衬托下，鸟巢建筑成为奥林匹克公园的景观至高点。作为北京奥运会最具特色的标志性景观建筑，从2001年方案问世以来，在其

[1] FOP区域指场馆内竞赛区域。

[2] 北京奥组委.北京2008奥运会、残奥会形象景观总体规划设计方案[Z]．2007，13.

建设施工的几年里，始终是公众关注的焦点。鉴于国家体育场“鸟巢”对于北京奥运会具有的特殊功能和价值，在形象景观的总体规划中，它被划归为A级竞赛场馆。它的形象景观应用是典型性的，对其他场馆具有示范作用。

（一）设计理念

钢筋编织结构打造的“鸟巢”作为一个极富创意和个性的建筑物，给人留下了深刻的印象。但这个突出的特征，在形象景观的设计与设置中却造成了不便。据“鸟巢”奥运景观设计兼执行经理刘东雷介绍“由于‘鸟巢’是钢筋编织结构，既没有大面积墙面可以利用，也没有整块的空间安装具有震撼效果的景观，无法营造突出的兴奋点。所以在实施其奥运形象景观过程中，就确立了一个基本原则就是保持‘鸟巢’原有风貌，避开建筑本身有特色的墙面和色彩系统，而在结构外进行见缝插针的奥运景观设计”。[1]形象景观重点装饰在场馆内，保持建筑外观完整性、保持其建筑本身的美感，不宜做景观装饰，成为“鸟巢”形象景观设计的基本理念（图5.40）。

图5.40 国家体育场鸟巢

在景观实施过程中，运用空间设计概念，将平面化的景观物品科学合理的组织到空间当中去，成为环境景观工作的根本任务。国家体育场景观设计以北京奥运会核心图形，体育图标和体现赛事形象图片为元素，以烘托赛事氛围，展示赛事特点，体现北京奥运文化为目标，在遵循北京奥运会竞赛场馆景观统一风格的前提下，有机呈现该场馆的景观个性和特点。

（二）景观设计

根据国际奥运会惯例和通用规范，国家体育场景观分为FOP和SUR两大区

[1] 索贝.“中国色彩”舞动北京奥运[EB/OL].http://news.xinhuanet.com/olympics/2008-09/02/content_9756972.htm，2008-09-02.

域。FOP指场馆内竞赛区；SUR指竞赛区之外的场馆看台、场馆外立面和公共活动区。在不同区域内，根据形象景观的类型设置具体的景观载体和内容。

功能景观系统："根据国家体育场的功能分区和交通流线，功能景观系统重点体现在场馆三级标识系统的应用方面。场馆外公共活动区的大、中型指示牌为场馆一级标识；场馆内看台号、观众分区号、排号、通道指示、服务区指示等中小型指示牌为场馆二级标识；场馆内VIP包厢房门号、座位号、服务设施和其他非比赛区域环境中的小型指示牌为场馆三级标识。场馆三级标识系统指示图标由各项功能指示标识以及色彩、字体、箭头符号组成，指示牌色彩为黄色，形成明晰的标识系统效果，展现功能景观的价值。"[1]

展示景观系统[2]：

（1）鸟巢周边活动区及观众检票口景观。鸟巢周边活动区路径通过设置道旗、指示牌来增强引导性和庆典感。

贵宾车行出入口是景观重点，以礼宾旗、道旗突显视觉引导和仪式感。检票口和围档装饰核心图形和形象元素，形成围合，既强调门区识别，引导观众有序入场，又烘托了赛时的奥运氛围。

（2）集散平台的形象景观。集散平台是观众进入场馆的必经之路和重要的活动场所。左右两侧各有通向二楼的楼梯，根据建筑构件设置挂旗和饰条。利用楼梯侧面和底面用核心图形进行装饰，随楼梯的回折，形成颇为壮观的景观带，丰富了建筑空间的层次。

（3）场馆内部FOP及观众看台部分的景观。FOP竞赛区形象景观，严格按照单项体育赛事的相关规定进行设计。观众看台座椅颜色由红到银逐层渐变，观众通道装饰色彩也亦由红到黄渐变，与场馆座椅颜色和场外道旗色彩相协调。

（4）贵宾车辆入口及贵宾接待区。贵宾车辆入口是重点景观节点。墙面全部由红黄色系的核心图形装饰。地面饰北京奥运会会徽。接待区柱子装饰形象景观，用投影灯在地毯上射出五环标志，使静止的空间呈现动感与光影变幻的效果。

（5）贵宾自动扶梯及贵宾包厢景观。贵宾自动扶梯外立面设置红黄色的形象景观装饰物，贵宾包厢重点在墙面装饰红黄色的形象景观带。室内外色调协调统一，景观富有鲜明的中国特色。

[1][2] 北京奥组委.北京2008奥运会、残奥会形象景观总体规划设计方案[Z]. 2007，21.

文化景观系统："为了提升和丰富国家体育场的文化内涵与空间层次，在场馆人流的主要聚散地设置文化景观物，如官方海报、官方图片、雕塑、临时景观构筑物等，体现'人文奥运'的理念。"[1]

以核心图形"祥云"整合而成的奥运会形象景观在国家体育场中发挥了巨大的作用。一方面，装饰了场馆的环境空间，营造了赛事的热烈气氛；另一方面，注重形象景观与场馆功能的结合，根据前来观赛的人群的不同性质，国家体育场景观设计了贵宾流线、运动员流线、媒体流线和观众流线（图5.41—图5.44）。这四条不同的景观流线充分运用了奥运会视觉元素在图形、色彩上的识别功能，使环境空间形成差异化的特征，引导着不同身份的来宾行进的路线，确保对自己活动空间的识别。不仅起到了装扮赛场空间的作用，更发挥了良好的导向功能。即使不懂中、法、英文的人，也可以通过不同颜色的祥云大门来识别和记忆自己的路线。

贵宾流线以中国红、琉璃黄为主色调，彰显身份的高贵；运动员流线为热身场地和FOP竞赛场地区，统一以青花蓝为主，以便运动员熟悉场地；媒体流线以青花蓝和琉璃黄为主；观众流线以中国红、国槐绿为主色调。各区域标识分明，其中FOP区集中了80%以上的景观。

不同的流线将功能景观、展示景观和文化景观三种不同功能的景观串联起来，使来宾形成了丰富的奥运景观体验。这个视觉丰富、层次鲜明的景观系统，在高清数字转播技术支持下得以充分的呈现，创造了令观众身临其境的现场感。"场馆内，随处可见彩色的祥云和渐变色，就是小小的运动器材上，也绘制了形象景观，比如接力棒、跨栏、篮球等，他们共在1 000多种体育器材上进行了重新设计，而体育器材的总数量有100多万件。"[2]（图5.41—图5.45）

四、赛时非竞赛场馆景观——以主新闻中心为例

"非竞赛场馆指北京奥运会和残奥会期间不承担竞赛和训练任务，但提供赛事相关服务的独立运行场馆。非竞赛场馆包括奥运村（含运动员村和媒体村）、首都机场、国际奥委会与国际残奥会总部饭店、主新闻中心、国际广播中心、安保总部、物流中心、注册中心、赞助商接待中心、青年营、北京奥运大厦、奥林

[1] 北京奥组委.北京2008奥运会、残奥会形象景观总体规划设计方案[Z]. 2007：21-22.

[2] 吴鹏.奥运形象景观处理方案：颁奖台也许会留给场馆[EB/OL].http://it.chinanews.cn/olympic/news/2008/09-02/1367744.shtml，2008-09-02.

图5.41　贵宾流线景观

图5.42　运动员流线景观

图5.43　媒体流线景观

图5.44　观众流线景观

图5.45 国家体育场鸟巢赛时形象景观应用

匹克公园区等14个场馆。（表5.7）”[1]

这些非竞赛场馆中的组织机构和职能部门有着不同的属性特征，因此，在形象景观设计中应加以突出，并以奥运文化和中国文化来营造相宜的氛围和环境。在形象景观设计规划中，主要以“黄、绿”色为景观的主色调，突显“和谐、有序”的氛围。在突出奥运形象景观的同时，根据非竞赛场馆所在地不同场所、环境、风格特点进行针对性的设计，以达到和谐统一的整体效果。

主新闻中心（MPC）与国际广播中心（IBC）是北京奥运会和残奥会的注册文字、摄影记者以及未获转播权的转播机构的工作总部，也是赛时新闻运行指挥中心。主新闻中心（MPC）位于奥林匹克公园中心区，是A级形象景观，本小节将以MPC为例剖析非竞赛场馆的形象景观设计方案。

表5.7　非竞赛场馆列表

区 域	奥运场馆区域内非竞赛场馆	城市区域内非竞赛场馆
场馆名称	（1）主新闻中心（MPC） （2）国际广播中心（IBC) （3）奥林匹克公园区 （4）赞助商展示区 （5）赞助商接待中心 （6）奥运村	（1）奥林匹克大家庭饭店：北京饭店 （2）国际残奥会总部饭店：港澳中心瑞士酒店 （3）北京奥运大厦 （4）服装发放和注册中心 （5）安保指挥中心 （6）物流中心 （7）青年营 （8）首都机场

主新闻中心（MPC）的景观设计，以中国最早的诗歌总集《诗经》的三个篇章 “风、雅、颂”为文化主题，体现中国人文价值观的经典内涵。这三个主题分别设置在MPC的三个楼层，串联起整个MPC的形象景观，形成了浑然一体的主旋律（图5.46—图5.52）。

MPC的建筑结构可分为地下一层和地上两层，每层均有不同的功能分区，新闻发布区、记者工作区、贵宾区、消费区、服务区作为这座建筑中重要的五个区域，分别分布在三个楼层中。每一层都有一个主通道形成一条贯穿空间的轴

[1] 北京奥组委.北京2008奥运会、残奥会形象景观总体规划设计方案[Z]. 2007：23.

图5.46 MPC建筑外部景观
图5.47 首层主服务台
图5.48 MPC主街的风筝景观
图5.49 梅、竹、松厅外的文化景观
图5.50 梅厅内部景观
图5.51 二层主街景观
图5.52 MPC中的景观投影

线，这条轴线成为主要的文化景观展示带。

地下一层景观以“风”为主题，重点体现北京风俗文化，景观以“蓝、绿”为主色调。在主街墙面和大餐厅墙面装饰核心图形等形象元素。并通过设置风筝、风车、京剧脸谱和老北京民居陈设等具有北京民俗特色的景观装饰物，来突出北京的民俗民风。

首层景观以“雅” 为主题，重点体现人文奥运，景观以“黄、绿”为主色调。服务大堂和首层主街构成首层的展示景观和文化景观的主轴，大堂主服务台为形象景观的视觉中心。首层主街通过官方海报、雕塑、多媒体演示等景观元素，突出北京奥运形象景观的特点。柱子和天花垂挂的布幔由奥运会徽和口号等形象景观元素及中国文化符号组成景观装饰。布幔装饰联通主街，形成强烈的视觉引导效果，顺着不同色彩的布幔可以引导人流进入不同功能区域。

餐厅和商业区作为服务大堂的延续，用核心图形、福娃、口号等形象元素作为景观装饰，在空间中延续着视觉的一致性。文字记者、成绩分发、翻译编辑工作区悬挂不同色彩的挂旗，区分不同的工作区。在休息区张贴官方海报，设置中国传统体育的主题雕塑、多媒体演示和花艺表演的景台。

地上二层景观以“颂”为主题，重点体现中国文化，景观以“红、白”为主色调。主街墙面设置具有中国文化特色的官方图片和景观装饰。二层主街滚梯的垂直空间设置悬挂旗和标识系统景观装置。主街两侧的公共空间分别设置书法、篆刻、古筝演示的景台。

五个新闻发布厅分别以“梅、兰、竹、菊、松”命名，并在新闻发布厅门区陈设梅、兰、竹、菊、松盆景，既形象生动地点明主题，又于中国的插花艺术中体现了中国文化的内在韵致。新闻发布厅的景观均以“红、白”为主色调，以“五环”、北京奥运会会徽、核心图形为形象景观元素，重点突出北京奥运的官方形象。其中背景板和新闻发言台围档是景观的重点。在五个新闻发布厅中，主新闻发布厅在赛时每天都举行的IOC发布会向全球转播，主厅的BOB转播机位台景观是形象展示重点。新闻发布厅门区设置新闻发布栏。

主新闻中心MPC作为非竞赛场馆的典型，它区别于竞赛场馆充满激情的竞技氛围，将景观营造的重点放在了中国文化氛围的塑造上，于稳重、宁静和内敛之中，体现了中国文化的内在意境和审美取向。这种全方位的形象景观的浸透，使置身其中的各国媒体工作者深深地感受到东方文化的魅力。

五、赛时城市形象景观

奥运会赛时的北京城市形象景观作为形象景观系统中不可缺少的一个重要部分，与奥运会场馆形象景观共同构成了北京奥运会形象景观的整体。按照奥运会的规则和惯例，奥运会城市形象景观的目标就是“在保护城市文化遗产的基础上，建设和展示有个性、有特色的城市，让奥运赛时景观与城市文化特色和谐共处。”[1]对于北京城市形象景观来说，通过奥运元素与北京传统文化特色的结合，来体现北京古老文明与现代文明融合的精神风貌就是北京奥运会城市形象景观的目标。对这一目标的规划、设计和实施，是奥组委形象景观部门与北京市“2008”环境建设指挥部合作完成的。

奥运会场馆形象景观与北京城市形象景观的空间划分以奥组委划定的安保线为界，“安保线以内的景观设计与建设由奥组委负责组织实施，安保线以外的景观设计与建设在市政府领导下，由市‘2008’环境建设指挥部负责。”[2]但对于观众来说，穿行在场馆与城市环境之间，空间流线是连贯畅通的，这要求形象景观在视觉流线上要保持贯通一致的整体性。既要考虑到奥运会形象元素与城市建筑、空间风格的协调，又要与场馆景观保持和谐关系。因此，在景观规划、景观元素与景观物品的配置上也必须保持统一。

要使由两个机构分别完成的形象景观工作，获得整体一致的效果，没有有效的合作与协商机制是难以实现的。这一机制，既保证了城市形象景观在奥组委形象景观的整体框架下获得落实，也为在城市形象景观中有机的融入北京地域与文化特色预留了弹性空间。

北京奥组委形象景观部门专门制定了北京城市形象景观规划方案，就城市形象景观的总体布局、景观结构、主次关系以及应用设计等给出指导性建议。其中，根据北京奥运会的竞赛场馆以及非竞赛场馆和训练场馆主要分布在城市东、西、北部区域，呈扇状布局的特点，规划出以场馆为核心向场馆周边城市空间辐射的形象景观布局。这一思路尤其在城市的功能景观和形象景观中得以充分的实现。通过一致的奥运元素，在复杂而多样的城市空间中的贯穿，形成一定面积的重点区域，既为烘托重中之重的场馆景观做视觉的铺垫，也引导观众进入场馆做视觉的导向。“北京城市景观中仅奥运会景观旗就达7.5万多面，在城市735平方公

[1] 曾辉.北京奥运会形象景观的设计规划、设计管理与运行模式解析[A]. 北京奥组委文化活动部.用瑰丽的中国文化感动世界[C]. 北京：当代中国出版社，2009：241.

[2] 廖雁.北京奥运城市环境景观明年上半年开装[EB/OL].http://city.finance.sina.com.cn/city/2007-09-13/90658.html，2007-09-13.

图5.53　《北京奥运会、残奥会城市景观设计指南》

图5.54　奥运大厦

图5.55—图5.56　北京城市街头的奥运景观

图5.57　北京东方广场建筑上的奥运景观

图5.58　北京城市街头的奥运景观

图5.59—图5.60　青岛城市建筑上巨幅奥运宣传画

图5.61—图5.63　香港奥运城市景观

里的面积中实施了各种景观。”[1]

其次，在奥组委形象景观整体规划中的三级景观分级和三种景观类型等层级分明、整合多种类型景观的多维度形象景观展示的规划思路也都在北京城市形象景观系统中得以贯彻。

城市形象景观所面向的诉求对象是在奥运会期间来参赛的运动员、官员、记者人群、国内外观光旅游人群以及北京市民人群。这些不同的诉求对象在城市空间中有着不同的参观路径，尽管不能根据他们的路径去一一设计流线中的景观，但在一般的路径中往往都会涉及功能景观、展示景观和人文景观三类景观系统。它们营造奥运氛围、导示交通分流、展现文化景观，与不同人群的游览路线串联起来，形成多维度的形象景观体验。

作为城市形象景观负责机构的北京市“2008”环境建设指挥部，在以上奥组委的规划框架内，以北京市委、市政府审议通过的《奥运城市环境景观规划》（后文简称《规划》）作为形象景观建设与实施的蓝本，组织各区县“2008”环境建设指挥部具体实施城市形象景观。

在城市形象景观的落实中，为确保奥运元素的正确使用，实现与场馆形象景观在整体上的一致性，北京奥组委形象景观处将包括会徽在内的北京奥运会形象景观元素以及相应的使用标准、规范和示例，通过制定《城市形象景观设计指南》的形式，为城市形象景观的具体操作提供指导。同时，奥组委形象景观处还针对涉及奥运元素的具体形象景观设计方案进行咨询、指导、审核与监督落实。以《北京奥运会、残奥会形象景观工具包（KOP）》和《北京奥运会、残奥会城市景观设计指南》为依据，统一对城市景观的深化设计进行审核。而北京市“2008”环境建设指挥部也通过设立奥运城市环境景观建设专家组的形式，对各区县的规划设计方案进行审核，对规划的实施进行控制（图5.53）。在两方合作协商的机制下，奥运会的城市景观与场馆景观既保持了高度的一致性，又充分发挥了北京城市空间中特有的文化资源，形成了奥运景观与城市人文景观和谐交融的有机整体（图5.54—图5.57）。

六、 京外城市景观

北京奥运会的竞赛场地除北京外，还包括上海、天津、沈阳、秦皇岛、青岛和香港在内的6个京外协办城市。按照形象景观的统一性原则，在协办城市景观

[1] 曾辉.北京奥运会形象景观的设计规划、设计管理与运行模式解析[A]. 北京奥组委文化活动部.用瑰丽的中国文化感动世界[C]. 北京：当代中国出版社，2009：241.

与北京城市形象景观之间保持和谐一致的关系，具有重要的作用与意义。

北京奥组委文化活动部形象景观处通过制定京外场馆与京外城市形象景观实施策略，对6个协办城市的场馆景观与城市景观的设计规划、设计与实施进行宏观的控制。“建立和健全与京外奥运城市统筹协调机制。形象景观在统一风格前提下，适度体现京外奥运项目举办城市的特色，形成和谐多样、统一而富有个性的奥运形象景观。京外奥运项目举办城市的形象景观的通用模板由奥组委文化活动部提供，深化设计、特殊景观设计、产品制作、安装、维护、拆除均由当地相关奥运部门主责。”[1] 北京奥组委对相关的深化设计，依据《北京奥运会、残奥会形象景观工具包（KOP）》和《北京奥运会、残奥会城市景观设计指南》进行统一审核。在“适度体现京外奥运项目举办城市地域特点和赛事的特色”的景观思路下，给出不超过20%的原则性量化比例控制，作为协办城市文化景观渗透的弹性空间中，从而保证在形象景观统一风格前提下，呈现出一定特色的奥运城市景观，如香港城市景观画面中采取了中环、青马大桥等代表香港城市特色的场景，与统一性的形象景观相融合。”[2]同时，通过系统培训，将奥运会形象景观的相关知识与经验传授给协办城市，在具体的工作中通过沟通与协商来实现对形象景观工作的指导、管理与监控（图5.58—图5.63）。

七、赛事相关设计系统

赛事相关设计系统涉及诸多领域，载体形式多样，跨越多种空间维度，是形象景观元素在众多载体上的充分延伸。它们延续了形象景观的统一规范，同时也结合不同的载体进行了创造性的发挥。根据赛事活动的类型以及载体的特征，这一部分的设计被分为以下八种类别（表5.8）。

表5.8　赛事相关设计系统一览表

颁奖仪式相关景观物品
颁奖仪式是奥运会赛事最重要的一个辉煌时刻的呈现，其形象景观的物品在遵循国际奥运的规范前提下，突显中国文化和民族风格。用象征北京奥运的红、白色或象征中国的“红、黄”色为主，以核心图形，标志五环、奥运会徽、北京2008等形象元素，营造热烈、喜庆、大气、神圣、庄重的颁奖环境和氛围。金玉合璧的奖牌、水印技术和绢绫装裱的证书、中国花艺的花束、代表中国丝绸文化的丝巾以及漆器托盘等，用中国文化的语汇和现代的设计方式，增加其纪念意义和收藏的价值。

[1] 北京奥组委．北京2008奥运会、残奥会形象景观总体规划设计方案[Z].2007：44.

[2] 曾辉.北京奥运会形象景观的设计规划、设计管理与运行模式解析[A]．北京奥组委文化活动部.用瑰丽的中国文化感动世界[C]．北京：当代中国出版社，2009：241.

续表

颁奖仪式相关景观物品	
景观载体	颁奖台、背景板、地毯、奖牌、获奖证书、鲜花、丝巾、托盘、颁奖仪式服装

火炬接力形象景观	
火炬接力是奥运会一项自成规范和体系的重要活动，历时时间长，覆盖空间广，影响力巨大。其形象景观在遵循国际奥运规范要求的前提下，突出“北京奥运”的形象和中国文化的特色，并以现代的设计方式和手段予以完美体现。	
景观载体	火炬接力服装、圣火盆、火种罐、火炬手服装、火炬接力专用车、飞机、专用网站等。

续表

奥运会赛时用品景观	
奥运会制服和注册卡、证件及门票等是确保奥运会正常运行，提供各种服务的必备条件，这些用品的设计以奥运会形象为主，突出职能特点。	
景观载体	志愿者、技术官员和工作人员的服装、安保、记者服装以及注册卡、证件和门票

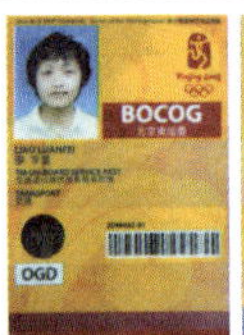

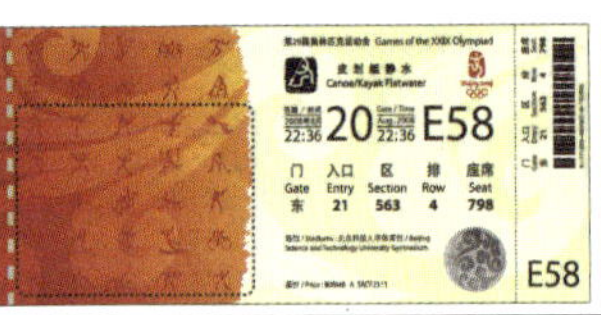

印刷出版相关物品形象景观	
奥运地图、秩序册、赛事指南等是奥运会赛时期间免费提供观众和游人的读物，体现出北京奥运人性化的服务和人文奥运的理念。以核心图形和黄、绿色调为主，内文可穿插北京地方特色和中国人文景观的内容，图文并茂，融阅读、观赏、实用为一体。	
景观载体	奥运地图、秩序册、赛事指南。

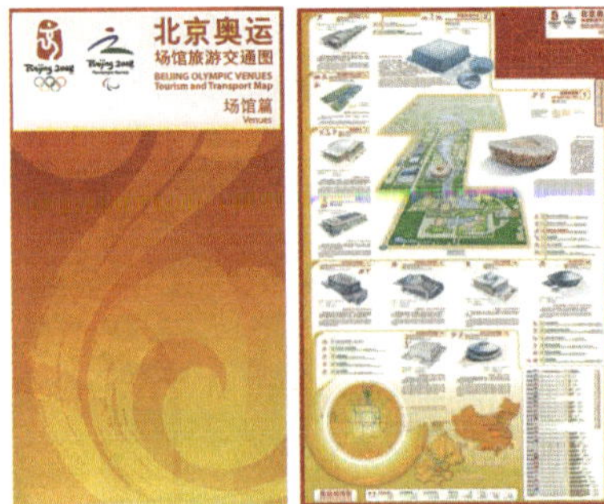

续表

交通用品相关景观

车体景观设计以核心图形和“五环”标志、奥运会、残奥会会徽、“2008北京”等形象元素组合，装饰车体的适宜部位，形成奥运、残奥专用车的景观特点，便于识别又丰富了城市和场馆区域的形象景观。

景观载体	公共交通用车、记者用车、礼宾用车等车体。

互联网、电视转播相关形象景观

互联网和电视作为奥运会的重要传播媒体，其形象景观既突出北京奥运会的主体形象识别，又注重中国文化的体现。从技术要求和传播效果上保持与BOB（北京奥运电视转播机构的英文缩写，即Beijing Olympic Broadcasting Co.）的密切合作，确保其质量和水准。

景观载体	网站界面、电视转播屏幕界面。

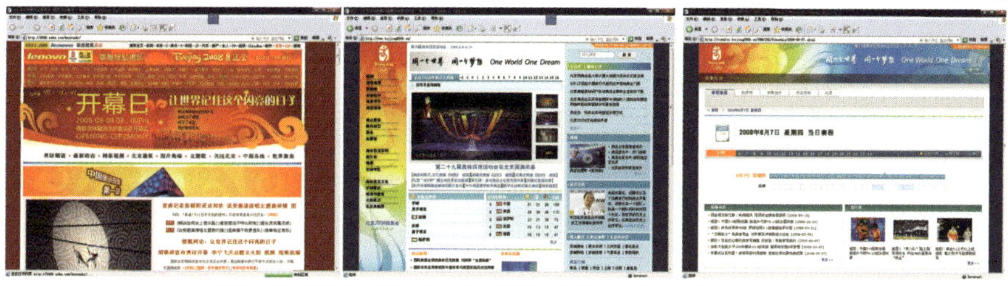

赞助商、合同商相关形象景观

按照国际奥运会的惯例和要求，赞助商、合作商的相关景观，以北京奥运会形象景观设计指南为准，进行统一而规范的设计。

景观载体	多样

仪式庆典、文化活动相关景观	
奥运会赛前和赛时期间举办的各种规格不同的会议和相关的文化活动，都在奥运形象景观元素基础上，突出中国文化、民族风格和北京特点。	
景观载体	多样

八、标识系统

当来自世界各地的人们齐聚北京，参与盛况空前的北京奥运会时，如何在这个陌生的城市空间中，快速有效的识别并寻找到自己要去的场馆或是宾馆，如何在纷杂的城市中循着特定的视觉符号，按照视觉提示的路径找到自己的方向，正是奥运会标识系统规划设计所要达成的目标。作为奥运会举办城市为来宾提供的必要的基础服务信息和公共设施，它是奥运会形象景观不可缺少的重要组成部分。科学规范、系统有序、层次分明的标识系统，对成功举办一届有特色、高水平的奥运会起到关键作用。

北京奥运会标识系统的规划和设计包括标识元素系统、标识应用系统、标识系统的分级模式与空间分层模式、赛时主要交通流线的标识系统设置原则以及具体的实施方法。它的规划和设计任务实质是要在北京城市空间中，建立起国际通用的公共信息图标与本届奥运会特定的场馆信息、比赛信息、特定区域、场所等之间的关联性，以便人们在没有语言帮助的情况下，也能够顺利地到达目的地。因此，这个系统规划设计的基础是整理汇总出必要和必需的标识符号作为元素系统，通过模板对其加以规范。然后在对城市空间、奥运会特定区域和场所的属性特征、不同人群的类型以及行进路径的充分解析下，对城市空间的流线进行梳理，并针对主要流线中的重要节点分层次、有重点的设置标识设施和信息。

北京奥运会标识系统的基础元素，由35个体育图标、25个国家强制使用的交通安全和消防应急标识、191个奥运会各项功能指示标识以及色彩、字体、箭头符号等视觉信息元素构成。按照北京奥运会赛时的功能需求，指示图标分为14个类别：交通运输、物流服务、无障碍、医疗设施、比赛场地服务、非比赛场地服

表5.9 各类信息元素表

类别	信息元素
交通工具	
应急服务	119 SOS
无障碍	
物流服务	
特许经营	
医疗服务	FIRST AID
比赛场地服务	NEWS DISC WRITING RELIGION ATM BANK TV RATE CARD PUSH 推 PULL 拉 @ MUSEUM GAME
便捷服务	NOC NPC POWER
消耗物品	
信息代码	UAC IBC MMC MPC PFH OFH OF PF STAFF ACR RED ZONE BLUE ZONE WHITE ZONE MIX ZONE 2 8 10
公共饮食	FOOD & DRINK
方向指示	
公共规定	
注册群体媒体服务	IPC WRITTEN PRESS MEDIA MEDIA MEDIA

务、便捷服务、公共规定、公共饮食、应急服务、注册群体（媒体服务）、消耗物品、特许经营、方向指示（表5.9）。

标识元素系统的应用模板是指示图标应用组合形式的规范，它规范了场馆内外的大、中、小型指示牌尺度比例关系，并根据奥运会期间跨文化信息传达的需求分为中、英双语和中、英、法多语两大类指示牌。

北京奥运会标识系统的应用包括以下5个子系统：奥运会场馆标识系统、奥运会城市标识系统、奥运会地图系统、奥运会具有标识功能的景观装置系统、奥运会志愿者引导系统。

由于北京奥运会场馆区和城市空间场景浑然一体，加之空间的复杂性，场馆标识系统和城市标识系统在流线上是串联的关系，需要加强二者之间的无缝对接。同时，场馆三级标识系统要根据人群的行为和认知特征，重点考虑由外而内、循序渐进的设置原则，距离场馆区越远的地点标识系统越概括，距离场馆区越近的地点标识系统越细化，从大区域目的地、场馆目的地再到空间节点目的地，由远及近、由大到小、由粗到细、由疏到密形成标识系统的递进模式。场馆标识系统和城市标识系统各自又分为三级标识（表5.10、表5.11）。

表5.10　场馆标识系统的三级模式

场馆一级标识	用于指示安保线内、场馆建筑外的道路、出入口门区、临建服务设施和其他公共区域环境中的大、中型标识物，适宜中、近距离识别和步行识别。
场馆二级标识	指场馆内楼层号或观众分区号、排号、通道指示、服务区指示等中小型标识物，适宜中、近距离识别和步行识别。
场馆三级标识	指场馆内包厢房门号、座位号、服务设施和其他非比赛区域环境中的小型标识物，适宜近距离识别和慢速步行识别。

表5.11　城市标识系统的三级模式

城市一级标识	用于指示竞赛场馆、非竞赛场馆、训练场馆区位及主要城市交通干道、奥运文化活动广场和其他较大公共区域环境中的大型标识物，适宜远距离识别和车行快速识别。
城市二级标识	用于指示城市公共空间、交通道路、较大型服务设施和商业、旅游区域环境中的大中型标识物，适宜中、远距离识别和车行慢速识别与快速步行识别。
城市三级标识	用于指示场馆安保线外的周边道路、安检口门区、服务设施的中型标识物，适宜中、近距离识别和步行识别。

奥运会地图系统上的标识符号与环境中的标识符号相统一，应用于重点区域的指示牌上。便于人们在地图上与实际空间之间建立一一对应的关联。

在标识系统的设计规划中，考虑到人群在某一特定空间中观看获取信息时，由于观看的位置、角度、距离以及速度的不同，对标识设置的尺度、位置和样式也有着不同的要求（图5.64– 图5.67）。

标识系统在具体的实施操作上，充分利用城市原有的标识系统资源，通过在城市交通和公共设施标识系统的指示牌上加装奥运专用的标识及设施的方式，如奥运会咨询服务台、多媒体显示屏、接机通道标识、奥运会专用地图等。既节省了实施费用，又不影响城市正常的标识系统（图5.68）。同时，在奥运会标识系统中，通过将各种人群的色彩识别模块化，在证件、出入口门区、专用通道、人流线路指示等方面进行色彩划分和引导，从而实现快速识别的功能。

另外，通过在空间中设置具有标识功能的景观装置系统，将标识物与景观一体化，有助于形成完善的、整体的奥运会景观系统。景观道具和景观构筑物都具有空间引导与视觉诱导效果。标识物可与城市街道家具等景观设施与装置形成一体化、多功能的形态，为公众提供多样化、人性化、趣味化的标识识别方式。

安排奥运会志愿者作为奥运标识系统的补充，不仅起着重要的指示引导咨询服务作用，而且具有动态、人性化的服务体验。

九、赞助商景观应用

（一）赞助商景观

奥运会市场开发是一项关系到奥运会能否成功举办的重要工作，对于中国企业来说，北京奥运会为其走向世界一展身手提供了有效途径，在与世界连接中，开阔视野、积累经验、增强实力；对于国际企业来说，北京奥运会为其加强与中国的联系，拓展新的市场空间，创造良好的机遇。早在中国申办奥运会期间北京奥申委做过的一次调查表明，94.6%的中国人支持北京申办奥运会。对赞助企业来讲，占世界人口1/5的民众的支持和热情意味着极其广阔的市场空间。

对北京奥运会的赞助包括国际和国内两个方面：国际奥委会第六期全球合作伙伴计划在国际范围内对整个奥林匹克运动提供支持，包括支持北京奥运会。北京2008年奥运会赞助计划在主办国范围内对举办2008年奥运会提供支持。它包括北京2008年奥运会合作伙伴、北京2008年奥运会赞助商、北京2008年奥运会供应商（独家供应商、供应商）三个层次（表5.12）。

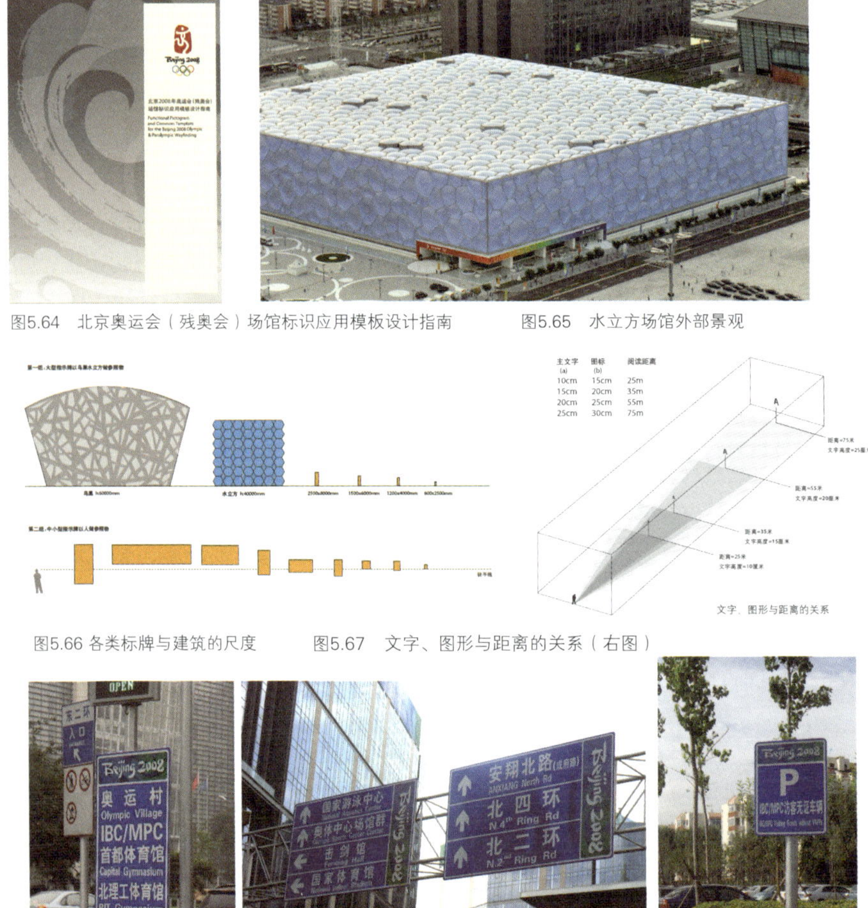

图5.64　北京奥运会（残奥会）场馆标识应用模板设计指南　　图5.65　水立方场馆外部景观

图5.66 各类标牌与建筑的尺度　　图5.67　文字、图形与距离的关系（右图）

图5.68　场馆区附近的城市路牌

一方面，各级赞助商通过在技术、产品和服务等方面的赞助，支持北京奥组委、中国奥委会和中国奥运代表团，为奥林匹克运动在全国的发展作出贡献。另一方面，作为回报，赞助企业将享有北京奥组委给予的相应权益，其中就包括“使用北京奥组委和/或中国奥委会的徽记和称谓进行广告和市场营销活动；享有特定产品/服务类别的排他权利；获得奥运会的接待权益，包括奥运会期间的住宿、证件、开闭幕式及比赛门票，使用赞助商接待中心等；享有奥运会期间电视广告及户外广告的优先购买权；享有赞助文化活动及火炬接力等主题活动的优先选择权；参加北京奥组委组织的赞助商研讨考察活动；北京奥组委实施赞助商识别计划和鸣谢活动；北京奥组委实施防范隐性市场计划，保护赞助商权益。根据对奥林匹克运动和北京奥运会贡献价值不同，合作伙伴、赞助商和供应商享有不同的权益回报。”[1]

由此可见，在奥运会期间赞助商的一切商业行为，及其商业行为所涉及的形象展示，都将成为奥运会形象景观的重要载体，与北京奥组委有着密不可分的关系。能否全面贯彻奥组委在形象景观设计系统上的一致性，在很大程度上影响着奥组委的形象以及本届奥运会形象景观的整体性。因此，奥组委有必要通过协商与监督的方式，对赞助商的设计工作进行掌握并加以调控，使其在产品生成和营销活动中与奥运会形象景观的整体保持一致的步调。

对于北京奥运会形象景观来说，首先需要通过统一规范的设计形式建立起赞助商与本届奥运会的关系，并有效地区分它们的层级关系。依据赞助商对奥林匹克运动和北京奥运会贡献的价值不同，在设计中逐级调整赞助商标志与奥运五环、北京奥运会会徽以及赞助类别的名称字体的位置、字体大小，依据级别由大到小的顺序逐渐减弱视觉的强度，从而突显上一级赞助商的优越性。

“国际奥委会全球合作伙伴”采用赞助商标志与奥运五环左右或上下并置的方式排列，赞助称谓“WORLDWIDE PARTNER”横向贯穿左右；“北京2008年奥运会合作伙伴” 采用赞助商标志与北京奥运会会徽左右并置的方式排列，赞助称谓横向贯穿左右；“北京2008年奥运会赞助商” 采用赞助商标志与北京奥运会会徽左右并置的方式排列，赞助称谓列于赞助商标志一侧的下方；“北京2008年奥运会供应商”只在会徽下方加注赞助称谓，字体大小明显小于前一级赞助商，视觉的强度明显减弱（图5.69）。

通过制定赞助商标志与奥运会形象元素之间构成关系的标准，北京奥组委将赞助商在奥运营销活动中形象呈现的样式纳入形象景观的整体规划中，使其在市场开发的宣传中获得了与奥运会形象系统一致的面貌，从而保证了形象景观的整体性（图5.70 — 图5.72）。

除此之外，赞助商围绕奥运所展开的营销活动是多种多样的，奥组委不宜全面承包赞助商的设计工作，而是通过制定《赞助商形象景观设计指南》为赞助商

[1] 北京2008年奥运会市场开发计划启动书[EB/OL]. http://www.beijing2008.cn/bocog/sponsors/n214073540.shtml.

提供形象景观的标准化文件，使企业在遵守设计规范的情况下，拥有自主设计的灵活性。同时，赞助商在具体的设计中，涉及使用北京奥运会形象景观的形象符号时，必须将设计样稿同时提交市场部和形象景观部门，由形象景观部门提出修改建议并负责设计的最终审核。

表5.12　2008年北京奥运会赞助商一览表[1]

赞助商类型	赞助商名称
国际奥委会全球合作伙伴(第六期TOP赞助商)	联想、可口可乐、柯达、欧米茄、源讯、宏利人寿、三星、通用、麦当劳、松下电器、强生和VISA，共12家。
2008年北京奥运会合作伙伴	大众汽车(中国)、中国银行、中国移动、中国网通、中国国航、中国石油、中国石化、国家电网、强生、阿迪达斯、中国人保财险，共11家。
2008年北京奥运会赞助商	UPS、伊利、海尔、青岛啤酒、燕京啤酒、百威啤酒、恒源祥、必和必拓、统一方便面和搜狐，共10家。
2008年北京奥运会独家供应商	长城葡萄酒(葡萄酒)、金龙鱼(食用油)、歌华特玛捷服务(门票)、梦娜(袜类)、贝发文具(文具)、华帝(燃气具)、亚都(加湿器)、士力架(巧克力)、千喜鹤(冷鲜猪肉及猪肉制品)、思念(速冻包馅食品)、泰诺健(健身器材)、皇朝家私(生活家具)、思泰博(办公家具)、亚立克(临时电力和温度控制)、Schenker(货运代理及清关服务)，共15家。
2008年北京奥运会供应商	泰山(体育器材)、英孚(语言培训服务)、爱国者理想飞扬(语言培训服务)、水晶石科技(图像设计服务)、元培翻译(笔译和口译服务)、奥康(皮具)、立白(洗涤用品)、普华永道(会计服务)、大运(摩托车)、首都信息(多语言服务)、优派克(印刷服务)、微软中国(系统软件)、国誉(办公室空间设计服务)、新奥特(电子中文翻译服务)、盟多(篮球、手球场地及田径跑道)，共15家。

图5.69　国际奥委会全球合作伙伴与各级北京奥运会赞助商的标志使用方式

[1] 根据http://china.huanqiu.com/roll/2008-08/180977.html整理列表。

（二）特许生产和经营商的产品开发

“奥运会特许经营是指奥组委授权合格企业生产或销售带有奥组委标志、吉祥物等奥林匹克知识产权的产品。为享有这一权利，特许企业将向奥组委交纳一定的特许权费，以此对奥运会做出贡献。奥运会特许计划旨在推广奥林匹克理念和奥运品牌，为公众提供接触奥运的机会，激发奥运热情。历届传统的特许产品有纪念章、T-恤衫、棒球帽等具有庆祝和纪念意义的产品。如今的特许经营计划已发展成为一个完整的设计统一、品种丰富、品质优秀的商品计划，更好地宣传和推广奥运会的整体形象。”[1]

北京奥运会特许生产和经营商的产品开发是以北京奥运会形象元素为基础而展开的奥运衍生产品的设计与开发。每一件特许商品都配有一枚防伪标签，用以保障其知识产权的唯一性。特许商品被规定在北京奥组委授权的特许商品零售店内进行销售，这些零售店的店面形象是经过奥组委形象景观规划和设计的，具有统一的面貌，便于识别（图5.73）。

图5.70 阿迪达斯在王府井的户外广告

图5.71 UPS在地铁内的广告

图5.72 赛时赞助商指南

图5.73 北京奥运会特许商品旗舰店

[1] 北京2008年奥运会市场开发计划启动书[EB/OL]. http://www.beijing2008.cn/bocog/sponsors/n214073540.shtml.

图5.74　在奥运场馆和媒体村内的可口可乐

从2005年11月“北京2008年奥运会特许商品计划”正式启动到2008年奥运会闭幕，共有包括胸章纪念章类、服装服饰及配饰、玩具、文具、工艺品、珠宝首饰、日用品、音像制品及出版物、体育用品、食品等在内的衍生产品约8000种被陆续推向市场。为了规范特许经营企业的产品开发行为，北京奥组委市场部于2007年设计推出了《北京2008年奥运会、残奥 会特许商品设计指南》《北京2008年奥运会、残奥会特许商品包装设计及应用指南》等工具书，针对18大类几十个分类的奥运特许商品的设计开发与包装，进行了系统的规范与指导，建立了奥运会特许商品的包装设计系统，使特许企业在北京奥运会形象元素的运用方面，能够符合规范，从而使形象景观获得整体一致的系统性面貌。同时，在北京奥组委的市场部设置专家，从市场、工艺、规范、创意设计等方面对特许企业的设计开发进行审批、指导和监控。然而，不无遗憾的是，在这些设计指南推出之前，由于设计权在企业手里，奥组委又没有适宜的监管方式，因此，早期开发出来的奥运产品在形象元素的运用上与北京奥运会形象景观的整体性上是有较大差距的。

相比之下，2004年雅典奥运会形象景观的设计管理方式是值得我们借鉴的。雅典从会徽设计确定之后，就明确了以会徽的设计者西奥多拉・玛萨利斯为雅典奥运会形象景观设计经理，并以她为核心组建起一支优秀的设计团队，进行形象景观的整体设计开发与管理工作，这支团队同时也是雅典奥运会的特许设计团队。团队其中的一个工作内容就是对奥运衍生产品进行设计开发，由他们开发出的产品设计方案经由生产企业购买后投入生产，企业仅具备生产和销售的权利，而不具备设计的权利。这样，雅典将设计权控制在一个可操控的范围内，由于同一个设计团队在设计理念和设计风格以及对形象景观系统的整体把控上具有一贯性，加之排他的奥运产品开发设计权，使雅典奥运会在形象景观的系统性和统一性上获得了成功，这是雅典在设计管理方面的成功经验。

北京奥运会在特许商品的设计开发上，把设计权下放给了特许企业，首先失去了控制设计风格、设计质量的主动权。其次，企业为收回成本、获得收益，必然进行快速、大规模的产品开发。从速度、数量和规模上来说，如果没有一个科学合理的设计管理方法，北京奥组委市场部很难保障形象景观在产品设计与开发上的一致性。然而，北京奥组委对奥运特许商品在设计开发工作的关注上是滞后的，从2005年11月“北京2008年奥运会特许商品计划”正式启动到2007年一系列设计指南的出台，近2年的时间里，特许商品在设计指导和监管上都存在空缺，也是导致一些特许商品在设计风格上不统一的原因之一，显示出北京奥组委在设计管理上的不足。再次，由于中国在知识产权保护方面的监管力度不足，市场上还是出现了许多非授权企业所生产的带有奥运形象元素的盗版产品，这些产品在质量水平上不可控，在设计的风格上也不符合形象景观的应用规范，在一定程度上干扰了北京奥运会形象景观的整体效果。

第四节　北京奥运会形象景观的系统机制

萨马兰奇说过：“一所花费几千万盖起来的崭新的体育馆，只有加入奥运会形象景观，才能作为一个奥运会场馆整体完成。”由此可见，奥运会的形象景观才是奥运场馆的点睛之笔。因此，国际奥委会一直努力创造对于观众、运动员来说，连贯的、具有一致识别力的奥运会视觉形象。然而，对于任何一个举办国来说，塑造成功的奥运会形象景观无疑是一项复杂的系统工程，这个系统涉及的环节众多、项目众多、结构复杂、参与人员与组织众多、迁延时间更长达6年之久等越来越复杂的因素，构成了奥运会形象景观系统的复杂性特征，也使得对这一设计系统的管理成为必要且迫切的要求。

“设计管理即界定设计问题，寻找合适设计师，整合、协调或沟通设计所需的资源，运用计划、组织、监督及控制，寻求最合适的解决方法，并通过对设计战略、策略与设计活动的管理，在既定的预算内及时有效地解决问题，实现预定目标。”[1]

对奥运会形象景观的设计管理，是以保障形象景观工作的有效运转和顺利实施，从而实现《总规》所设定的总体目标为根本的。它通过战略层面的策略规划，战术层面的设计开发与组织，操作层面的设计执行、协调与审核三个层面来

[1] 凌继尧，等.艺术设计十五讲[M].北京：北京大学出版社，2006：273.

实施。在实施设计管理的过程中，北京奥运会形象景观形成了独特的工作模式，其中一系列的运行机制是设计管理实施的保障，也是设计管理的工作成果。从宏观的战略战术到微观的项目执行，三个不同的层面在相互协调与配合中，整合为一个有力的形象诉求——和谐。

一、北京奥运会形象景观的系统目标

“依循国际奥运的相关规则和惯例，体现奥林匹克精神和北京奥运‘绿色、科技、人文’三大理念，以奥运形象元素和景观应用系统构建北京2008年奥运会、残奥会的形象景观体系，营造热烈、欢快、和谐的奥运氛围，实现举办一届‘有特色、高水平’的奥运会，达到展示‘国家形象’的总体目标。”[1]，《总规》中对北京奥运会形象景观设定的总体目标就是整个系统的目标，它从战略层面对奥运会形象景观要传达的内容和要达成的传播目标进行了设定。这一目标的明确，成为形象景观工作的指导方针，相关环节的工作都必须紧密围绕它有效地、相互协调地开展，从而保证整体目标的实现。确保整个系统工程在同一个理念下展开。

而“人文、和谐、共享”“彰显人文奥运的核心理念，弘扬和平、和谐、发展的人类理想，创造全球共享的奥运盛典。以祥云为核心图形，创构北京奥运‘祥云瑞彩、共享和谐’的景观意境。”[2]这一总体规划理念，为形象景观系统明确了整体基调，为形成以祥云为核心元素贯穿一致的形象景观整体面貌设定了宏观的框架。

二、北京奥运会形象景观的工作目标

在系统总体目标与理念的指导下，形象景观的设计管理通过明确设计系统的主要工作目标、确认工作部门的工作内容和职责范围开始，并通过一系列的系统运行机制来实施对形象景观的系统与项目管理，从而保障北京奥运会形象景观总体目标的实现。

形象景观设计系统的工作目标，首先要满足北京奥运会竞赛和电视转播对形象景观的实际需求；其次，要在场馆与城市空间中，营造“北京2008”和“奥林匹克”的品牌形象，增强奥运盛会的气氛和比赛现场的竞技气氛，给运动员营造良好的比赛环境；再次，要通过形象景观元素在城市与场馆空间中的引导，使来

[1] 北京奥组委.北京2008奥运会、残奥会形象景观总体规划设计方案[Z]．2007：3-5

[2] 北京奥组委.北京2008奥运会、残奥会形象景观总体规划设计方案[Z]．2007：5.

参加北京奥运会的各界人士顺畅地到达目的地。

北京奥组委文化活动部的形象景观处，是北京奥运会形象景观系统工程的负责部门。它的主要工作内容是规划、设计和实施奥运会、残奥会场馆形象景观，规划、协调与指导城市形象景观的实施，包括京外场馆与城市景观；为奥组委内部的形象宣传与各种活动的开展提供形象设计与咨询服务。具体的工作职责包括：规划管理、设计支持、设计咨询、设计审核、景观实施、质量监控。

规划管理——负责形象景观战略计划、运行计划等各项规划的制定，负责形象景观处整体工作的协调与推进。设计支持——为奥运会和残奥会提供设计服务。包括形象景观的元素开发、各种设计指南的制定和审批程序、奥运会、残奥会形象景观工具包（KOP）的开发、场馆景观应用设计、奥运会赛事相关应用设计、城市景观与赞助商形象应用指南的开发、出版物形象和电视、互联网形象设计应用等。设计咨询——对那些在生产和宣传中需要应用到奥运会形象景观的相关机构或部门，提供形象景观设计的咨询与指导，避免不规范的应用影响奥运会的一致形象，特别是组委会各职能部门以及赞助商的咨询。设计审核——负责组委会内部、外部所有涉及形象景观元素的设计项目的审核。景观实施——包括景观经理、运行经理、产品经理和成本经理，负责奥运会景观开发应用、景观设计管理、景观应用安装、指示系统规划、体育器材景观应用以及测试赛景观等。质量监控——负责形象景观应用的艺术效果与工艺质量的监理。通过建立设计管理机制、制定各种使用指南、明确设计规范等方式，为应用奥运会形象景观元素的机构和部门提供设计审核服务，加强对奥运会形象应用的质量监控。

在奥运会形象景观系统运行的过程中，对于设计目标、设计过程、设计实施与质量监控的整个形象景观系统全部过程与环节的管理，是保障系统有效运转、达成系统目标的重要因素。北京奥运会形象景观在实践中形成了一系列的设计管理机制，有效保障了形象景观工作在各个环节之间的相互协调、配合与顺利衔接，保障了形象景观在众多载体上呈现出一致性，保障了形象景观系统的整体和谐。作为中国首个如此大型的形象景观系统案例，北京奥运会形象景观在系统运作与管理方面的成果，将为中国日益发展的大型国际文化交流活动的形象景观设计提供可资借鉴的经验。

三、开放的系统开发与组织机制

对于奥运会形象景观的设计开发来说，充分调动各方设计力量来参与奥运会的设计工作，并在组织的形式上使设计师的设计能力得以充分发挥，通过设计管理创造良好的设计环境，使设计资源得以最大化利用是达成系统目标的根本。每一届奥运会都会根据举办国的具体情况来组织和落实形象景观的工作，在组织模式上各国有着各自的方式方法。北京奥运会形象景观工作根据不同阶段下不同的设计内容和工作特点，采取了不同的组织模式。

（一）形象开发阶段——广泛参与，专家深化

在前期形象元素的开发阶段，组委会按国际惯例通过在国际范围内举办设计大赛以及定向征集的组织方式，推进设计工作的进程。先后举办了会徽设计大赛、吉祥物设计大赛、核心图形设计招标等活动。尽可能地吸纳最优秀的设计师、设计组织参与到奥运会的设计中，并组织国内外设计专家和国际奥委会的形象景观专家进行评选。这样的工作模式，在设计开发的前期阶段有利于发挥最广泛的设计力量参与奥运，集思广益，获得更多的设计资源与方案。但也由于很多设计者很难充分了解和理解奥运会设计的要求，而使设计征集工作流于群众参与的宣传活动，难以获得满意的方案。从这种意义上来说，定向征集的方式是这种面向社会征集设计方案的有效补充。因为定向征集的目标对象是从事设计工作的艺术设计院校的师生、专业设计机构与公司的设计师们，他们的创意设计能力与专业实践积累都确保了设计方案在造型处理、表现形式等方面的较高水准。在面向社会不同层面的征集中，设计大赛与定向征集点面相结合的组织模式，成为一个产生创意成果的较为有效的工作方式。

征集来的设计方案还要通过深化设计来完成，在深化设计阶段，奥组委负责组织设计专家、艺术设计院校的师生和设计机构的资深设计师们共同组成创作团队，对意向中的方案进行进一步的推敲、修改和完善。这种集体创作的形式，集中了优秀设计师和艺术家在专业方面的优势，集团攻坚，可以期待产生较高水平的设计作品。但由于每个形象元素的创作团队在人员构成上都是不同的，奥组委又没有组建内部专门的设计部门，没有一个相对稳定的、连贯的创作团队，使得不同的形象元素之间在设计理念、设计风格和表现样式上缺乏必要的协同性，尽管各个形象元素都很精彩，但在形象景观的系统性和整体性上缺少必要的联系。这与雅典奥运会通过设计大赛选出了会徽，并聘请会徽的设计者西奥多拉组建了一支内部设计和管理团队，自始至终负责整个雅典奥运会形象景观的设计研发与实施的工作方式相比，在系统性、一致性与整体性方面都显不足。

（二）景观设计阶段——稳定的设计力量

在景观设计阶段，需要稳定的设计团队来应对众多景观设计工作的需求，

以便高效地完成形象景观的工作。因此，奥组委在文化活动部形象景观处通过面向社会公开招聘的形式组建了一支由30多位设计师组成的内部设计团队，主要对《北京奥运会、残奥会形象景观工具包（KOP）》进行了开发，并在《KOP》的指导下，将通用景观落实到每一个场馆中。

这个稳定的设计师团队，由于在相对稳定的时间内对形象景观的内在要求、工作内容和工作机制都有较为全面深入的理解，在彼此协同的设计工作中形成和贯彻了较为一致的设计原则与工作方法。因此，对形象景观系统的整体性、一致性有适切的把握，这对于形象景观整体面貌的形成具有极为重要的作用。

（三）景观实施阶段——联合场馆景观团队

“北京奥运会、残奥会场馆形象景观总计有50多万平米的实施总量，是历届奥运会之最。”[1]规模如此之大的景观实施总量，时间紧、任务重，使景观实施面临着巨大压力。

在场馆景观实施的过程中，根据场馆现场的实际情况，适时地调整和深化形象景观设计方案，是景观实施中常常要面对的情况。为了形象景观在具体场馆环境中顺利的落实，根据“统一设计、统一制作、整体实施、统一验收”的景观工作原则，奥组委组建了一个由场馆景观经理负责的，由设计师和景观服务商以及志愿者共同构成的场馆形象景观联合工作团队。以场馆为主体，将设计、制作、安装与拆除等环节最好的人力资源整合为一个团队。

形象景观场馆联合工作团队又分为内部团队和外围团队，内部团队由景观经理和设计师组成；场馆形象景观经理一般是由奥组委形象景观处的设计师担当的，负责统筹、协调和落实整个场馆的景观实施工作。外围团队由景观服务商为主的管理人员与奥运志愿者组成。服务商是由奥组委通过招标的形式确定的，共有7家，主要负责景观物品的制作和安装。这种内外联合团队的模式，不同于往届奥运会设计公司、制作公司、安装公司分离的操作模式，有利于各个工作环节的平滑过渡，同时也有利于北京奥组委的项目管理。在北京奥运会时间紧、任务重的现实情况下，这一操作模式是中国奥运会为奥林匹克运动贡献的具有创造性价值的管理模式，为以后的奥运会形象景观实施提供了新思路。

北京奥运会形象景观在系统开发与组织机制上，采取了开放式的、内外联合的组织方式，在国内外广泛参与的基础上，汇聚了国内外奥林匹克设计顾问、专

[1] 曾辉.北京奥运会形象景观的设计规划、设计管理与运行模式解析[A]. 北京奥组委文化活动部.用瑰丽的中国文化感动世界[C]. 北京：当代中国出版社，2009：244.

家学者、著名设计院校与设计机构等多方设计力量，共同参与北京奥运会的形象景观工作。既发挥了专家、设计师个体的创造力，又能够通过沟通与合作的机制形成优势整合的力量，共同创造了北京奥运会整体一致的形象景观。

四、统一规范的形象管理机制

“从2004年到2007年，奥组委形象景观处制定了10多本奥运会形象元素的规范管理手册和使用指南，如《北京2008年奥运会会徽规范管理手册》《北京2008年奥运会色彩系统》《北京2008年奥运会主题口号使用指南》《北京2008年奥运会二级标识使用指南》《北京2008年奥运会吉祥物标准形象使用指南》《北京2008年奥运会形象元素非商业应用图集一》《北京2008年奥运会体育图标使用指南》《北京2008年奥运会核心图形基础使用指南》”[1]以及《北京2008年奥运会、残奥会形象景观工具包（KOP）》《北京2008年奥运会、残奥会城市景观设计指南》《北京2008年奥运会赞助商形象景观设计指南》《北京2008年奥运会指示图标和应用模板设计》等。通过为一系列的形象景观元素制定规范标准的使用手册，从技术与操作层面上为使用奥运会形象的部门与机构，提供了具体的规范和使用标准，从而保证奥运会形象景观的严肃性、规范性和一致性。

据北京奥运会形象景观处处长千哲说，北京奥运会形象景观项目从2004年开始启动到2008年的4年时间里，经过景观处审核的设计项目约4700多件。规模之大，数量之多，是历届奥运会无法相比的。要将数以千计的设计项目一一落实，缺少对形象景观的有效管理机制，结果是不堪设想的。

北京奥组委形象景观处延续雅典奥运会形象景观的运行机制，实行统一归口的形象景观管理机制，对任何运用了奥运会形象元素的设计，都要经过形象景观部门的最终审定，以保证形象景观的一致性、规范性为核心原则，对不符合形象元素使用标准和不符合景观应用规范的设计提出意见和建议，甚至否定该方案。从提供使用规范到设计审核，北京奥组委形象景观处从设计的源头到形象的出口给予严格的管理，从而有效保证了形象景观的规范统一。

五、多方协调的系统运行机制

奥运会形象景观的完成需要跨领域、跨专业的协调合作。每一个形象景观元素的设计开发过程，以及每一个以形象景观为核心元素的设计项目中，奥组委形象景观处都会与奥组委内外众多部门与机构保持多方合作、协调、管理与监督。

[1] 曾辉.北京奥运会形象景观的设计规划、设计管理与运行模式解析[A]．北京奥组委文化活动部.用瑰丽的中国文化感动世界[C]．北京：当代中国出版社，2009：242.

这其中，设计师必须在创作中保持与各方必要而充分的沟通，听取各方意见，在有限的时间内，为寻找最佳、最合理的解决方案创造条件。

除作为奥运会赛事主体的场馆景观是奥组委形象景观处直接负责规划、设计、实施以外，其他领域中涉及以奥运元素为主要形象展示的部分，都是在奥组委形象景观处既定的形象景观框架内，在充分合作、协商的机制下落实的。

奥运会形象景观首先是作为奥林匹克品牌保护与推广的重要部分而存在的，因此，它的设计、规划始终与国际奥委会（IOC）以及各个国际单项体育协会保持畅通有效的沟通。为了在筹备的6年时间中，按计划的开展和推进形象景观工作，保证按时间完成，国际奥委会对北京奥运会形象景观工作计划进行时间节点的监控，即一级时间监控；北京奥组委根据国际奥委会的时间节点制定出自己的形象景观工作规划，并将其落实为形象景观部门以年、月、周为时间单位的具体工作计划上，分别为二级、三级、四级时间监控，以回应国际奥委会的要求（图5.69）[1]。在特定的时间节点国际奥委会都会通过一定的程序来确认工作的进展（图5.75）。

同时，国际奥委会更通过形象景观专家与北京奥组委形象景观处进行密切沟通，来具体指导形象景观工作，以确保奥林匹克品牌形象一致性不因举办国的不同而产生混淆和扭曲。

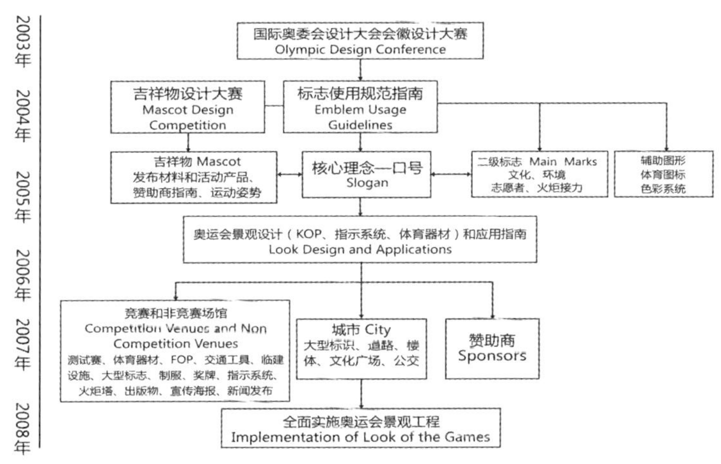

图5.75 北京2008年奥运会形象景观时间表

[1] 高鹏.系统设计方法在视觉传达专业中的应用研究[D].北京：中央美术学院，2007：50-52.

就每一个体育项目的比赛来说，各个国际单项体育联合会（International Sports Federations ，简称IFS）对形象元素的造型（体育图标）和场馆内景观应用的色彩与面积等都有着专业方面的要求，在形象景观的设计过程中，与其保持必要的沟通是设计方案快速获得认可的关键。

其次，针对奥组委内部的设计需求以及各种活动在形象景观设计方面的需求，需要保持与委内不同部门之间的密切交流与沟通，为涉及使用形象元素和景观应用的所有设计，提供咨询和服务。

再次，对于赞助商、特许经营商和电视转播商这些奥组委外围的机构在形象景观设计需求方面的回应，包括提供规范的设计手册和在此基础上的设计咨询与设计审核服务。其中，保持与北京奥运电视转播机构BOB（即Beijing Olympic Broadcasting Co.的英文简称）的密切沟通是形象景观在电视转播中获得良好视觉效果的保障。北京奥运会的现场观众有700万人次，而通过电视画面收看奥运会比赛的全球观众则高达44亿。因此，从电视观众的视角、根据电视画面的效果去设置和调整形象景观的色彩、布局与结构，是北京奥运会形象获得最佳展示的前提。这种协调还涉及每一个场馆具体的建筑空间、结构与周边环境的条件制约，与场馆的业主、工作人员保持必要的沟通，是形象景观得以顺利实施的保障。

在形象景观工作各个环节开展的时候，都会在相应的外延中与不同的机构和部门发生业务关系，与这些机构和部门保持充分的沟通与协调，使各个工作环节得以顺畅的衔接，使系统保持高效运转，是北京奥运会形象景观得以成功实施的有效机制。

北京奥运会形象景观战略目标的达成，得益于设计管理的有效开展。通过战略层面的策略规划、战术层面的设计开发与组织、操作层面的设计执行、协调与审核三个层面来实施的设计管理，在围绕形象景观而展开的与不同领域的机构的接触中，通过制定各种形象元素与应用设计的使用指南和设计规范，通过高效的审核机制，使北京奥运会形象景观在应用上获得了整体一致的形象监管，保证了北京奥运会形象景观在最大的范围内、最广泛多样的载体上得以一致实施。

第五节　北京奥运会形象景观的创新点

“景观改变了城市的面貌，是很大的公共艺术，也是对国家文化的整合。奥运对设计界的意义在于，为中国文化概念提供了一个巨大空间，让全人类分享中

国概念。”——北京奥组委文化活动部形象景观艺术总监赵萌

围绕着奥林匹克品牌保护，奥运会形象景观形成了一整套成熟的运行管理体系与实施规范；同时也在奥林匹克运动百余年的发展中，形成了在传承中创新的文化传统。北京奥运会形象景观正是在遵循历届奥运会形象景观惯例、展现中国文化特色的基础上，进行了许多新的尝试。这些新的尝试，经过北京奥运会的实践检验，已经成为一个个的创新成果。作为中国奥运会给国际奥林匹克运动留下的重要文化遗产，也将成为未来奥运会形象景观的惯例。

一、多彩渐变渲染和谐景观

北京奥运会形象景观的核心图形“祥云”，带着中国人民对和谐世界的美好向往，出现在赛场内外、城市之间，给人留下了深刻的印象。尤其是在北京奥运会色彩系统基础上衍生出的双色渐变形式，成为北京奥运会在形象景观上的一大特色。这种双色渐变的景观系统较之历届奥运会形象景观单色平涂的色彩表现方式，是一大创新。它打破平涂色彩分割的停滞感，在两种色彩的过渡中产生了丰富的色彩变化，不仅在视觉上形成了虚实变换的空间感、层次感，而且也幻化出如同中国丝绸般细腻的光泽感。在红黄、蓝绿、黄绿、黄蓝等色彩的相互渗透、融合之间，热烈的庆典气氛、竞技体育的激情、速度、活力与动感呈现于眼前。这种寓变幻于无形之间、自然铺陈开来的和谐景观，与中国文化含蓄、内敛、优雅的风格一脉相承。

同时，在景观应用中将色彩的配置与环境功能结合起来考虑，可以使观众对空间的秩序和性质产生功能上的识别，创造出富有节奏韵律的空间气氛。例如，在竞赛场馆中的FOP区域（比赛区域）的形象景观与观众席区域的景观在色彩配置上就有所区别，前者出于比赛的要求，避免过多的色彩干扰运动员的视线，在配置原则上多以蓝绿色调为主；后者，为营造热烈的、激情的观赛氛围，则以红黄色调为主形成观众席装饰带。因此，在场馆内形成了自下而上、由冷到暖渐变——由蓝绿渐变到红黄渐变有序的色彩层级关系。不仅强化了场馆的功能分区更丰富了场馆景观的空间层次，使透过镜头转播的奥运会赛事，也呈现出丰富的视觉体验。

双色渐变的景观系统是北京奥运会在视觉语言上的一种大胆尝试，也是它不同于往届奥运会的创新点之一。

二、分级配置构建景观多维系统

尽管历届奥运会在形象景观的设计实践上积累了丰富的经验，但在形象景观

系统构建的思路上、景观结构的层次关系上却没有形成一套系统的设计思想和模式。北京奥运会形象景观在对历届奥运景观体系的总结和分析中，积极吸收历届形象景观的成果，根据奥运会形象景观的不同功用，创造出包括功能景观、展示景观和文化景观在内的三大景观系统。

功能景观体系主要以满足人流、车流的交通导向为主要功能，通过奥运导向标识、体育图标等功能性形象景观，提供快捷有效的人性化服务。展示景观体系主要以奥运会形象元素的展示为主，在奥运场馆内外和城市空间中装饰环境、营造奥运氛围。人文景观体系主要通过设置官方海报、雕塑、绿化景观、大型景观装置、临建构筑物、多媒体显示系统等形象景观，来体现中国的文化特色、丰富北京奥运的文化内涵。

同时，根据奥运竞赛场馆、非竞赛场馆、训练场馆的功能属性和所在区域的重要性，对奥运形象景观进行分级规划。奥运场馆形象景观与城市形象景观各分为A、B、C三个层级。并根据不同形象景观的层级，分别配置不同的景观载体。以重点场馆为核心，向重点城市空间扩散开去，形成了重点突出、主次分明、层次有序的景观效果。

这三种类型的景观体系和景观分级规划，综合地运用在具体的场馆环境和城市空间中，从多种维度、以多样化的形式展示了北京奥运会的形象景观，开创了奥运会形象景观崭新的系统设计模式。

三、多媒体动态展示形象景观

“在场馆大厅的地面上，分明是一泓清泉，人踏上去，立刻泛起涟漪，并随着步伐而变幻，最终组成了‘北京2008’的图案。不必惊讶，这是奥运会历史上首次设置的多媒体景观。”[1]

历届奥运会形象景观都是在特定的时代背景下产生的，科技发展的程度直接影响到形象景观设计的载体形式，进而影响到视觉设计的表现方式。相对于往届奥运会多采用印刷方式在纸质媒介上，以静态的、平面的图形图像来呈现形象景观的形式来说，北京奥运会形象景观在当代信息科技高度发展的技术支持下，在形象景观中引入了多媒体演示手段，利用投影仪和红外线感应器形成的互动投影装置等表现形式，在体育场馆的墙壁、地面等设置不断变换的奥运元素影像图形。信息时代的奥运景观，借助于新媒介在交互性和人性化方面的特色，使形象

[1] 奥运会历史上首度设置多媒体景观 突出传统中国元素[N].竞报， 2008-08-12.

景观呈现出由静态向动态、由单向传播到互动传播的特色。让身处其中的观众能通过参与互动的方式，体验和感受跨媒体的奥运会形象景观。

另外，以核心图形“祥云”串联起的整个形象景观系统——北京奥运会的公共环境指示系统、31个竞赛场馆景观系统、15个非竞赛场馆景观系统、6个京外城市分场馆景观系统、26个文化广场、城市的景观系统、奥运制服系统、电视、网络、出版物系统、赞助商广告系统、车辆识别指示系统、特许产品开发等各领域。这些不同领域的形象景观涉及从平面二维、立体三维到动态与交互的多维形态，综合地交织成一个多维度的形象景观展示系统。

四、系统布局与综合协调的设计管理

国际奥委会形象景观专家对中国奥运会形象景观给予高度的评价，他们认为北京奥运会形象景观以及京外的6个城市的形象景观在系统的整体性和统一性上做得十分突出，这源于形象景观的系统规划在宏观布局和具体实施方面所具有的战略性思考。北京奥运会形象景观的系统模式也为国际奥林匹克运动留下了宝贵的遗产，尽管在北京奥运会之前的历届奥运会在形象景观方面积累了许多丰富的设计实践经验，但不同国家的操作经验都尚不足以具有推而广之的示范意义，也缺乏理论上的梳理。北京奥运会的形象景观工作，在梳理和研究历届奥运会形象景观经验，尤其是1984年洛杉矶奥运会以来的形象景观基础上，结合中国的实际情况，开创了独具特色的形象景观模式。创造性地提出了功能景观、展示景观和人文景观的概念，将围绕场馆、城市空间的景观按照不同的信息传达目标和功能需求进行类型的界定，并在具体的设计中组织恰当的内容以满足不同人群对于信息和景观的需求，这为今后的奥运会形象景观工作创造了科学的方法。[1]

“雅典奥运会形象景观专家对北京奥运会形象景观的评价是‘带中国特色的国际化景观’，并感叹几个没想到：这么短的时间、这么少的人员、这么少的经费、创造了北京奥运会景观奇迹。”[2]一个良好、系统的设计管理可以以合理的资源取得最大的成效，北京奥运会景观的成功离不开高效的设计管理。

《总规》从宏观上为形象景观的系统布局给予明确规划，确保整体结构的全面、合理、有序。在设计执行层面，打破了专业界限，以项目为中心组织交叉多元的设计、运行队伍，保障最优势的设计力量创造高水平的设计作品。在设计

---

[1] 根据本人对北京奥运会形象景观艺术总监赵萌的访谈整理而成，2009年8月12日。

[2] 曾辉.北京奥运会形象景观的设计规划、设计管理与运行模式解析[A]. 北京奥组委文化活动部.用瑰丽的中国文化感动世界[C]. 北京：当代中国出版社，2009：245.

审核与监督中，与国际奥委会、国际单项体育协会，与奥组委内部和外围设计机构、赞助商等保持及时畅快的协调与沟通，以保障形象景观顺利实施。

“良好的运行模式、规划原则、管理方法实际上都是保证和确保景观成功的重要因素。北京奥运会形象景观整体运作的模式，将为北京文化创意产业提供成功个案和经验，对文化创意产业的发展具有引领性的战略意义。”[1]

五、创建联合景观实施团队，保障景观的高效实施

按照奥组委确定的“以竞赛为中心，以场馆为基础，以属地为保障” 的运行模式，成立场馆景观团队。每个场馆都以一名场馆景观经理为核心，组成由设计师和服务商共同构成的形象景观场馆联合工作团队。以《KOP》为依据，结合每个场馆在建筑空间、场馆周边环境等具体情况，将通用景观细化到场馆的具体空间中，并对景观物品的选材、规格、配置等进行落实。将形象景观团队纳入场馆化整体运作，通过内部设计团队与外部景观实施团队相结合的方式，将设计、制作、安装与拆除等环节整合为一个统一管理、整体推进、无缝对接的流程，从而保障场馆景观的高效实施。

这种内外联合团队的模式，不同于往届奥运会设计公司、制作公司、安装公司分离的操作模式，有利于各个工作环节的平滑过渡，同时也有利于北京奥组委的项目管理。在北京奥运会时间紧、任务重的现实情况下，这一操作模式是中国奥运会为奥林匹克运动贡献的具有创造性价值的管理思路，为以后的奥运会形象景观实施提供了新的模式。

六、景观物资的再利用

北京奥运会形象景观物品分为通用景观和特殊景观两类，其中通用景观包括景观旗、围档、场馆装饰等几十种，特殊景观包括大型临建景观构筑物等。由于北京奥运会的场馆面积要大于雅典，因此，在景观物品的总量上要多于雅典奥运会。如此大量的景观物品，在赛时对于扩大形象景观的传播面积有着积极的作用，但如果在赛后处置不当的话，就会形成对城市环境的污染和资源的浪费。

北京奥运会所倡导的绿色奥运、人文奥运理念，要求景观物品再利用开发符合可循环利用的原则，同时充分考虑保留文化遗产的原则。因此，北京奥组委形象景观实施团队，在景观实施之前就对各种景观载体的材料性能在经济性、安

[1] 曾辉.北京奥运会形象景观的设计规划、设计管理与运行模式解析[A]．北京奥组委文化活动部.用瑰丽的中国文化感动世界[C]．北京：当代中国出版社，2009：245.

全性、环境影响等方面进行了定量分析，并大量采用环保、可回收、可重复利用的绿色物资。“首次采用纸基板作为竞赛A型围档的基础材料，改变了往届奥运会PVC塑基A型围档形式。同时，采用环保材料和油墨制作景观物品，为赛后景观物品再回收利用打下了良好基础。”[1]北京奥运景观中的16种旗帜，都采用的是精编网眼有光丝和贡缎来制作的。这种材料不仅能体现中国文化特色，色彩饱和度好，而且有利于回收重复利用。[2]同时，在组织制作实施中，对景观零件实施模块化、标准化构建，保证了形象景观在组接与拆除环节的易用性，不仅提高效率，而且在人力物力方面也节约了成本。

赛后形象景观物品的再利用是通过奥运产品的开发实现的，这些景观物品不仅材料环保，而且因其大都有北京奥运会的形象元素而具有纪念意义。2008年11月21日北京奥运景观物资赛后利用会议在奥运大厦召开，奥组委文化活动部部长赵东鸣向社会公布了形象景观物资再利用的方式，“本届奥运设计团队将会把奥运期间所使用过的旗帜、围档等再开发利用，设计成10余种同百姓生活密切相关的日常用品。”[3]例如，将这些五颜六色的环保布开发成靠垫、抱枕、背心、书报架等，用于公益推广。这种全新的设计理念符合奥运理念和科学发展观，不仅对赛后物资进行了合理再利用，又给人们留下了参与奥运的纪念，更体现了北京市民用具体行动践行“绿色奥运”的精神。 作为奥运会历史上“景观物资再利用”的首次全新尝试，这些由景观物品开发出来的产品，部分被带到伦敦与下届奥组委做交流，以展现北京奥运带给世界的又一全新概念。

北京奥运会向世界人民展现了中国这个正在和平崛起的文化大国的形象，这个形象在一定程度上，改变了国际上一些国家对中国的认识。而这种改变，不仅取决于中国在筹办和举办奥运会的过程中，透过媒体所展现的中国社会诸多层面的变化；更取决于透过广泛的、多维度的视觉形象景观所展现出来的一个和谐的、充满生机的、饱含文化的、热情好客的中国形象。这种由视觉所带来的直观感受，将深深烙印在每一个关注北京奥运会的世界人民的记忆中。

在中国，对形象价值的认识以往多存在于商业领域，从企业到品牌，形象带来了丰厚的价值回报，形象战略也日益成为企业在市场竞争中的制胜武器。然

[1] 曾辉.北京奥运会形象景观的设计规划、设计管理与运行模式解析[A]. 北京奥组委文化活动部.用瑰丽的中国文化感动世界[C]. 北京：当代中国出版社，2009：241.

[2] 《奥运会历史上首度设置多媒体景观 突出传统中国元素》，《竞报》，2008-8-12，http://www.momosj.com/news/entironment/6623.html

[3] 《旗帜”变身”生活用品 北京奥运景观物资将得到再利用》，2008年11月22日，来源：新华网，http://news.xinhuanet.com/newscenter/2008-11/22/content_10395927.htm

而，作为一次规模巨大的体育、文化活动的形象塑造，乃至于国家形象的塑造，在北京2008年奥运会之前，决然没有提到如此之高的重视程度上来。因此，对这次奥运会形象景观设计实践经验的总结，将对今后持续的传播、塑造中国的国家形象具有积极的推动意义。

第六章　北京奥运会形象景观的“和谐之美”

第一节　理念的和谐之美——中国梦 世界观

刘梦溪在《21世纪的挑战：亚洲价值的反省》一文中谈到亚洲价值的重心所在，“绝不单纯是对一个特定地区以往历史与文化的共同特征的概括，更重要的是它所具有的前瞻性的内涵，即包括共通性和共识性成分在内的这些国家的文化传统与现代性是否相关，他们的固有传统能不能转化为现代文明建构的有用资源”[1]120，这一点是“亚洲价值的重心所在，是现时性因素，是它的生命力量之源泉。否则所谓亚洲价值，不过是历史的遗存物，充其量只有个体眷顾的价值和审美的价值，对文化与社会的发展模式而言，谓之无价值亦可。”[1]120刘梦溪所说的亚洲价值生命力的源泉，即亚洲国家传统资源与现代性的相关性，已经被日本、韩国、新加坡等国家的经验所验证，“也为正在走向现代化进程的中国的经验所验证。”[1]121

文化的发展总是因循着自身的轨迹，在与其他文化不断的碰撞中融合，在不断的交流中吸纳，在调适中延续和发展。文化就在这个自然而然的过程中无形地渗透在每一个人的生活环境之中，潜移默化地发生着变化。在现代化的进程中，每一个国家都不可避免地随之调适着自身文化的方向。在对外来文化的取予中，有意识的思考和选择文化发展的道路是十分必要的。在中西方文化碰撞下的中国该何去何从的问题，自近现代以来就时时困扰着我们。是“中学为体，西学为用”，还是“全盘西化”“闭门自守”这是对外来文化的迎拒问题，也是对文化道路的选择问题。在30年前的改革开放初期，同样的论战也掀起过热潮。无论怎样的观点，都是为中国走向现代化道路而提出的前行思路。今天，对于发展中的中国来说更是如此，如何在传统文化资源与现代性之间建立起内在的联系，“让传统成为现代化的必要资源”[1]6，以时代的思考延伸传统的精神与内涵，以传统的文化价值为今天的发展夯实根基，是我们在跨文化传播的时代背景下首先要思

[1] 刘梦溪.大师与传统：中国文化与传统40小讲[M].北京：中国青年出版社，2007，6-121.

考的内容。

奥运会作为全人类的盛会，代表着人类的共同价值和共同理想。中国在与奥运会发生关系的百年历史中，经历了从民国到“五四”运动、从第二次世界大战到新中国建立、从改革开放到21世纪的今天几个不同的历史时期。在这些不同时期里中国与奥运会的关系，正体现了中国的国力水平及其与国际社会的关系。曾经，奥运会是我们努力追逐却遥不可及的梦想。今天，它为我们搭建了一个向世界展示中华文化魅力的舞台，传达我们与世界人民追求“和谐”的共同愿望，使我们以自身的发展和努力实现了这个几代人不懈追求的百年奥运之梦。这是国际社会对我们不懈努力的肯定，这种肯定也只有在中国经历了30余年的改革开放，国力发展到足以让我们对自身的文化充满信心，能够以开阔的胸襟来面对国际间的竞争和文化交流时，才有可能获得。如果说“‘中国梦’是经历过痛苦和屈辱的中国在自己发展过程中的期望和梦想”，那么“‘世界观’则是中国人在进步中对于人类共同理想的体认和开阔的国际视野的获得。”“只有有了‘世界观’，‘中国梦’才会有自己的更高的价值，而只有有了‘中国梦’，我们的‘世界观’才会有真实的基础。”[1]

中国是世界的一部分，中国的发展与世界的发展是息息相关的。在这种发展的环境中，每一个成员都要为世界的文化交流贡献自身与众不同的东西，才可以在交流中获得更多自身之外的促进。北京奥运会作为一个重要的契机，它使中国通过体育的方式参与到世界的文化交流中，也使我们获得了从国际的视野回望自己的角度，为我们重新审视中国的传统文化资源提供了宽广的胸怀和现时性的视角。

“中国文化是中国几千年累积的业绩；在发展过程中，中国文化并非完全孤立于单线演变的。中国文化有取也有予，撷取了其他文化的精华，也向其他文化提供了自己的精华。目前世界的各主要文化如百川汇海，将要合成一个世界性的文化。此时如果我们有意识的在这个共同的世界文化中着力，加入我们中国文化的因素，补充其不足，匡正其错误，使这个文化因为包含了中国文化的成分而得以稍近完美，这不仅有助于全世界后世的人类，对我们祖先也有交代，不至于将这么一份丰富的文化遗产自外于未来的世界文化。”[2]因此，在回望中，我们努力寻求和挖掘的是对于正在形成的世界性文化有所补充的思想，对于人类文化发

[1] 张颐武.奥运将至的感想[A].单三娅.奥运之光——光明日报2008北京奥运会报道评论集[C].2008：19-20.

[2] 许倬云.中国文化与世界文化[M].桂林：广西师范大学出版社，2006：226.

展具有普遍意义的价值体系。

作为中国传统文化的核心价值观，“和谐”是建立在对自身文化的正确认识基础之上，既承认自己又包容他者的、兼容并蓄的文化态度，是中国向世界奉献的一种超越国家、种族和文化形态、为人类共享的价值观念。在奥运会的平台上，我们向世界发出“和谐”的呼声，“具有‘世界观’的‘中国梦’不可能是世界的威胁，反而是参与世界，为世界和人类作出贡献的最大的真诚和最大的善意。”[1]中国以这种“和谐”的价值观，在对话与交流中参与和影响世界的发展。在此理念之上，北京奥运会不仅展示了中国丰富多彩的文化，更为世界人民构筑和展现了和谐的美好图景。

奥运会的文化传统来源于古希腊的文明以及在此文明基础上发展的西方文明。作为一种外来文化载体的奥运会，对于举办国中国来说无疑是一次东西方文化的碰撞，我们应以什么样的心理和态度来对待？这是一个不容回避的问题。和谐，给了我们这样的世界观——“我们说只有世界的才是民族的，即只有与世界沟通，汲取人类文明的一切成果，汇入人类文明发展的大趋势，才能发展更新自己的民族文化，不致将自己的民族文化保持成博物馆的展品，也才能保护和坚持自己的民族文化性格。”[2]

因此，我们以兼容并蓄的文化姿态，以中国文化的深厚底蕴去解读奥林匹克的文化传统，在这种解读中，融入中国的文化精神，使东西方文化在奥运会的舞台上碰撞出灿烂的火花。因为，在中国的文化传统中，“和”是建立在“和而不同”“合实生物，同则不继”的基础上的，正因为事物之间的差异互补，才形成了世间万物彼此相依存的共生系统，才能在彼此互通有无的沟通与交流中获得共同的发展。因此，追求和谐是崇尚不同文化之间的相互推动，这种推动力正是世界发展的动力；追求和谐是超越彼此文化拘囿，追求“万物并育而不相害，道并行而不相悖”[3]“和也者，天下之达道也”[4]的理想境界。正是有了这种包容的胸怀，中国才在五千年的文明中不断吸纳着外来文化，在整合中使自身的文化更加具有生命力。“进入现代中国，中华民族不但看到了西方历史的可取之处，也看到了西方现代文明的进步价值。因此通过百年奋斗，努力将中国古代传统与西

[1] 张颐武.奥运将至的感想[A].单三娅.奥运之光——光明日报2008北京奥运会报道评论集[C].2008，19-20.

[2] 肖天.弘扬奥林匹克文化理念[EB/OL]. http://www.sport.gov.cn/n16/n1152/n2523/n377568/n377613/n377763/390599.html#，2006-11-22.

[3][4] 《中庸》[M].

方现代科学、东方悟性智慧与西方严谨理性融合成一个巨大的文化包容体，并努力以此塑造当代中国人的文化精神。”[1]

建立在和而不同的基础之上的“和谐”，作为北京奥运会向世界传达的核心理念，是中国基于自身文化传统在国际化的视野下为世界贡献的有益于人类可持续发展的普适性价值观，是符合世界和全人类发展趋势的，散发着东方智慧的和谐之美。

由此可见，和谐之美是基于深厚的文化底蕴，自然而然地渗透出来的，是符合中国传统美学意蕴的。它美在数千年文化的积淀在时代发展的今天依然散发着的独特魅力，尤其是以“和谐”思想为核心的价值体系，对于新的时代背景下的问题，所带来的超越国家、民族与意识形态的普适价值。

第二节 形式的和谐之美——在历史文脉中创造独特的视觉语言

“北京奥运会景观是各届奥运会中最出色的。——IOC负责奥运形象景观的官员Peter”[2]

“北京奥运会的景观是国际化的带中国特色的景观。——雅典奥运会形象景观负责人Theodora”[3]

“奥运会不仅吸引着世界上最伟大的运动员创造最好的成绩，而且吸引着世界上最伟大的设计师创造出最伟大的作品”[4]——北京奥运会组织委员会主席刘淇

一个完善的人，美的人应该是表里如一，身心并完的人。一个成熟完善的形象景观，也不应仅有华丽的外表，只有从内在的理念与精神内涵到外在的形象与行为有机地结合起来，融为一体，才达到至真、至善的和谐之美。正如我国古代美学观所认为的那样，“人之有形、形之有能，以气为之充，神为之使。”[5]“事物的形式是与生命内容相关联的，君形者，神、气也。正是精神或生命内容才使

[1] 张立斌.“和合奥运”的文化影响解读[A].单三娅.奥运之光——光明日报2008北京奥运会报道评论集[C].2008，69-70.

[2][3] 吴鹏：《奥运形象景观处理方案：颁奖台也许会留给场馆》，《新京报》，2008年9月2日，http://it.chinanews.cn/olympic/news/2008/09-02/1367744.shtml

[4] 刘淇：《秉承传统，开创未来》，北京，第29届奥林匹克运动组织委员会，2002年版，第2页。转引自王军：《奥林匹克视觉形象的历史研究》，第134页。

[5] 淮南子・原道训[M].

形式相映生辉的。”[1]北京奥运会形象景观的形式美，首先源自其理念的和谐之美，在其贯穿指导下的形象景观从中国本土文化土壤中汲取养分，创造性地继承和发扬了中国传统元素，在视觉形式上开创了具有中国文化特色的视觉语言，赋予整个形象景观以美的形式。从这种意义上来说，和谐，是一个美学的命题。

形式之美，表现在对于视觉符号的选择与处理能力上。在跨文化传播的时代背景下，视觉符号的选择和创作，应以人类共同的视觉经验为基础，以求达到广泛的认知；同时作为视觉符号的形象元素，其审美的志趣和判断的标准都与该国的文化背景有着密不可分的关系。因而又不可避免的带有一个国家、民族、文化的特色。基于不同文化背景创造出的视觉符号，其所具有的差异性正是形成识别的关键因素。文化因素的渗透和形象符号的创造，为塑造一届与众不同的奥运会形象奠定了基础。因此，在满足对形象的基本功能需求之上，创造性地运用中国传统文化元素，不仅体现文化底蕴，体现时代的审美风格，更是独特艺术语言与艺术形式的创新。

一、形式与功能的和谐统一

任何一个设计系统都包含着形式与功能这两个因素。功能是造物的目的，也是形式存在的价值体现。形式是为解决问题、达成功能而采取的方式方法。功能与形式之间的关系处理得当与否，关系协调与否，都直接关系到设计目标的达成。因此，追求形式与功能两者之间的平衡状态，始终是设计师首要思考的课题，对任何一方的片面强调都会造成设计方向的偏倚。

设计史上功能主义和形式主义在对功能与形式的不同偏重下形成了互为反动的两个设计流派。片面追求“形式追随功能”，终因缺失了地域和民族特征而造成的冷漠、单调、趋同化的设计；片面追求“功能追随形式”，则因过分追求新的表现形式，而造成形式大于功能，为形式而形式的极端趋向。二者都存在割裂功能与形式关系的问题。

在世界经济一体化、多元文化交流频繁的21世纪，我们对设计功能的丰富内涵有了更多的认识，对形式的多样化也产生了更多的要求。在商品的使用功能之外，透过外在的设计形式所传达出的情感诉求、文化价值和象征意义等附加功能的增加，体现了在知识经济、信息时代背景下的消费者对于商品形而上的精神功能的追求，极大地拓展了功能的内涵。而作为人类造物行为之一的设计，正在大

[1] 徐恒醇.设计美学[M].北京：清华大学出版社，2006：123.

众消费文化和媒介的推动下日益对人类的生活发挥着重大的影响力。"当今社会对设计的需求已不限于对单个产品的造型、色彩、装饰的改进，它已突破传统的'物'的范围，开始对整个社会即所有人为事物的复杂系统负责。设计的道德要求使设计教育的责任和任务也与产品结构、产业结构、生态平衡、生存环境、生存方式和伦理道德紧密相关。"[1]如何通过合情合理的设计形式创造人类的最佳生活方式，成为设计面向未来所肩负的重要使命和功能。

赋予设计超然于形式之上的文化理念，不仅可以使文化在设计的造型色彩中得以清晰、生动的传达，更使设计因文化的内涵而获得了无限的生命力。为设计注入文化的生命力，使设计与文化在形式与理念的和谐中，实现未来设计的使命和功能。

著名人类学学者泰勒（Edward Burnett Tylor）这样给文化定义："文化或者文明就是由作为社会成员的人所获得的、包括知识、信念、艺术、道德法则、法律、风俗以及其他能力和习惯的复杂整体。就对其可以作一般原理的研究的意义上说，在不同社会中的文化条件是一个适于对人类思想和活动法则进行研究的主题。"[2]一方面，文化是在长期的历史发展中形成，并且不断继承和更新的过程。它以无形的潜移默化的力量，塑造着群体或社会中每一个成员的观念形态和行为方式。设计也因此而附带着丰富的文化基因，体现着特定的文化价值与精神内涵。另一方面，文化是有形的，它通过综合多样的物质文化的形态显现出来。其中设计的形式与风格，作为一种特定文化下有意识选择的结果，而呈现出某种文化的气质。对设计在文化层面的象征性和符号化意义的挖掘，使设计作为一种文化的符号和载体的功能被凸显出来。今天，不顾文化的差异，单纯追求功能至上、标准化的、单一的设计形式，忽略文化多样性的设计是失败的。在设计中强调作品产生的文化背景、地域特色、生活方式、审美差异等因素对于形式的影响与作用，在历史的文脉中寻求设计形式的多元化和丰富性，不仅是对功能主义和形式主义的一种纠正，同时也是创造形式与功能和谐统一的设计系统的必然之道。

北京奥运会形象景观作为一种文化传播的符号和载体，担负着传播奥林匹克文化以及中华民族优秀传统文化的传承与发展的文化使命和功能。来自国际奥林匹克运动的内在需求，以及我们自身文化传播的需求，作为两条并行的线在形象

---

[1] 柳冠中.序言[M]//赫斯科特.设计，无处不在.南京：译林出版社，2009.

[2] 马文·哈里斯.文化 人 自然—普通人类学导引[M].顾建光，高云霞，译.杭州：浙江人民出版社，1992:136.

景观创意的过程中，始终交织着推动着设计形式的形成和设计功能的达成。两者的关系中体现了传统元素与现代审美、东方的意趣与西方的直观传达等内在因素的对立与统一，只有当设计师在对这些有了适当的认识和采取了适当的态度时，才能够在彼此对照中寻到恰当的设计表现形式，并指导其在造型、色彩与构成方式上推敲、取舍，达成形式美的基础。

二、基于历史文脉的设计语言创新

在视觉文化成为文化的主导力量的今天，视觉符号在跨文化传播中显示出显著的优势。首先，科学家在对人类各感觉器官的研究中发现，在信息获取过程中，通过视觉获取的信息约占人们所获信息总量的83%。这说明人在获取信息的过程中，视觉具有相对于其他感官的绝对优势。其次，在各种信息争先恐后地以视觉图像的形式呈现的时代下，视觉形象的塑造不仅赋予对象以漂亮的外表，还以样式和风格推动时尚进程，它创造一种超越物质实用功能之上的符号价值，它以视觉符号的象征和隐喻来创造一种超乎“形象”之外的文化意义。再次，今天我们所了解的世界都是透过媒体所获知的，当媒体在信息视觉化的进程中推波助澜的时候，我们的世界日益成为一种景象。视觉图像不仅是我们获取信息的途径，更以其承载的象征性及蕴含的丰富意义深刻影响着我们对事物的认知与判断。因此，在跨文化传播中创造和运用视觉符号来达到传播和塑造形象的目的对于个人、企业和组织机构，甚至于国家都具有着至关重要的价值。

奥运会在跨文化传播中所发挥的重要作用，不仅使奥运会形象景观日益肩负更多的功能和使命，同时，也对设计语言的独创性和设计形式的国际化等方面提出了更高的要求。不同的文化造就了不同的设计形式与风格，世界各国都在自身文化的长期浸染中，形成了不同于他国的视觉语言。今天，视觉符号的设计与传播，为不同文化背景的双方搭建起沟通的桥梁，设计师作为视觉符号的创造者，在对信息的编码解码中，扮演着“文化转译者”的角色，由他所创造的符号必须是建立在沟通的双方都具备的认知和体验基础之上的，既能将本届奥运会的举办理念与文化内涵准确地传达给本国人民，也能被全世界不同文化背景下的人们所理解和认同。

北京奥运会，对于刚刚起步的中国设计的整体实力而言，对于第一次操作如此大规模的形象景观设计项目的设计师们而言无疑是一次巨大的挑战。在中国，真正意义上的现代艺术设计是在改革开放以来的二、三十年里迅速成长起来的。在这个过程中，西方的现代主义、后现代主义的设计思想与设计方法对我们产生了极大的影响。在奥运会形象景观方面，历届奥运会的设计实践都给予我们启示。其中，融入古玛雅文化和阿兹特克文化特色的墨西哥奥运会、散发着西班牙热情奔放的文化艺术气息的巴塞罗那奥运会、以叶被作为亚特兰大地域符号的亚特兰大奥运会等，为我们提供了在本土文化资源中寻找设计语言的创作方向。作为与西方有着不同社会、文化背景的中国来说，西方的设计观念和设计方法也必须经过一个消化、理解和转化的过程，在这个过程中处理好本土与国际之间、传统与现代之间的关系，对于在中国的历史文脉下，形成中国特有的设计语言具有至关重要的作用。同为亚洲国家的日本、韩国与中国有着相似的文化背景，日韩两届奥运会的形象景观，都在国际化的背景下巧妙地融入本国的文化基因和审美样式，创造了独特的视觉语言，并由此开创了本国设计发展的崭新空间，它们的成功为我们树立了可借鉴的榜样。

在设计中，我们常讲“民族的就是世界的”，意在世界文化交流中以自身独特的民族文化特色独树一帜。然而，相对于中国五千年的历史来说，其间蕴含丰富文化内涵的视觉元素实在是不胜枚举，仅在视觉形式和语言的选择上就是件十分艰难的事，更不用说要在继承的基础上进行创新了。

哪一个元素能代表中国，又能为世界所接受？在北京奥运会形象元素的创作过程中，就集中突出地体现出这个问题。北京奥运会会徽“中国印”、吉祥物“福娃”、核心图形“祥云”都是经过面向国内外的广泛征集，经国内外专家评选并组织资深设计师团队深化设计后被最终采用的。其中，“中国印”是从面向世界征集的1 985件有效标志作品中评选出来的，取印章的承诺、诚信的文化象征意义，融入图形化的汉字“京”，以金石篆刻质朴的艺术风格，在似与不似之间传递了丰富的寓意，这正是中国传统审美的旨趣所在。“福娃”的创作是基于国内外征集来的662件有效作品进行的再创作，基于中国传统五行观念和奥运五环的概念为五福娃奠定了数的依据，圣火、熊猫、燕子、藏羚羊和鱼的选择融入了奥林匹克文化、中国和北京的地域文化特色，并通过头饰上的丰富纹样赋予其深刻的文化象征意义。正体现出中国传统造型审美中超然于具体的物象之上，对内涵与意义的追求，是一种意象的表达。“祥云”则是在融汇了中国传统云纹、绶带、如意的概念与造型的基础上创造出来的，它在构成造型的方法上，继承了中国传统装饰纹样适合外形的特征，造型饱满舒展。在融入了书法的笔触后，更加具有如行云流水般的气韵。我们从这些作品中不难看出，尽管这些形象元素都有着明确的传统文化的思想作为创意的源头，作为造型产生的基础也有着中国传统元素的出处，但最终呈现的视觉形式，却充分运用了当今时代的造型处理手法和设计语言。在超越了传统的造型之上，体现了国际背景下中国传统文化在当下的审美特质。作为设计师对传统的创造性继承，它从中国传统文化精神、审美特质的整体性认知中，获得对形象元素的造型特征的整体把握；通过对引发创意的传统图形在造型风格上的继承，结合奥运会形象景观在传播应用上的要求，进行图形的再造，从而获得形象元素的独特性；通过对概念的同构和意义的延伸，将传统形象元素以崭新的组合方式进行重构，创造出具有时代语意的图形语言。作为21世纪初的中国当代设计，在对传统的回望中整合自身的文化资源，使我们可以从容地在面向国际化发展的进程中，结合时代发展的新环境、新要求进行积极的创造。这种基于历史文脉的设计语言的创造无疑为跨文化传播背景下的中国设计指明了发展的方向。北京奥运会形象景观所积累的设计实践经验，也将作为跨文化设计的思考方法为中国设计的创新提供思路与方法。

北京奥运会形象景观渗透传统文化的思想与观念，在造型语言的选择与推敲中，从传统形象元素中汲取灵感，形成融民族文化特色于其中的形象语言和形式特征，使传达的内容与形式恰当、充分的融合，从而达成形式与功能的和谐统一。这一设计系统所达成的“和谐之美”，在创造性地运用中国传统设计元素，形成独特的形象语汇方面成为一个成功的范例，可以视之为中国设计走向成熟发展阶段的一个里程碑。同时，也在国际设计领域树立了独具特色的中国设计风格。

寻找属于自己的表现语言的过程，实际上是确立自己的文化身份和文化自信心的过程。不考虑自身文化背景，一味地从西方设计中模仿、拿来、置换概念与形式语言，是中国设计发展的一个初期阶段，中国当代设计在经历了模仿西方设计形式的“拿来”阶段之后，进入了探寻属于自己民族的设计形式、寻找中国的设计语法的阶段。这种自觉地从本土的文化土壤中汲取和发掘创作思想、创作方法与表现形式的趋势，说明中国设计正在日趋走向独特、成熟的发展阶段。其发展的结果，必然是在不断的文化身份的确认中，建立起属于自己文化语境的表现形式，表现语言，从而树立起文化的自信来。中国今天已能够正视自身的文化价值，我们才能自觉地从本土文化土壤中挖掘和传承一些有价值的东西。只有深入挖掘、冷静对待中国本土文化资源，才能为中国当代乃至未来的设计提供源源不断的发展动力。

三、形象景观的多样统一

和谐是“美的一种形式表现，指审美对象各方面的配合协调。具体包括事物和现象多样化与多变化的和顺协调，诸层次的恰当安排，诸元素的适宜组合，诸阶段的顺畅发展。”[1]“形式美是指事物的形式因素本身的结构关系所产生的审美价值。形式美的形态特征很多，其中最基本的一种是多样统一即和谐，它体现了形式结构的秩序化。”[2]由此可见，和谐不仅是一种至真、至善的精神追求，也是达成至美境界的一种形式美原则。和谐作为一种形式美的原则，着力建构的是审美对象内在的各种构成因素之间的协调、统一的关系。这种关系体现在北京奥运会形象景观中，即表现在形象元素多样统一、同一性和差异性的和谐统一等关系的建构上。

北京奥运会形象景观是一个规模庞大的设计系统，是由会徽、吉祥物、体育图标、核心图形、二级图标、色彩系统等众多形象元素构成的。每一个形象元素从创意来源、造型语言以及延展应用的方式方法上都有着与众不同的特点。作为单独的个体，它们丰富的个性特征，使整个形象景观系统在造型语言上呈现多样性面貌。

然而，当它们成为设计系统的一个组成部分时，过于突出的个性反而会使传达的主题与内涵过于分散，使传播的力量在相互干扰中，削弱、消解。不仅使系统的整体性受到影响，更难以胜任奥运会形象景观面向全球广泛而多样传播功能的需求。单个角色的突出无法担当起整体传播的重任，必须将它们串联、整合为一股合力，才能使形象景观的塑造和传播获得更为集中而有力的效果。这就需要在统一性和多样性、同一性和差异性之间，达到“和而不同”的状态。在设计系统中，通过明晰它们之间的角色与分工，梳理它们之间的信息结构与秩序，进而在整体的规划中合理地、分层面地发挥它们的作用，使它们之间在相互配合中达到协调统一的和谐关系。

首先，共同的文化基因和创意源泉是各形象元素之间得以和谐共存的基础。中国印所代表的承诺与信义，福娃蕴含的五行相生的系统思想，体育图标所体现的以篆书为代表的中国文字之美，核心图形“祥云”所传达的和谐、和美、和平的追求等，每一个形象元素的创意与设计都基于中国悠久的传统文化精神，它们是这种文化精神的外显，从不同的角度表现了中国文化的丰富内涵。其中“和

---

[1] 刘建明.宣传舆论学大辞典[M].北京：经济日报出版社，1993：593.

[2] 徐恒醇.设计美学[M].北京：清华大学出版社，2006：126.

谐”作为一个集中的诉求点，形成了对所有形象元素极具包容性的整合力量，使透过形象景观的传播得以获得一致的声音。荀子曾提出“和则一，一则多力”[1]的主张，认为“在一个组织内部，人们和谐相处就能取得一致，取得一致力量就会增多，力量增多组织就会强大，组织强大就能战胜万物。”[2]在奥运会形象景观方面也体现了这样的道理，多种多样的形象元素之间形成了和谐统一的整体关系，共同传达同一个“和谐”的理念。反过来，形象景观系统以一致的面貌形成了集中强烈的传播力，使理念得以在视觉形象的反复强调中获得更为强烈的认知效果。

其次，通过在形象景观系统中增加“粘接剂”的方式，调和各种元素之间的关系，使它们有了共同的形象因素作为背景，而呈现出整体一致的面貌。这就是核心图形“祥云”。

在造型上完全相同的视觉符号，通过复制形成的设计系统，可以在整体上呈现出整齐划一的秩序和面貌，进而达到整体的和谐统一。但也必然因为缺少个性的冲突，而显得呆板和单调。各形象元素在造型语言上突出的个性，与整体的一致性之间形成了一定的冲突。在冲突中，核心图形“祥云”作为一种调和的因素介入进来，使整个系统在祥云多变的造型背景中，达到一种平衡协调的状态。

当代设计在以计算机为代表的新技术支持下，延伸了设计系统中和谐统一的内涵。在动态变化的机制下，追求一种具有生命力特征的整体协同性成为一种新的设计方向。2000年汉诺威博览会的标志就是一个典型的例子，标志的造型一改静止不变的轮廓，在随机变化的过程中捕捉标志的造型，创造了一种在动态中衍生的设计方法。由于单元元素是不变的，运动的机制是不变的，因此，在这个动态过程中产生的系列标志，尽管轮廓不尽相同，但却有着整体统一的和谐关系。还有一些设计系统的形成是基于一个基础元素的生长或一个造型母体的裂变与衍生。在这些设计中，设计师旨在创造的不是一个作为结果的造型，而是通过设定构成系统的元素和设计系统生成的内在机制，来获得设计系统的整体面貌。这一面貌呈现了一个图形的生成过程，呈现出如同生命体一般丰富的形态特征，以及活性、动态变化的特征，因而设计系统的整体呈现出一种多样统一的和谐感。

核心图形“祥云”正是创造这种于动态变化中使系统呈现多样统一面貌的活性因子。通过对核心图形进行打散、分割、重组的方法，使设计系统获得了从母

[1] 荀子・王制[M].

[2] 黎红雷.“和谐观”中西合论[J].中国哲学史 1999（4）：116.

体分离出来的局部——众多子图形。这些子图形可以根据景观应用的实际需求，根据载体的尺度变化，根据空间属性的不同等，以不同比例、构图、色彩关系的模块来适应景观需求的多样性和复杂性。它作为众多形象元素共同的背景，同时也是承载和连接众多形象元素的弹性载体，它极强的适应性和内涵的巨大包容性使其可以与其他形象元素之间形成有机的整体，在包容丰富个性之上形成多样统一的形象景观。

当然，我们也要认识到特定的设计组织方式是影响设计结果的重要原因之一。雅典奥运会在设计的组织与管理上，始终由一个设计团队来操作的，它保证了设计系统的整体一致性、连贯性。但北京奥运会形象景观没有采取这样的工作方式，尤其在形象元素开发的阶段上，每一个项目都组成了不同的设计师团队，这在一定程度上能够最大限度地吸纳设计思想与创意力量，但在系统的整体性上却难以得到保障。设计师对奥运会设计项目本身的了解需要一个过程，设计师之间的磨合也需要一定的时间，当小组成员在设计过程中形成了一些实践经验和协调的工作关系后，随着项目的结束，这种经验就被人为的切断了，无法延续到下一个项目中。因此，这种设计组织与管理的方式使设计团队带有极大的不确定性和流动性，直接影响到形象元素之间整体性面貌的形成。而一个稳定的设计团队，自始至终地操作整个设计系统，才能保证从规划到设计，再到执行的一脉相承的设计思路。

第三节　系统的和谐之美——设计系统追求的最高境界

一、“和谐之美”是设计系统追求的最高境界

系统，“一般被规定为‘有组织的和被组织化的全体’，或‘以规则的相互作用又相互依存的形式结合着的对象的集合’，实质上是泛指由一定数量相互联系的因素所组成的相对稳定的统一体。”[1]

“在设计活动中，人们愈来愈重视各种关于系统的问题。这种重视与对具体形式的关注相反。人们之所以会关注系统，在某种程度上，是由于人们认识到现代生活愈来愈复杂，元素与元素之间存在着多重结合与交叠，进而会影响整体绩

[1] 肖前.马克思主义哲学原理（上册）[M]．北京：中国人民大学出版社，1998：144.

效。”[1]“从另一个角度，人们不断认识到，人类对自然系统的干涉造成了大量的环境问题。也因为这样，人们慢慢形成了生态、有机联系等概念。这些都是引发人们重视系统的原因。”[2]

和谐，旨在建构系统内元素及子系统之间相互依赖、相互作用的协调、统一关系，使系统运转顺畅，高效达成系统目标。因此，可以说，追求系统的和谐即保障系统有效运转的最高境界。

“系统的划分总是相对的、具体的。首先，一个特定系统，对其所属的父系统来说是子系统，而对其下属的子系统来说其又是父系统。整个物质世界就是由不同级别的、存在着差别和联系的无数系统构成的统一体；其次，由于‘时间和空间是物质运动的基本形式’[3]，每一个系统总是存在于一定的时间和空间的，因此，每个相对独立的系统都有其存在的条件和环境，是具体的。”[4]

我们视北京奥运会形象景观为一个完整的设计系统时，会徽、吉祥物、体育图标、核心图形、二级图标、色彩系统等都是其必不可少的组成部分，并且对于整个设计系统而言，它们扮演着不同的角色，发挥着不同的功能。明晰它们的角色与分工，梳理它们之间的结构与秩序，进而追求它们之间相互协调呼应的和谐关系，是这个设计系统所要追求的最高境界。

然而，当我们把北京奥运会形象景观设计系统放到整个奥林匹克运动的发展历程中来考察的话，原本作为系统外部环境的整个奥林匹克运动发展史以及伴随其发展的奥运会形象景观就转化为这个较大系统的组成因素。北京奥运会形象景观是奥运会百年历史的延续与发展，在其品牌管理的机制下，保持奥林匹克品牌的统一与一致是这个系统对北京奥运会形象景观的要求，也是这个系统所追求的最高境界。

当我们把北京奥运会形象景观设计系统放到中国当代设计的范畴来考察的话，它作为中国当代设计不可或缺的重要设计事件，在国际舞台上展现了中国当代设计的面貌。这一面貌既是中国传统设计观念在时间、空间上的延续与发展，也呈现出世界现代设计观念的影响。因此，在基于中国本土的设计观念与国际设计观念之间、操作方法之间，寻求协调与融合是这一设计系统所追求的最高境界。

而当我们把北京奥运会形象景观置于国际化传播的背景下中国国家形象的塑

[1][2] 赫斯科特.设计，无处不在 [M].丁钰，译.南京：译林出版社，2009:95.

[3] 肖前.马克思主义哲学原理（上册）[M]. 北京：中国人民大学出版社，1998：101.

[4] 刘光，步雷.论和谐[J].山东社会科学，2002（3）：85.

造这一系统范畴来考察时，对于中国古往今来的国家历史与文化、国际政治背景下的政治与经济等综合因素之间互为因果、纵横交织的系统结构与脉络，都成为这一系统的必要构成因素，对它们的综合平衡与协调是塑造良好中国国家形象的战略目标得以实现的保障，也是这一系统要达到的至善境界。

董小英等在《奥运会与国家形象：国外媒体对四个奥运会举办城市的报道主题分析》[1]一文中，对2001年1月1日到2004年5月18日期间国外媒体对亚特兰大、悉尼、雅典、北京这四个奥运举办城市的3 607篇报道的主题词进行统计和分析，发现国外媒体在关注北京奥运会时，由于意识形态的左右，更多地关注中国的政治问题。并提出了政府应协同媒体和企业明确形象定位，协同传递国家形象的内涵和核心因素，利用奥运会整合国家形象传播，在对外信息发布中发挥积极主动作用等建议。还特别指出“在各种传播媒介中，视觉传媒是最直观、最鲜活的传播途径，因此，无论是对色彩的选择，还是对图像、吉祥物及广告的设计，应该在国际性和民族化之间取得平衡，使镜头中、照片上、报纸上、网络上的中国能够更容易为国际受众所接受，尽可能保持形象的一致性，避免不必要的矛盾和冲突”。这篇论文从新闻传播的效果上，提出整合各种媒介渠道，以统一一致的形象强化中国国家形象的建议。作为应对信息时代下杂乱无序的传播环境，以及复杂的国际传播环境的有效方法，不仅信息内容要力求一致，即便是作为信息传达的视觉形式也应务求一致，才能获得更为集中有效的传播效果。从这种角度来看，形象景观的设计与规划，就是要从传播效果出发，进而整合形象景观中的形象元素及其子系统之间的相互关系，使它们之间达成整体的协同。

从这种意义上来说，北京奥运会形象景观的设计面貌，肩负着传播中国历史文化传统、向世界阐释中国传统价值观念的时代意义和促进世界文化交流等重任。它通过赋予一系列的视觉符号以丰富的文化内涵，使中国传统的价值观在时代审美的造型中完成了这一内在理念的视觉外化，以直观而感性的形象展现了中国的国家形象。这时，设计作为国家意识形态、施政理念、国家战略等的外化呈现，与政治、经济、文化、国际关系等社会因素产生了复杂的关联，从设计领域跨越到社会文化的大领域中，从设计实践上升到设计文化的层面上，成为进一步认识奥运会形象景观价值与意义的宏观视野。政府的关注度极高，加之国际奥委会的监督和指导，机构管理落实由上而下的程序等，是保障形象景观系统得以顺利贯彻的条件，

[1] 董小英，李其，师曾志，等. 奥运会与国家形象：国外媒体对四个奥运会举办城市的报道主题分析[J].中国软科学，2005（2）：1-9.

系统与外在的传播环境能够很好的适应，并能够调节系统自身以适应环境的变化。因此，作为形象景观设计系统的外在运行机制和设计系统之间形成了更大的系统整体，贯彻得好，效率高，也说明这一系统是协调的、富有美感的。

尽管根据我们研究对象的视野不同，系统的范畴、构成系统的元素与部分也随之变化，尽管不同的系统目标不同，但追求系统内部各元素间协调一致与整体和谐却是每一个系统致力追求的最高境界。

二、系统思考是达成“和谐之美”的方法与途径

在设计中强调整体、系统的设计思维是保证设计系统实现和谐之美的方法与途径。在塑造北京奥运会形象景观的过程中，传统与现代、继承与发展、本土与外来，是我们时时要思考的命题。对这些看似对立的两极来说，如何协调与处理好两者之间的关系，是决定形象景观面貌的根本性问题，也是指导设计实践的根本性观念。因此，当我们在系统中面临局部的冲突时，运用系统化的思考方式，将系统内部元素或子系统间的关系加以观照和考察，在和而不同、兼容并包的中国传统价值观指导下，于融合中达到和谐的状态，是传统价值观在当下中国设计思想中的延续和发展。

（一）传统与现代

系统思考传统与现代的关系，是处理好设计问题的关键。传统的文化思想，在新的时代背景下，通过精神内涵的延伸，来创造其现实意义。在现代传播背景下，以符合现代审美特征的设计形式来传达传统思想内涵，在理念与形式的和谐统一中达成传统与现代的融合。北京奥运会形象景观的理念之美，正体现了中国传统文化的价值核心——“和谐”思想，它为今天世界的发展提供了包容性的价值理念，是具有现实意义与普适价值的思想。

（二）继承与发展

继承不是简单的拿来传统，不加消化与吸收地照搬传统，也不是堆砌文化符号。它是在真正领会传统精神的基础上，对传统文化精神和传统造型语言的创造性继承。北京奥运会形象景观的形式之美，正体现了在继承中发展的设计观，其设计语言上的创新，为中国设计发展的方向提供了积极的例证。

（三）本土与外来

在当今，设计透过消费文化与时尚文化的途径参与到文化交流和国际竞争中来，交流和竞争的国际化也必然使设计面临外来文化的渗透与冲突。如何对待这

两者之间的关系，是今天设计师要面对的首要课题。实际上在本土与外来的关系中，隐含着的是对待文化的态度问题。设计师所持有的立场和观点，将直接决定其设计所呈现的形式与面貌。

"中国情，世界观"是新中国成立以来中国第一代设计师陈汉民对于这一问题的态度，他的观点为很多国家级的大型设计实践所深深印证。这是一个设计师对待文化的态度，根植于博大精深的中国民族文化传统是他鲜明的文化立场。同时，也要有一个宽广的国际视野，才能使设计在面向世界文化交流与竞争的时代中得以发展。

对以上问题求解的过程，也是设计与其所处的时代、文化、社会发生关系的过程。运用系统性的思考方式，可以使我们以连续的而不是割裂的思考，观照系统元素的过去、现在与未来；也可以使我们以更为广阔的而不是狭隘的视野，观照系统元素与系统环境之间的关系，达成横向间相互协作、互相促进的系统机制，从而达成系统的目标。因此，和谐是一种整体的、系统的美。就像柳冠中在《设计，无处不在》的序言所说的那样，设计不应被囿于一种"物"的设计，而应该被认为是有关人类自身生存发展的"本体论""认识论"和"方法论"。这是设计师将设计本身置于人类社会和文化发展的大的系统环境下，所阐发的设计观。也只有在这样的设计观指引下，设计前行的方向才会有利于人类社会的可持续发展，才有利于人类与自然世界的和谐共生。

第四节　北京奥运会形象景观的作用与影响

2008年8月8日开始的十几天，全世界都在奥林匹克光环的照耀下关注北京、共享体育盛宴。"共有来自204个国家和地区的1万多名运动员以及各运动队教练员，裁判员，各代表团官员和媒体工作者等共7万人参加北京奥运会。还有50多万外国游客和200万来自中国国内其他地区的游客在奥运会期间齐聚北京。约4万名中外记者报道本届奥运会，其中2.16万名记者在国际奥委会及其两个媒体中心注册。全世界近40亿观众观看比赛。国际奥委会指出，这是现代奥林匹克运动112年历史中观众最多的一届奥运会。"[1]北京以一届"无与伦比"的奥运会，向世界爱好体育与和平的人们，交上了一份满意的答卷。同时透过媒体，向世界人

[1] 陈俊侠，韩冰：《国际舆论：北京奥运会是世界的奥运会》，来源：新华网，2008年8月24日，http://news.xinhuanet.com/newscenter/2008-08/24/content_9674804.htm.

民奉献了一场视觉的盛宴。

“北京奥运会、残奥会场馆形象景观总计有50多万平米的实施总量是历届奥运会之最。其中通用景观和特殊景观的主要项目涉及8个大项80多类。景观旗共1.5万多面，A型围档共1.1万多件，安保围档8万多平米；室外立面装饰15万多平米；室内立面装饰8.3万多平米；观众席装饰带5万多平米，路障、草地、临建、棚房景观共9万多平米。”[1]如果说“北京将因成功举办一届高水平的奥运会而留在世界人民心中。”[2]那么，北京奥运会形象景观也必将以“和谐之美”的面貌，在奥运会形象景观的历史上留下浓重的一笔。作为一个影响力、辐射力超大的文化盛会，奥运会成为树立和传播国家形象的良好渠道和平台。借助北京奥运会，中国向世界人们展现了正在和平崛起的东方大国的形象，而这一形象的塑造，离不开奥运会形象景观的设计与传播。

一、北京奥运会形象景观对国家形象塑造的作用

北京奥运会形象景观在世界各国人民面前塑造了一个具有悠久历史文化的、热爱和平的、充满活力与开放进取的、和谐进步的国家形象，为奥运会的成功举办贡献了一份力量，更为世界奥林匹克运动留下了宝贵的视觉遗产。

中国形象，是一个蕴涵着多种时间维度的概念。中国，不仅是一个具有五千年历史与文明的东方古国，还是一个经过30年的改革开放，充满现代气息、涌动着活力与激情的国家，更是一个具有宽广胸怀、对未来发展充满影响力的国家。这个跨越中华民族昨天、今天和明天的形象，如三个相互关联的篇章，成为北京奥运会形象景观力图传达和呈现的中国形象，而“和谐”理念作为中华民族生生不息的价值观，正是串联整个篇章的主旋律。

“和谐”，向世界诠释着中华文明中人与自然、人与人、人与社会、人的身心和谐的境界，展示了以“和谐”为代表的中国传统文化在今天跨文化传播时代背景下的意义与价值。对于正处于迅速发展中的中国来说，“和谐”是和平崛起的中国对世界负责任的承诺。当中国以宽广的胸襟观照世界的未来时，“和谐”更以东方的智慧为世界勾画出超越国家、民族和文化的美好愿景。

作为人文奥运的灵魂，“和谐”以其深刻的文化内涵和独特的东方视角，在

[1] 曾辉.北京奥运会形象景观的设计规划、设计管理与运行模式解析[A]. 北京奥组委文化活动部.用瑰丽的中国文化感动世界[C]. 北京：当代中国出版社，2009:244.

[2] 陈俊侠，韩冰：《国际舆论：北京奥运会是世界的奥运会》，来源：新华网，2008年8月24日，http://news.xinhuanet.com/newscenter/2008-08/24/content_9674804.htm.

价值观的层面上对形象景观的创意设计与规划管理进行指导。一方面，它作为北京2008年奥运会要达成的诉求目标，在推广和宣传的过程中，要使这一理念深入人心，则需要以形象为载体来呈现。另一方面，它作为指导设计工作开展的具体原则，在设计的进程中始终指导着形象的创造。它如同一条无形的线，将众多形象元素和景观应用紧密地串连起来，形成整合传播的力量。

作为“和谐”思想的视觉载体，核心图形“祥云”承载着中国人的美好愿望，出现在奥运会的每一个角落，广泛地应用于奥运会的公共环境指示系统、31个竞赛场馆景观系统、15个非竞赛场馆景观系统、5个境外城市分场馆景观系统、26个文化广场、城市的景观系统、奥运制服系统、电视、网络、出版物系统、赞助商广告系统、车辆识别指示系统、特许产品开发等各领域，为所有景观应用提供设计的基础框架，将所有的奥运视觉元素连接在一起，使人们通过统一、一致的奥运会形象景观，获得了对中国国家形象最直接、生动、突出的印象——“和谐”中国。

通过奥运会形象景观设计项目的实践，我们看到形象背后的社会、文化因素对于视觉形象的形成所起到的至关重要的作用，它们已远远超出了艺术设计所关注的具体造型问题，而上升为设计文化与社会文化的层面上来。对这些因素的关注，使我们对设计的思考上升了一个高度，视野也随之变得开阔起来。放眼更为广阔的社会文化领域，在更为深层的文化层面上认识理解设计的意义与价值。

广义的国家形象塑造涉及到国家的历史、政治、军事、经济、文化等诸多综合而复杂的因素。我们通过视觉形象的设计与传播来塑造的国家形象，实际上是指国家在对外的国际性交流活动中展现出来的视觉形象。它是国家政体、治国理念的视觉化表现，从一定程度上影响到国际社会对一国国家形象的认知结果。

图像较之于文字具有更加丰富的表现力、包含更为丰富的信息，然而，也会由于接受对象的不同而产生多种解读的结果。尤其在以奥运会为典型代表的跨文化传播活动中，来自不同文化背景的人在传播与被传播的角色中产生文化的碰撞。碰撞本身是文化在交流中取长补短、在互通有无中融合发展的前提，但碰撞也有产生激烈对抗的可能性。因此，针对传播的对象不同，对传播的主题、信息内容、以及传播方式进行有目的、有选择的规划，是一种传播的策略和艺术。

从这种意义上来讲，奥运会形象景观就是这种文化传播策略中的视觉传达方式和传播载体。在战略上，它的目标与透过文化传播途径增强国家文化软实力，最终提升国家形象是一致的。因此，奥运会形象景观的成功与否不完全取决于创意设计、表现手法等视觉语言的高下，更取决于奥运会形象景观是否准确、清晰地传达了中国对世界的诉求，是否获得了良好的传播效果，这也是评价形象景观成功与否的标准之一。

北京奥运会会徽等众多形象元素，尽管在创意来源上，都出自中华民族五千年丰厚的历史文化积淀，但在艺术表现手法上则仁者见仁，智者见智。这些形象发布以后，有肯定的、也有批评的，引来众多的评价。大多是设计师从专业的角度，对创意思路、表现和处理手法、审美风格等方面来评价的。遗憾的是，在这些评价中，缺少一种来自于更为宏观的国家形象的视角。设计是有使命的，从奥运会对中国的意义上来看，这里设计所承担的使命就是为塑造国家形象服务。因此，设计师如果没能超越专业视野的拘囿，就难以看出一个事实——设计正在成为一种国家文化传播的载体，为塑造国家形象发挥作用。

以往，中国的平面设计更多在商业领域中为企业和品牌提升价值空间发挥作用。但透过北京奥运会，设计的作用与价值被提升到国家的层面上。北京奥组委对于奥运会形象景观设计工作的重视，正代表着中国官方对设计价值认识的提升。这是透过北京奥运会，中国在设计观念上的一次飞跃。在奥运会之后，“我国各个层面已经深刻认识到大型体育赛事对塑造城市及国家形象、推动建设的重要作用。近年来一些具备条件的城市纷纷申办和争办大型体育赛事就充分证明了这一点。”[1]如2009年全国运动会、2010年上海世博会等。而奥运会形象景观工作培养的众多景观设计人才，也将这种设计观念和设计实践的经验带到更广泛的领域中去，这些都必将在更为频繁的国际文化交流中为塑造中国的国家形象做出贡献。

国家形象，可以通过视觉形象的传播途径加以影响和塑造，但国家形象不简单的等同于国家透过国际交往活动所表现出的外在视觉形象。尽管透过视觉形象所产生的影响是直观和感性的，对公众的认知和判断可以产生一定的影响；尽管在很大程度上，奥运会形象景观肩负着塑造举办国国家形象的使命，但我们却不能片面夸大其作用。

20世纪80年代末，企业形象系统设计理论（CIS）引入中国大陆，很多企业抱着改善企业及其产品在消费者心目中的形象，从而为企业创造更高利润空间的愿望导入CIS，或者抱着以形象塑造为利器，使企业起死回生的幻想，片面夸大

[1] 张清.人民日报：“北京奥运”对话“上海世博”——奥运世博 激情交响[EB/OL].http://www.expo2010.cn/expo/shexpo/xwzx/mtjj/userobject1ai43909.html，2007-06-20.

形象塑造的作用。然而，影响企业成功的因素岂止外在的形象，企业的产品力、营销力、文化力等众多因素的缺失都足以令一个有着漂亮形象的企业濒于失败，因此，单纯凭视觉上的改善是很难挽救一个企业的生命的。对于国家形象的塑造来说，也是如此。毕竟国家形象的塑造，关涉到国与国之间在政治、经济、文化、教育、体育等众多方面的因素，对于一些公众事件的处理和应对，也已超越国家的范畴，成为国际社会共同参与的主题。因此，国家形象塑造的重任还不仅仅是视觉形象所能独自承担的，其价值也不宜被神化。

由于国家形象涉及到政治、权利乃至于国家战略等一系列复杂的因素，其形象塑造的方式方法、实施过程以及审核评价等机制，都不同于一般的企业或品牌形象的塑造，带有强烈的特殊性。

其一，国家形象是一国文化传播策略的组成部分。国家往往会根据其在国际竞争中的状况制定和调整相应的传播策略，国家形象塑造的方向与这传播策略是一致的，也是在其宏观指导下实施的。近年来通过文化传播来塑造国家形象已经成为一种重要的途径，对于中国这个有着悠久历史、灿烂文化的国家来说，对传统文化的挖掘和展现不仅是必须的，而且还应该加大传播的力度。传统，都曾经是过去时代的当下，而今天具有现代感的文化，也一定会成为未来的传统。对传统的创造性继承，是我们立足今天为文化发展和国家形象的塑造所能做出的贡献。

其二，国家形象的内涵是动态发展着的。由于国家在不同的历史阶段下，施政理念的不同、综合国力的变化，都会赋予国家形象以不同的内涵。例如，建筑作为一种权利在空间中的反映，建国初期的十大建筑和改革开放30年后今天的十大建筑，在设计形式、造型风格和视觉形象等方面所体现出的巨大变化，折射出国家在价值观念和审美意识等方面的时代变迁。北京奥运会形象景观，在对中国民族文化价值的充分挖掘与创造性的继承中，既体现了中国当代设计的整体面貌，也体现了面向21世纪国际化发展的当代中国的形象。

其三，国家形象的塑造需要官方和设计师在沟通中达成共识。对国家形象的认识，官方和设计师有着不同的视角。官方的角度，更多从事件本身对于国家的意义、价值方面考虑，它代表着政府自上而下的价值体系和传播概念的贯彻。尽管这个官方的表述方式不免有些僵化，但在透过事件达成国家形象塑造的目标上，其视野是宏观的、整体的。设计师的角度，则更加关注设计本身的造型、色彩、编排和风格问题。然而，视觉传达设计是以传播信息为使命的。在设计中对谁传达、传达什么、怎么传达，如何在设计师的视觉语言与接受信息的公众之间达成一致的认知，是设计有效传播的关键。在对国家形象的塑造中，设计师的第一公众就是官方。在概念上，官方具有明确的传播意图，但他们找不到合适的形象载体，也缺乏艺术的表现力。但在设计师方面，也常有过于追求艺术的个性而忽视诉求目标达成、忽视传播对象的认知能力而孤芳自赏的状况。这就需要双方在不断的磨合中，达成一致的共识。

其四，国家形象的塑造是在潜移默化的传播中实现的，是一个长期的积累过程。不仅需要有明确的传播战略构想，还需要分阶段、分步骤地设定长、中、短期的传播计划，从而使国家形象的塑造在不断地重复和强化中加深认知，形成印象。既定的传播策略和持之以恒的传播力度都是必不可少的。

综上所述，国家形象的塑造借助视觉形象的感染力和全方位的传播载体，有利于国家文化传统、意识形态的传播，有利于在国际社会中形成良好的国际声誉，有利于提升国家的软实力。从北京奥运会形象景观的实践中，我们看到：作为21世纪初的中国当代设计，在对传统的回望中整合自身的文化资源，使我们可以从容地在面向国际化发展的进程中，结合时代发展的新环境、新要求进行积极的创造。这种基于历史文脉的设计语言的创造无疑为跨文化传播背景下的中国设计指明了发展的方向。北京奥运会形象景观所积累的设计实践经验，也将作为跨文化设计的思考方法为国家形象的塑造提供思路与方法。

二、北京奥运会形象景观对中国设计发展的影响

北京奥运会形象景观在对中国传统文化精神的继承中，在尊重历史、文化的基础上，融入奥林匹克运动的需求、时代的审美风格以及科技与传播的新手段，创造出富于中国精神的独特视觉语言。这种于传承中进行创新的设计观念，必将形成一种设计的方向，引领中国设计发展之路。

由于奥运会是世人瞩目的国际性体育盛会，其中任何一个项目的设计都直接关系到中国的国家形象，因此，为使奥运会形象景观独具特色并呈现出中国设计的最高水平，对设计质量具有极高的要求。这是中国第一次操作如此庞大且意义重大的国际性设计项目，中国的设计师在国际奥委会形象景观专家的指导下，在充分借鉴雅典奥运会的设计实践经验的基础上，结合中国特定的文化特色、组织模式、设计管理形式等条件，在实践中摸索出一个属于中国自己的形象景观设计体系，创造了多项创新点。不仅为中国设计在重大体育文化活动的形象景观设计方面，积累了丰富的设计实践经验，而且在设计的组织管理方面也积累了丰富的

经验。在世界由于越来越多的交流而融为一个大家庭的今天，越来越多的世界性大型文化活动将不断上演，我们所获得的针对大型文化活动的形象设计、传播与管理的经验，在未来将有着广阔的应用前景。

奥运会作为一种文化创意产业的特色越来越得到生动的印证，“作为一种体育与文化完美结合的庆典，它包含着众多的文化元素，形象、景观元素在奥运会中占有越来越重要的位置，奥运会已成为世界上最壮观的一种视觉活动，通过大量的视觉形象，向世界传达自己的价值、文化，重塑自己的形象。”[1]包括口号征集、歌曲征集、奥运景观设计征集在内的大量的主题文化活动，均涉及视觉设计、活动策划、文艺表演等文化创意领域，赋予了奥运会以鲜明的文化色彩和创意特色。这些经验，以及在实践中培养出来的设计师力量，必将对中国的设计发展产生不可估量的推动力。尤其在国际间大型交流活动日益频繁的今天乃至于未来，这些经验和理论有着广阔的应用空间，它们也必将以富于中国特色的视觉语言，向世界传达中国设计的形象。

[1] 高宏存，李明军.奥运创意产业展示中国文化新形象[J].投资北京，2007（2）：82.

综 述

“人体之美、运动之美、艺术之美、文化之美构成了奥运会特有的多种美的综合。在这一美的历程中人们赏心悦目，流连忘返。确实，这一切组成了憾人心弦的真、善、美，其规模之宏大、意境之高远、色彩之浓烈，是其他任何一种文化形式所不能比拟的。”[1]奥运会形象景观的和谐之美正是建立在艺术之美与文化之美的融合之上的。

李泽厚在谈到美的本质和根源时说，“我曾把自然界本身的规律叫做‘真’，把人类实践主体的根本性叫做‘善’。当人们的主观目的按照客观规律去实践得到预期效果的时刻，主体善的目的性与客观事物真的规律性就交会融合了起来。真与善、合规律性和合目的性的这种统一，就是美的本质和根源。自然事物的形式、性能、规律都是特殊的、具体的、有局限的，人类社会实践在长期活动中，由于与多种多样的自然事物、规律、形式打交道，逐渐把它们抽取、概括、组织起来（均指实践活动），成为能普遍适用、到处可用的性能、规律和形式，这时主体活动就具有了自由，成为合规律性与目的性即真与善的统一体。这个统一在这里表现为主体活动的形式——善的形式，善本身好像就是一种形式，是能改造一切对象、到处适用的形式力量，于是这种实践活动的美的实质，恰恰在于它的合规律性的内容，即真成了善的内容。这是就主体（实践活动）说。从客观对象说，善却成了内容，自然事物的美的实质是它的合目的性（符合社会需要、实践目的）的内容，即善成了真的内容。前者是社会美，后者是自然美。”[2]

从以上的思路出发，北京奥运会形象景观的美就在于它首先是符合规律的，其次它是符合目的的。

符合规律的（真），这种规律是分为两条主线延伸的，一条是奥运会形象景观的发展，一条是中国文化传统的发展。北京奥运会形象景观就在这两条主线的交织下，形成了自己独特的形式面貌。

[1] 任海.奥林匹克运动一个充满矛盾的过程——关于现代奥林匹克运动的思考之三[J].体育与科学，1990（3）：2.

[2] 李泽厚.美学三书[M].天津：天津社会科学院出版社，2007：441-442.

符合目的的（善），这种目的是北京2008奥运会形象景观要为实现北京奥运会的整体目标来服务的。具体体现为：①满足奥林匹克精神和文化的传播需要；②满足中国文化传统和精神传播的需要；③满足赛时场馆内外的景观需要；④满足赛时城市景观的需要；⑤满足特许产品和赞助商的市场需求；⑥满足世界人民团结、友好、和平愿望的传播需要；⑦满足中国人以开放的心态融入世界大家庭的美好愿望的传播需要。

当以上两者达成统一时，就形成了北京2008奥运会形象景观的美的本质和根源。这种美是在恰当的处理真与善关系后达成的美，是和谐的美。这里，和谐既是一种追求的目标，同时也是为达成目标，在处理各种关系时的指导思想和价值判断标准。

北京奥运会形象景观的和谐之美，是在理念、形式和系统三个不同的层面上建构起来的。理念之美，是以“和谐”思想为核心的中国文化传统价值观、审美观的体现，不仅反映了中国古老的文化，传达了中国和平崛起的信念和愿望，拓展了奥林匹克文化内涵，更回应了中国在举办奥运会时所面临的来自国内、国外的社会需求。同时，对当下人类所面临的种种问题，如人类发展与日益严峻的环境问题，不同民族国家、不同宗教之间的矛盾与冲突等问题，是具有现实意义的价值观念和有益思路。从这种意义上来说，理念之美是形象景观和谐之美的本质和美的根源，是文化魅力所呈现出的美。由于这一理念顺应了时代和社会的需要，同时也是根植于中国文化传统的土壤之中的，它具有着广泛的文化基础、群众基础、社会基础。因此，从理念的提出和贯彻都能够得到很好的传播效果，社会上下呈现出一派和谐景象。它在精神层面直接指导着形象景观的视觉形式与设计系统的整体建构，在形式与系统的外化中体现出文化的力量。

理念之美是形式之美要传达和表现的思想内容和主题，形式之美是理念之美的具体而直观的呈现。形式之美，是于美学层面所体现出的形式美感。这个形式之美是理念之美在视觉样式中的具体呈现，它通过艺术设计中的造型、色彩、构成形式的处理，充分发掘中国文化传统的形象元素，创造性地继承和运用这些形象元素，从而形成了一系列充满东方智慧和意境的美的视觉符号，它们共同传达出和谐的理念。

北京奥运会形象景观作为一个完整的设计系统，它的系统之美体现为丰富而统一的整体和谐之美，它是恰当的处理了理念和形式、形式与功能间的关系之上呈现出的和谐状态。同时，作为跨文化传播背景下的北京奥运会形象景观，它与国际社会、文化等因素间又构成了一个更大的系统，这个系统超越了艺术设计的范畴，转向更为广阔的设计文化领域。在这个层面上的和谐之美，是超越设计技术层面的更高层次的美，它是符合事物内在规律的和谐的本源美。因此，运用系统化的思维方式去统筹系统资源，处理系统内部因素之间的关系，以及系统内部与系统环境之间的关系，是有效推动设计进程、最终达到系统和谐之美的方法与途径。

理念、形式和系统，三者之间相互关联，密不可分，互为因果。在每一个层面上，所涉及的系统的目的、功能、构成元素、结构和整体面貌都是复杂而多样的，建构合理的秩序与结构、有效地处理好它们之间的关系是保证设计系统有效完成设计目标，实现我国透过形象景观来传播中国文化，塑造国家形象的战略目标的重要保障。实践证明，正是因为系统的思考了形象景观与中国文化的历史以及奥林匹克文化的关系、中国设计的民族特色与跨文化传播的关系、设计元素与景观系统的关系、中国国家形象与国际化背景下的形象认知之间的关系等，既彼此冲突又相互联系的两方关系，才使北京奥运会形象景观设计在“和而不同”的价值理念下，透过寻求彼此之间恰当的关系，达成平衡的状态，从而达到“和谐之美”的最高境界。

在基于中国传统文化资源的创造性继承中，创造属于中国的独特设计语言，将是中国当代乃至未来设计与西方设计进行对话的前提。北京奥运会形象景观在继承与发展上形成了一种设计思想和设计方法，这种整体的、系统的、追求和谐的创作方法，不仅为今后国家形象的塑造、国际文化交流活动的形象景观设计提供了良好的典范，也为中国当代乃至未来的设计提供了可持续发展的设计价值观，更丰富了当代设计的方法论。这正是北京奥运会形象景观为中国留下的重要奥运遗产。

附录A　现代奥运会概况年表

届次	时间／举办地	参与国家／地区数	参加运动员人数	大项数目	小项数目	媒体工作者人数	志愿者人数
1	1896/雅典	14	241	9	43		
2	1900/巴黎	24	997	18	95		
3	1904/圣·路易斯	12	651	17	91		
4	1908/伦敦	22	2008	22	110		
5	1912/斯德哥尔摩	28	2407	14	102		
因第一次世界大战而停止举办							
7	1920/安特卫普	29	2626	22	154		
8	1924/巴黎	44	3089	17	126		
9	1928/阿姆斯特丹	46	2883	14	109		
10	1932/洛杉矶	37	1332	14	117		
11	1936/柏林	49	3963	19	129		
因第二次世界大战而停止举办							
14	1948/伦敦	59	4104	17	136		
15	1952/赫尔辛基	69	4955	17	149		
16	1956/墨尔本	72	3314	17	145		
17	1960/罗马	83	5338	17	150		
18	1964/东京	93	5151	19	163		
19	1968/墨西哥城	112	5516	20	172		
20	1972/慕尼黑	121	7134	23	195		
21	1976/蒙特利尔	92	6084	21	198		
22	1980/莫斯科	80	5179	21	203	5616	
23	1984/洛杉矶	140	6829	23	221	9190	28742
24	1988/汉城	159	8391	25	237	11331	27221
25	1992/巴塞罗那	169	9356	28	257	13082	34548
26	1996/亚特兰大	197	10318	26	271	15108	47466
27	2000/悉尼	199	10651	27	300	16033	46967
28	2004/雅典	201	10625	28	301	21500	45000
29	2008/北京	204	10942	28	302	24562	100000

说明：此表格根据国际奥委会官方网站http：//www.olympic.org整理。

附录B 历届奥运会形象景观一览表

阶段	奥运会形象景观萌芽期 1896 ---1960					
时间	第 1 届 1896 希腊 雅典 1896.4.6-1896.4.15 GREECE Athens	第 2 届 1900 法国 巴黎 1900.5.20-1900.10.28 FRANCE Paris	第 3 届 1904 美国 圣路易斯 1904.7.1-1904.11.23 USA St.Louis	第 4 届 1908 英国 伦敦 1908.4.27-1908.10.31 ENGLAND London	第 5 届 1912 瑞典 斯德哥尔摩 1912.5.5-1912.7.22 SWEDEN Stockholm	第 6 届 1916 (因第一次世界大战停办)
体育场						
标志						
奖牌						
火炬						
体育图标						
吉祥物						
核心图形						
二级图标						

续表

阶段	奥运会形象景观萌芽期 1896—1960				
时间	第 7 届 1920 比利时 安特卫普 1920.4.20-1920.9.12 BILGIUM Antwerp	第 8 届 1924 法国 巴黎 1924.5.4-1924.7.27 FRANCE Paris	第 9 届 1928 荷兰 阿姆斯特丹 1928.5.17-1928.8.12 NETHERLAND Amsterdam	第 10 届 1932 美国 洛杉矶 1932.7.30-1932.8.14 USA Los Angeles	第 11 届 1936 德国 柏林 1936.8.1-1936.8.16 GERMANY Berlin
体育场					
标志	 VII OLYMPIADE ANVERS 1920	 Ie OLYMPIADE PARIS 1924	 OLYMPISCHE SPELEN AMSTERDAM	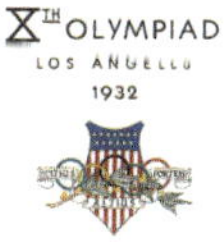 XTH OLYMPIAD LOS ANGELES 1932	 THE XITH OLYMPIC GAMES BERLIN, 1936
奖牌		 	 	 	 
火炬					
体育图标					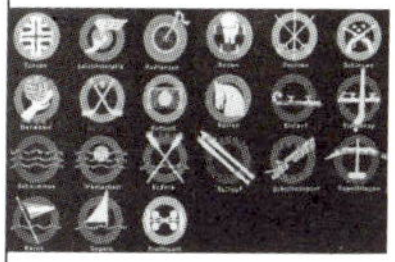
吉祥物					
核心图形					
二级图标					

续表

阶段	奥运会形象景观萌芽期 1896—1960				
时间	第 12-13 届 1940 1944 [illegible]	第 14 届 1948 英国 伦敦 1948.7.29-1948.8.14 ENGLAND London	第 15 届 1952 芬兰 赫尔辛基 1952.7.19-1952.8.3 FINLANDA Helsinki	第 16 届 1956 澳大利亚 墨尔本 马术比赛在瑞典 / 斯德哥尔摩 1956.11.22-1956.12.8 AUSTRALIA Melbourne	第 17 届 1960 意大利 罗马 1960.8.25-1960.9.11 ITALIAN Rome
体育场		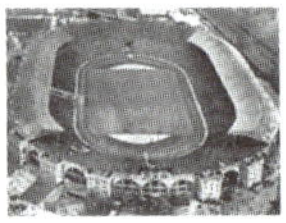	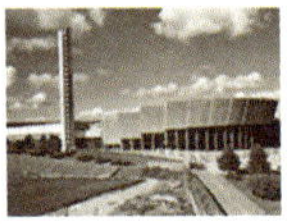	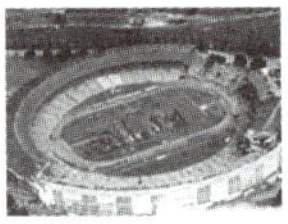	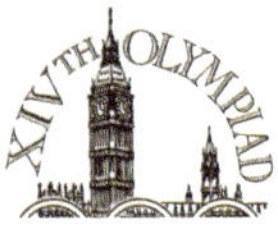
标志		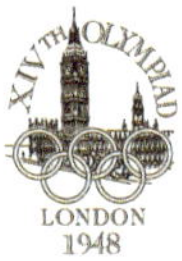	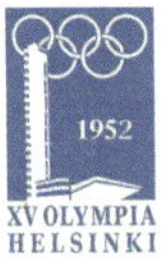	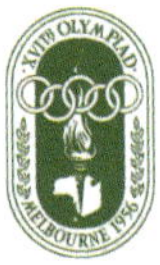	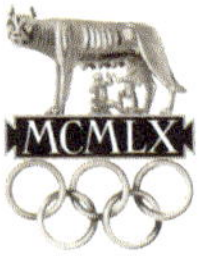
奖牌		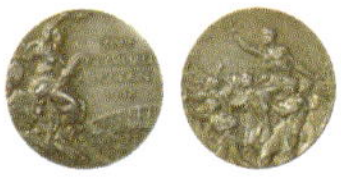	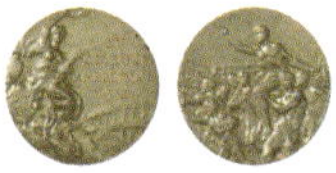	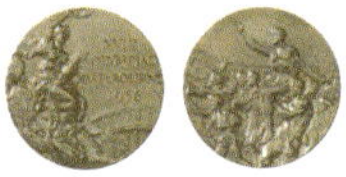	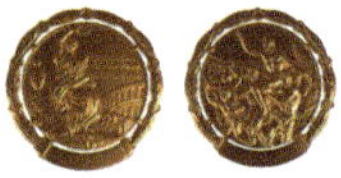
火炬		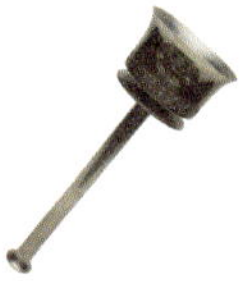	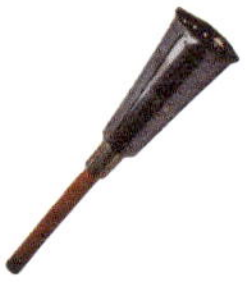	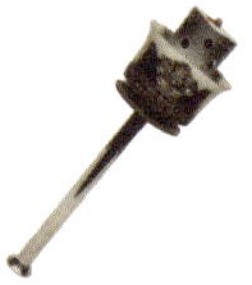	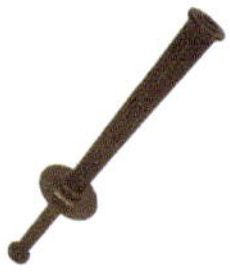
体育图标		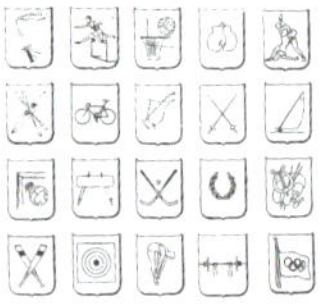			
吉祥物					
核心图形					
二级图标					

续表

阶段	奥运会形象景观初步形成期 1964—1984				
时间	第18届 1964 日本 东京 1964.10.10-1964.10.24 JAPAN Tokyo	第19届 1968 墨西哥城 1968.10.12-1968.10.27 MEXICO City	第20届 1972 德国 慕尼黑 1972.8.26-1972.9.11 GERMANY Munich	第21届 1976 加拿大 蒙特利尔 1976.7.17-1976.8.1 CANADA Montreal	第22届 1980 苏联 莫斯科 1980.7.19-1980.8.3 RUSSIA Moscow
体育场					
标志	TOKYO 1964	MEXICO68	Munich1972	Montréal 1976	Игры XXII Олимпиады Москва 1980
奖牌					
火炬					
体育图标					
吉祥物			瓦尔迪 Waldi	海狸 Amik	米莎 Misha
核心图形					
二级图标					

续表

阶段	奥运会形象景观发展期 1984 — 1996			
时间	第 23 届 1984 美国 洛杉矶 1984.7.28-1984.8.12 USA Los Angeles	第 24 届 1988 韩国 首尔 1988.9.17-1988.10.2 KOREA Seoul	第 25 届 1992 西班牙 巴塞罗纳 1992.7.25-1992.8.9 SPAIN Barcelona	第 26 届 1996 美国 亚特兰大 1996.7.19-1996.8.4 USA Atlanta
体育场				
标志	Games of the XXIIIrd Olympiad Los Angeles 1984		Barcelona'92	
奖牌				
火炬				
体育图标				
吉祥物	山姆 Sam	虎多里 Hodori	科比 Cobi	利兹 Izzy
核心图形				
二级图标				

续表

阶段
奥运会形象景观形成完善期 2000—2008
时间
第 27 届
2000
澳大利亚 悉尼
2000.9.15-2000.10.1
AUSTRALIA Sydney
第 28 届
2004
希腊 雅典
2004.8.13-2004.8.29
GRACE Athens
第 29 届
2008
中国 北京
2008.8.8-2008.8.24
CHINA Beijing
体育场
标志
Sydney 2000
ΑΘΗΝΑ 2004
Beijing 2008
奖牌
火炬
体育图标
吉祥物
Ollie Syd Millie
澳利 悉德 米莉
Athena Phevos
雅典娜 费沃斯
福娃
核心图形
二级图标
SPORTS EQUIPMENT
national education
GamesForce 2000
OLYMPIC TORCH RELAY
Environment
Culture
Volunteer
Torch Relay
Beijing 2008

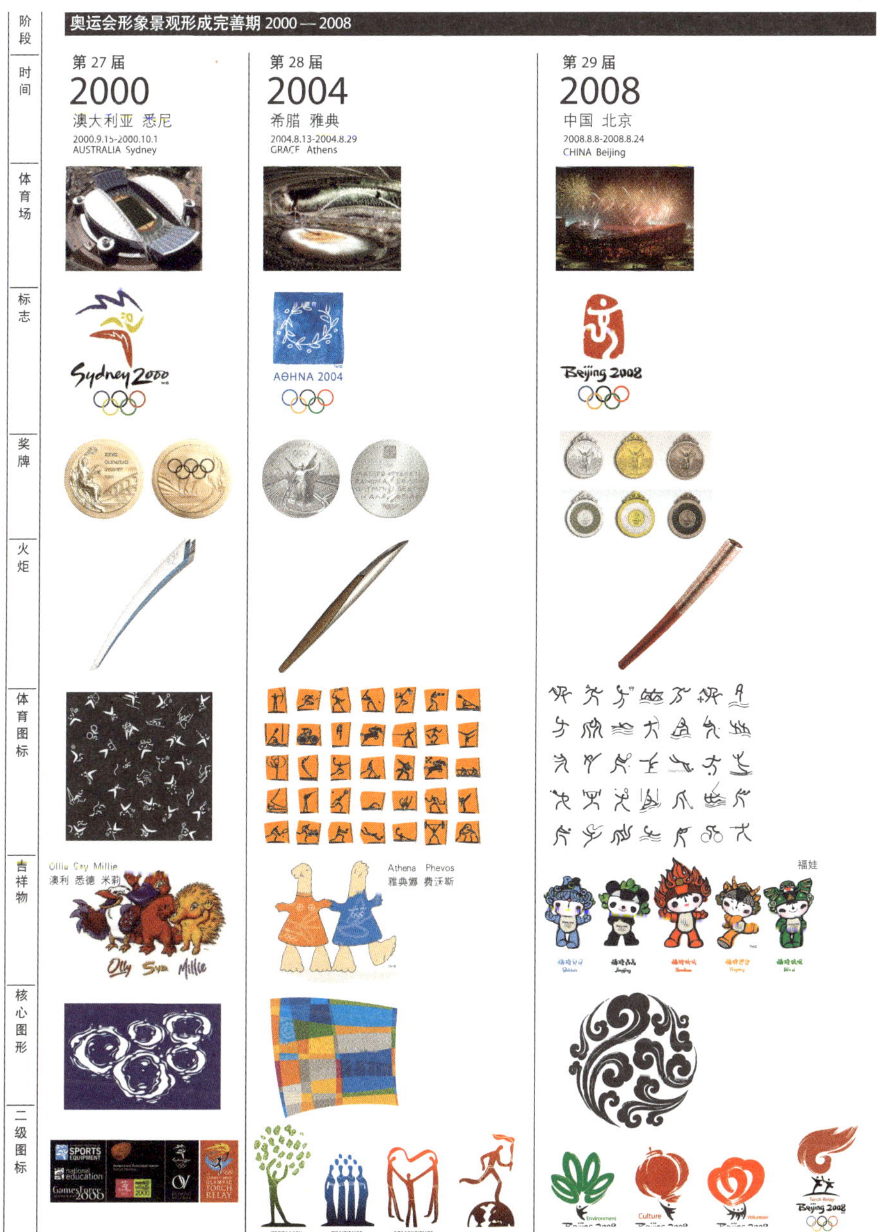

附录C　历届奥运会形象景观设计项目一览表

届次	时间 / 举办地	会徽	吉祥物	体育图标	辅助图形	二级标志	奖牌	火炬	地图	证书	海报	环境导视	场馆景观	服装	门票	邮品	纪念章	车体
1	1896/雅典	●					●			●						●	●	
2	1900/巴黎	●					●			●	●						●	
3	1904/圣・路易斯	●					●			●	●						●	
4	1908/伦敦	●					●				●						●	
5	1912/斯德哥尔摩	●					●			●	●				●		●	
因第一次世界大战而停止举办																		
7	1920/安特卫普	●					●				●						●	
8	1924/巴黎	●					●			●	●					●	●	
9	1928/阿姆斯特丹	●					●				●						●	
10	1932/洛杉矶	●					●		●	●	●						●	
11	1936/柏林	●					●	●	●	●	●					●	●	
因第二次世界大战而停止举办																		
14	1948/伦敦	●		●			●	●		●	●					●	●	
15	1952/赫尔辛基	●					●	●		●	●				●	●	●	
16	1956/墨尔本	●					●	●	●	●	●			●		●	●	
17	1960/罗马	●					●	●		●	●						●	
18	1964/东京	●		●			●	●		●	●	●	●		●	●	●	
19	1968/墨西哥城	●		●	●		●	●	●	●	●	●	●	●	●	●	●	
20	1972/慕尼黑	●	●	●	●		●	●			●	●			●	●	●	
21	1976/蒙特利尔	●	●	●			●	●			●	●			●	●	●	
22	1980/莫斯科	●	●	●			●	●			●					●		
23	1984/洛杉矶	●	●	●	●		●	●		●	●	●	●				●	●
24	1988/汉城	●	●	●			●	●		●	●	●	●		●		●	
25	1992/巴塞罗那	●	●	●			●	●			●	●	●	●				●
26	1996/亚特兰大	●	●	●	●	●	●	●		●	●	●	●	●			●	●
27	2000/悉尼	●	●	●	●	●	●	●	●		●	●	●	●	●		●	●
28	2004/雅典	●	●	●	●	●	●	●		●	●	●	●	●	●		●	●
29	2008/北京	●	●	●	●	●	●	●	●	●	●	●	●	●	●	●	●	●

附录D 奥运会形象景观及相关事件年表

届次	时间 / 举办地	奥运会海报	国际艺术、设计与文化事件
1	1896/雅典 		新艺术运动在德国盛行，在那里被称为“青年”风格，得名于一本艺术文化类杂志《青年》。 帕森斯设计学院在纽约建立。
2	1900/巴黎 	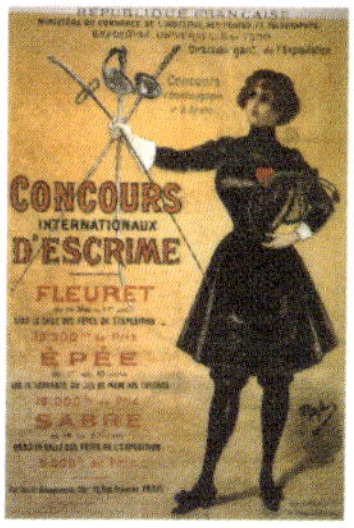	德国新艺术风格插图的代表作之一，爱德华·范·雷兹尼科克的画集《它》，由艾伯特–朗根出版社（慕尼黑）出版。 弗利兹·赫尔马斯·艾克、乔治·比罗和弗里德里希·威廉·克鲁肯斯创立了柏林的Seglitz工作室，作为德国第一个综合性设计工作室，它成为新平面设计的主要传播者，该工作室一直持续至1903年。 在法国世界博览会期间，举行了埃菲尔铁塔和巴黎地铁的落成典礼。
3	1904/圣·路易斯 	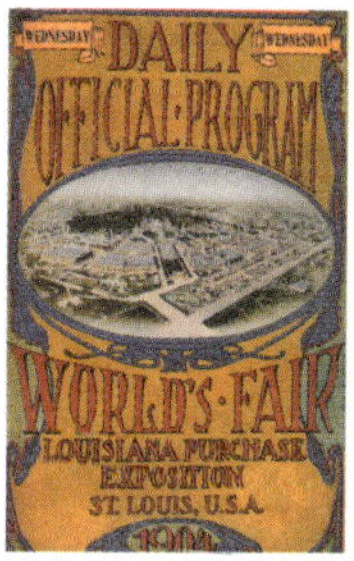	C·R·马金托什为英国格拉斯哥柳树茶室设计了室内装饰。 德国工艺联盟的创始人之一赫尔曼·穆特修斯出版了《英国住宅》一书。 美国广告联合会成立。
4	1908/伦敦 		纽约国家艺术俱乐部发起了第一届广告艺术年展，它告诉人们，广告艺术既能有效的广而告之，又兼具艺术价值。 彼得·贝伦斯为德国通用电力公司（AEG）设计了台式电风扇。

续表

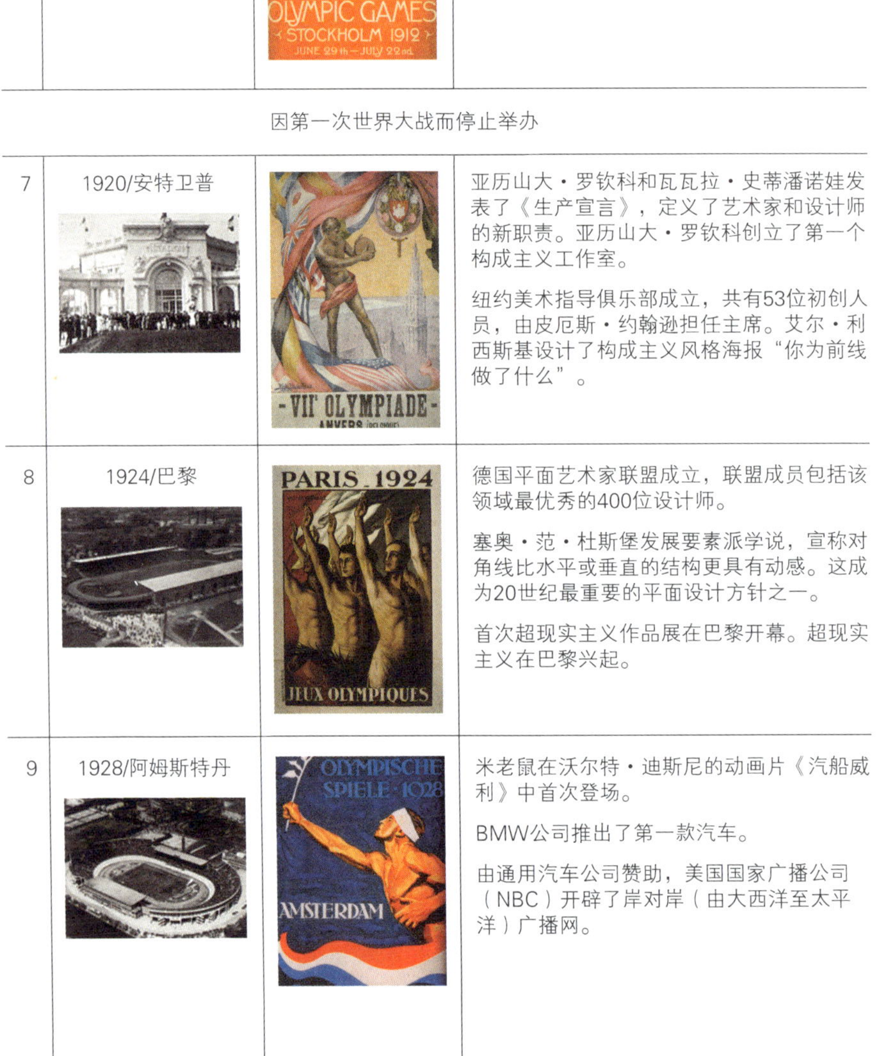

届次	时间／举办地	奥运会海报	国际艺术、设计与文化事件
5	1912/斯德哥尔摩		弗拉迪米尔·弗拉迪米洛维奇·马雅可夫斯基等人合作发表了“未来主义的宣言”——《给公众趣味一记耳光》。 F·T·马里内蒂发表了《未来主义文学的技术性宣言》。
	因第一次世界大战而停止举办		
7	1920/安特卫普		亚历山大·罗钦科和瓦瓦拉·史蒂潘诺娃发表了《生产宣言》，定义了艺术家和设计师的新职责。亚历山大·罗钦科创立了第一个构成主义工作室。 纽约美术指导俱乐部成立，共有53位初创人员，由皮厄斯·约翰逊担任主席。艾尔·利西斯基设计了构成主义风格海报“你为前线做了什么”。
8	1924/巴黎		德国平面艺术家联盟成立，联盟成员包括该领域最优秀的400位设计师。 塞奥·范·杜斯堡发展要素派学说，宣称对角线比水平或垂直的结构更具有动感。这成为20世纪最重要的平面设计方针之一。 首次超现实主义作品展在巴黎开幕。超现实主义在巴黎兴起。
9	1928/阿姆斯特丹		米老鼠在沃尔特·迪斯尼的动画片《汽船威利》中首次登场。 BMW公司推出了第一款汽车。 由通用汽车公司赞助，美国国家广播公司（NBC）开辟了岸对岸（由大西洋至太平洋）广播网。

续表

届次	时间 / 举办地	奥运会海报	国际艺术、设计与文化事件
10	1932/洛杉矶		纽约现代艺术博物馆现代建筑国际展向人们展现出一个“真正”现代主义的雏形。 纽约现代艺术博物馆在绘画和雕塑的基础上，又增加了建筑设计、工业设计和平面设计的藏品。 包豪斯学院派转移到柏林。
11	1936/柏林		“维也纳式”图示统计法的创始人奥托·纽拉斯出版了《国际图形语言》一书，全面详述了他的统计方法。 查理·卓别林主演的电影《摩登时代》公映。 伦敦播送了第一个定时的电视节目。 厄尼斯特·艾尔默·卡尔金斯出版了《美国广告艺术》一书，纵览了美国广告设计的新发展。他提出了“产品风格化”的概念，即通过改变产品的风格来扩大消费者的需求——堪称“风格美感”的先驱。
因第二次世界大战而停止举办			
14	1948/伦敦		勒·柯布西耶提出了“模距Ⅰ”和“模距Ⅱ”理论。 “低成本家具”展览会在纽约现代艺术博物馆举行。
15	1952/赫尔辛基		埃格伯特·雅各布森出版了《七个设计师看商标设计》一书，这是一本介绍当代商标设计艺术发展的指南书。 鲁道夫·德·哈拉克在纽约开办设计工作室，创立现代主义设计风格。

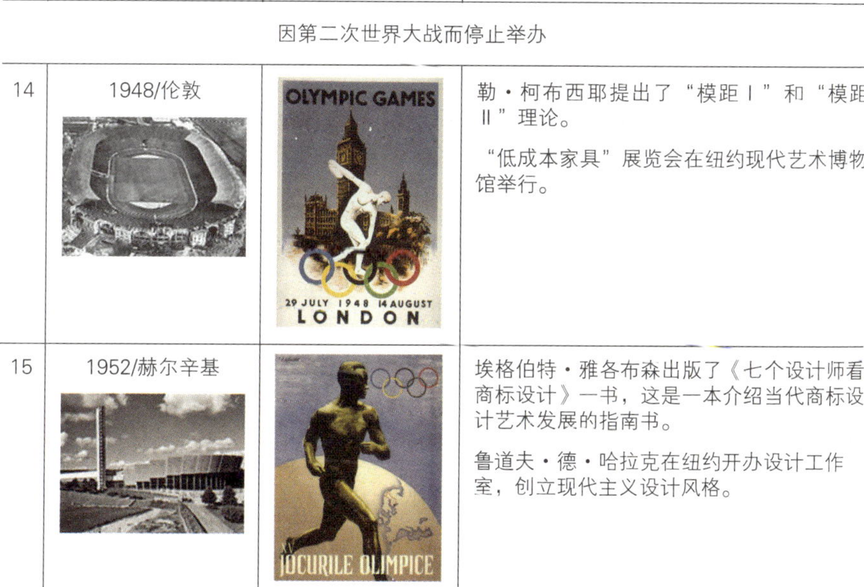

续表

届次	时间 / 举办地	奥运会海报	国际艺术、设计与文化事件
16	1956/墨尔本 		威廉·桑德伯格出版了第一期《排版实验》杂志，这是一本关于版式设计研究的杂志。 保罗·兰德受埃里奥特·诺伊斯所聘，成为IBM公司的设计顾问，定期对所有包装和标识做出实质性的改变。他根据乔治·查普的城市字体设计了厚衬线的IBM品牌名称字体。
17	1960/罗马 		世界设计大会在日本东京举行。 龟仓雄策成为日本设计中心的总负责人。 照相排版公司出版了《字体辞典》第一、二卷。该辞书收录了最广范围的照相排版字体，是当时查阅经典字体、常规字体和特殊字体的主要工具书。 美国有8500万电视用户。 亨利·德莱弗斯出版了《人的尺寸》一书，该书在人体工程学广为流行之前，就强调了其必要性。
18	1964/东京 		首届华沙海报双年展举行。 欧普艺术（抽象的几何构成艺术）开始影响平面设计界。 马歇尔·麦克卢汉出版了《理解媒体》。 纽约世博会在皇后区法拉盛草地举行，巨型金属地球仪Unisphere是此次世博会标志和中心装饰物。
19	1968/墨西哥城 		耶鲁大学和巴塞尔学院成立平面设计研究生院。 纽约现代艺术博物馆举办“文字和图片”展，这是美国第一次主要的博物馆海报展。 CBS电视台研制出电视屏显示字体，这是最早用于电视显示的电子字体之一。 库伯里克导演的《2001：太空旅行》上映。

续表

届次	时间／举办地	奥运会海报	国际艺术、设计与文化事件
20	1972/慕尼黑 		以不羁的设计预示了迷幻风潮的日本海报设计师横尾忠则在纽约现代艺术博物馆举办了个人作品展。 保罗·兰德在IBM公司的厚衬线标志字体上添加了条纹，这开创了在标志设计中使用扫描线的风潮。兰德的设计意图是使厚重的标志字体在某些场合不会显得过于突兀。 罗伯特文丘里、丹尼斯·斯科特·布朗和史蒂文·伊泽诺出版了《向拉斯维加斯学习》一书，该书详细阐述了对拉斯维加斯建筑的研究，提供了对建筑象征主义和城市形象研究的一般性认识，更激发了平面设计的“本土化”运动。 依照建筑学者查尔斯·詹克斯的说法，当圣路易斯·普鲁特－伊格公寓被认为是冰冷、非人性化的住所而被拆毁时，就意味着现代主义风格的终结。
21	1976/蒙特利尔 		安德里亚·布兰兹与亚历山德罗·蒙蒂尼、艾托尔·索特萨斯组建了米兰设计顾问公司（CDM）。 美国建筑师协会研究中心主席，建筑师兼设计师理查德·索尔·伍曼提出了“信息构架”的概念，此后进一步提炼为“信息构架”理论，详细阐述了式样和理念之间的对立统一关系。 文丘里、劳赫和斯科特·布朗策划了“生命的标志：美国城市中的符号”展览。 朋克作为一种服装、音乐和平面设计风格开始在英国流行。 美国宇航局发射第一架航天飞机。 苹果电脑公司创立。
22	1980/莫斯科 		特里·琼斯创办了《i-D》杂志，它最初是一本展示新“街头”风格的时尚杂志，并继而提出了一种自由平面设计理念——“即时设计”。 在身为纽约视觉艺术学院的学生时，基思·哈林便开始创作“涂鸦”艺术（直至整个80年代）。

续表

届次	时间 / 举办地	奥运会海报	国际艺术、设计与文化事件
23	1984/洛杉矶 		《国家地理》杂志第一次也是唯一一次采用全息照片作为封面。 安德里亚·布兰兹出版了《暖房》一书，全面纵览了意大利的“新浪潮”设计。 苹果个人电脑进入市场。苹果电脑公司推出了麦金托什机，这是第一款成功的鼠标驱动及图像用户界面电脑。麦金托什机的屏幕字体是最早的位图字体，它是由苏珊·凯尔为苹果公司设计的。 沃克艺术中心主办了“20世纪的海报：先锋派设计巡回展”，展览中囊括了探寻平面设计历史根源的完整资料。
24	1988/汉城 	 SEOUL 1988	现代艺术博物馆举办解构主义建筑展。 《设计史》期刊在英国发行。
25	1992/巴塞罗那 	 Barcelona'92	美国有线新闻网络CNN推出网络版。 吉恩·阿莫·波利创造了“网上冲浪”一词。 AT&T公司推出2500型可视电话
26	1996/亚特兰大 	 ATLANTA	奥地利设计师罗伯特·卡林纳为欧盟（EU）设计了第一系列的欧元（直至1997年）。 J·阿伯特·米勒出版了《空间字体设计》一书，该书着重研究在虚拟环境中的字体形状，并引发了对实验性无定形字体的探索。 展现次时代生活方式的英国杂志《壁纸》在美国出版，杂志采用新现代主义简洁风格的设计。 互联网联网电脑数量达到1280万台。网络电视问世。

续表

届次	时间 / 举办地	奥运会海报	国际艺术、设计与文化事件
27	2000/悉尼 		伦敦塔特现代博物馆开馆。 无限通讯使用的协议（WAP）移动技术普及。 国际字体公司（ITC）推出了《U&lc》杂志的网络版《U&lc Online》。在这本有26年历史的字体和平面设计杂志宣布于1999年19月第二期（总第26期）后将不再出版印刷版，随后推出《U&lc Online》第一期。 AIGA在新设计的位于纽约第五街的总部举办了CG2000展览。
28	2004/雅典 		现代设计史——家居展览会在伦敦设计博物馆展出。 iMac G5问世。
29	2008/北京 		"ChinaDesignNow"（设计中国）展在英国维多利亚与阿尔伯特博物馆（V&A博物馆）展出。这是英国第一次举办最新当代中国设计的展览，将首次阐释经济发展对中国都市的建筑和艺术设计产生的影响。 联合国教科文组织授予中国深圳"设计之都"称号，批准深圳加入创意城市网络。 美国内华达州艺术博物馆正在举办美国著名建筑大师弗兰克·劳埃德·赖特设计展，百余件家具、金属制品、纺织品和设计图纸等原件展现了赖特一生的杰出成就。 美国最大的设计展第20届国际当代家具展(ICFF)于5月17日至20日举办。今年的ICFF有来自20个国家的40名设计师展出最前卫、最时尚的设计作品，到场的观众可现场与设计师交流并购买其设计作品。 日本举行第18届国际时装展，这是亚洲最大型的，以商业为主导的大型时装展，每天的参观人次将达到 10，000人以上。来自24个国家的超过800家参展商将参加此次展会。

说明：此表格中"国际艺术、设计与文化事件"的内容根据［美］史蒂夫·海勒、伊利诺·派提特：《平面设计编年史》，忻雁译，上海人民美术出版社，2007年版，和［英］巴斯科南：《世界现代设计史》，甄玉、李斌译，南宁，广西美术出版社，2007年版编写。

附录E　北京2008奥运会形象景观大事记

年	月／日	事　件
2001	7月13日	国际奥委会主席萨马兰奇在莫斯科举行的国际奥委会第112次全会上宣布，中国北京市以56票赢得了2008年第29届夏季奥运会的举办权。
	10月11日	为加强对奥林匹克知识产权的保护，维护奥林匹克知识产权人和相关权利人的合法权益，保障和促进奥林匹克运动的持续、健康发展。北京市人民政府发布第85号令《北京市奥林匹克知识产权保护规定》，该规定自2001年11月1日起施行。
	12月13日	第二十九届奥运会组委会（简称北京奥组委）在北京正式成立，它承担着北京奥运会和残奥会各项筹办任务的组织工作。
2002	2月3日	刘淇在美国盐湖城国际奥委会第113次全会上第一次代表北京奥组委向国际奥委会陈述北京奥运会筹办工作进展情况。
	2月4日	为了加强对奥林匹克标志的保护，保障奥林匹克标志权利人的合法权益，维护奥林匹克运动的尊严，中华人民共和国国务院颁布第345号《奥林匹克标志保护条例》，该条例自2002年4月1日起施行。
	7月2—3日	北京2008奥林匹克设计大会在北京国际会议中心举行，标志着北京2008年奥运会形象与景观设计工程正式启动。北京2008年奥运会会徽设计大赛开始，会徽作品征集于今年10月8日结束。7月3日，北京2008——奥林匹克设计大会闭幕。
	7月13日	北京申奥一周年纪念。由北京市政府和北京奥组委共同制订的《北京奥运行动规划》正式公布，提出了“新北京，新奥运”两大主题和“绿色奥运、科技奥运、人文奥运”三大理念。
2003	2月16日	北京奥运会倒计时2 000天。
	7月13日	北京申奥三周年纪念。
	8月3日	2008年夏季奥运会会徽“中国印・舞动的北京”在北京天坛祈年殿发布。从这一刻起，舞动的北京张开双臂，以开放的姿态迎接世界友人，与世界共起舞。
	9月1日	“北京奥运会市场开发计划”在京启动。

续表

年	月/日	事件
2004	5月15日	青岛“帆船之都”徽标发布。
2004	7月13日	北京申奥三周年纪念。2008年北京残奥会会徽“天·地·人”发布仪式，暨第二届“北京2008”奥林匹克文化节闭幕式在北京中华世纪坛举行。
2004	8月5日	北京奥组委正式向全球的专业设计机构和专业设计人员发出邀请，公开征集2008年奥运会和残奥会吉祥物设计。
2004	8月29日	在雅典奥运会闭幕式上，北京市长、北京奥组委执行主席王岐山从国际奥委会主席雅克罗格手中接过奥运会会旗，标志着奥运会进入北京周期。
2004	9月28日	在雅典残奥会闭幕式上，北京市副市长、北京奥组委常务副主席刘敬民从国际残奥委会主席克雷文手中接过残奥会会旗。
2004	12月1日	北京奥运会吉祥物征集工作结束，共收到有效参赛作品662件。
2005	1月1日	北京2008年奥运会主题口号征集活动启动，在短短1个月的征集期内，共收到应征口号总数达21万条。
2005	1月	北京2008年奥运会标准色彩系统方案获北京奥组委正式通过。
2005	3月1日	北京奥运会开幕式、闭幕式创意方案征集活动开始。
2005	3月	北京2008年奥运会体育图标的研发工作正式启动，北京奥组委定向邀请了4家著名设计院校和设计机构参与体育图标的设计开发，并由清华大学美术学院和中央美术学院联合成立设计修改小组，对入选方案进行修改完善。
2005	4月5日	北京2008奥运会核心图形创作任务启动，清华大学美术学院装潢系受邀参加核心图形的设计。
2005	6月5日	北京奥运会志愿者标志发布，志愿者项目正式启动。
2005	6月26日	2008年北京奥运会主题口号“同一个世界，同一个梦想”(One World One Dream)在北京工人体育馆正式发布。
2005	9月24日	北京奥运会环境标志发布。“树冠与人形组成参天大树，代表人与自然的和谐统一；绿色的线条如舞动的彩带，环绕交错，仿佛茂密的树冠和盛开的花朵，体现自然的可持续发展”。

续表

年	月／日	事　件
2005	11月11日	在2008年奥运会倒计时1 000天之际，第29届夏季奥运会吉祥物“福娃”在北京发布。五个福娃运用了中国传统艺术的表现方式，展现了中国的灿烂文化。它们的名字分别是“贝贝”“晶晶”“欢欢”“迎迎”“妮妮”，连在一起读就成了“北京欢迎你”。
	12月2日	核心图形“吉祥”历时9个月，经过14次修改，通过了第29届奥林匹克组织委员会第61次执行委员会的审批，最终定稿。
	12月5日	北京奥组委正式启动2008年奥运会制服设计工作。北京2008年奥运会制服包括奥组委工作人员制服、技术官员（裁判员）制服、志愿者制服三类。中国服装设计师协会、清华大学、中央美院以及北京奥运会合作伙伴阿迪达斯公司等机构和单位的40余人参加了研讨会。
2006	1月11日	北京奥运会奖牌设计方案向全球征集。
	4月16日	北京奥运会开闭幕式创作团队揭晓，张艺谋执导奥运会开闭幕式。
	6月23日	第四届“北京2008”奥林匹克文化节开幕。
	8月7日	在2008年奥运会倒计时两周年之际，北京奥组委发布了名为“篆书之美”的奥运会体育项目图标，共包括35个运动项目，是奥运会基础形象元素之一。
	9月6日	北京2008年残奥会吉祥物“福牛乐乐”在北京发布。
2007	3月27日	北京奥运会开幕倒计时500天；北京2008年奥运会奖牌 “金镶玉”正式发布。
	4月26日	2008年第29届夏季奥运会火炬接力传递计划路线及火炬形象发布。2008年北京奥运会火炬接力的主题是“和谐之旅”，口号是“点燃激情，传递梦想”。北京奥运会火炬“祥云”面世，北京奥运会火炬创意灵感来自“祥云”图案。
	5月23日	第13届残奥会体育图标发布。
	6月23日	第五届“北京2008”奥林匹克文化节开幕。
	8月8日	北京奥运会倒计时一周年活动在天安门广场举行。
	9月13日	北京奥组委发布了第二十九届奥运会安保标志。

续表

年	月／日	事　　件
2007	10月12日	北京奥运会倒计时300天。
	11月14日	北京奥组委在北京奥运新闻中心发布了北京2008年残奥会奖牌。奖牌的设计创意、造型与北京奥运会奖牌一脉相承，体现了“两个奥运同样精彩”的要求，完美诠释了“同一个世界，同一个梦想”的主题。
2008	1月16日	北京奥组委在北京奥运新闻中心举行了奥运火炬接力形象景观新闻发布会，发布了火炬手服装和跑手服装。
	1月20日	北京奥运会倒计时200天。
	4月23日	北京奥组委在北京奥运新闻中心新闻发布厅召开新闻发布会，票务中心负责人将介绍北京奥运会第三阶段票务销售情况，在现场展示奥运门票票样。发布北京2008年奥运会门票设计方案。
	4月30日	北京奥运会倒计时100天。
	5月8日	北京奥运会圣火登上珠穆朗玛峰。
	6月23日	第六届“北京2008”奥林匹克文化节开幕。
	7月17日	在北京“798”艺术区举办“北京奥运会颁奖礼仪服饰及主要颁奖元素发布仪式”，北京奥运会颁奖礼仪服装共有16款。
	7月18日	北京奥运会、残奥会官方海报发布会在北京奥运会主新闻中心举行。发布北京奥运会海报16张、残奥会官方海报16张。
	7月27日	北京奥运村开村。
	8月8日	第29届奥林匹克运动会在北京国家体育场“鸟巢”隆重开幕，为期16天37个项目比赛的序幕拉开了。
	8月23日	第29届奥林匹克运动会在北京国家体育场“鸟巢”隆重闭幕。
	9月6日	残奥会隆重开幕。
	9月17日	残奥会隆重闭幕。

后　记

如果说设计语言是设计师独有的表现与传达方式，那么北京奥运会形象景观则呈现了中华民族独有的东方式的视觉表达方式。它是若干中国设计师们集体无意识的流露，更是他们在国际化背景下作出的有意识的选择。中国设计伴随着经济的发展，经历了从工艺美术到艺术设计的转变，正值摆脱模仿走向创造，寻找属于自身文化的独特设计语言的阶段。北京奥运会的举办，给予中国设计师们将种种关于中国设计语言的探索与尝试付诸实施的舞台，不仅为北京奥运会留下了重要的视觉遗产，更在设计史上为当下中国的设计面貌留下浓重的一笔，成为一个具有世界影响力的设计成果。

2005年起，我有幸作为北京奥运会形象景观设计小组的核心成员之一，先后参与了核心图形、官方海报、奥运门票等设计工作。在历时三年的设计实践中，我深深体会到奥运会的形象景观是一个关乎国家形象的庞大设计系统，尽管我所参与的项目只是其中很小的一部分，但其间的每一个设计元素都将在国际舞台上向数以亿计的观众们传播中国的形象。然而，中国五千年的历史中蕴含着不胜枚举的充满丰富文化内涵的视觉元素，哪些元素能代表中国，又能为世界所接受？它们以怎样的视觉形式和设计语言来呈现，才能在中国的历史文脉中创造当下的设计风格？伴随着这样的诘问，已经记不清有多少次为心中洋溢的创作思路而信心满怀，多少次为完成设计构想而通宵达旦，多少次为遭遇质疑的方案寻求新的方向，又有多少次在提案受挫后重整旗鼓…… 随着设计工作的深入，在与奥组委的无数次沟通中，我对设计所传达的主题、所承载的文化内涵、所肩负的使命等影响设计表现的深层次因素有了更多的考量。渐渐地，我的视野从一个视觉符号放大到一个设计系统，从设计本身转向其背后的历史、社会、文化的多重视角，从完成设计任务开始向着奥运会形象景观的系统研究转变。

2008年奥运会成功开幕，意味着设计工作告一段落，我开始有时间从前期积累的大量资料和一些片段的感性认识中梳理思路，着手进行学位论文的撰写工作。此间，对于奥运遗产的整理和总结成为社会普遍关注的话题，这意味着我的研究工作似乎有了更深刻的社会意义和学术价值，于我这个疏于理论思考而备受写作之苦的设计师来说，着实是一种鼓舞，心里暗暗期许着自己的论文能够成为这份遗产中不可或缺的一份子。

2010年1月博士毕业，论文受到了评阅教授们的肯定。认为这篇论文是基于长期的设计实践所延伸出的学术思考，文献梳理较为全面，对案例的剖析具体而深入，有说服力。特别是能够将“北京奥运会形象景观”置身于中国传统文化和时代背景下，从设计与社会、设计与国家、设计与文化的大背景下，进行全面、系统、深入的研究，是难能可贵的。前辈们的鼓励给了我要把论文成书出版的决心和勇气。尽管第一次写作这么大篇幅的文章，有很多力不从心的地方，尽管自己尽心竭力地反复修改，仍难免存在一些疏漏和不足之处。然而，作为一名参与北京奥运会形象景观设计的设计师和研究者，我觉得有责任和义务与大家一同分享这一研究成果。我希望它不仅仅是一次对北京奥运会形象景观的回顾与梳理，更期待它所揭示的追求“和谐之美”的设计观念能够成为未来设计思考的方向，激励作为设计师的我们创造出更多、更好的作品来。论文的写作过程就是一个思考日臻完善的过程。然而，研究越深入，就越发觉得自己的学术积累不足，很多问题还有待日后继续探讨。因此，这篇论文的发表也只能算是一个阶段成果的汇报，希望以此为起点，展开自己的学术之旅。

论文从选题到完稿，五年的时光匆匆流过。这个从设计师到设计理论研究者的蜕变过程并非一蹴而就，也远非我个人智慧和努力能够达成的。当这篇论文即将出版的时候，我要由衷地感谢那些为我的研究无私奉献的师长、朋友和家人。

首先，衷心感谢我的博士生导师何洁教授，是他带我走进北京奥运会核心图形的创作团队，以他开阔的学术视野和敏锐的洞察力引领我在奥运的设计实践中一步步积累起学术研究的热情，指导我在这样一个庞大而复杂的设计系统中找到研究的切入点。在我思路不甚清晰、停滞不前的时候，他总是用诙谐的话语启发我、激励我不断向前。尤其在核心图形祥云的创作中，他结合“同一个世界 同一个梦想”的主题口号，以及我国构建和谐社会的发展目标，提出“和谐”的创作理念，一语中的地为核心图形祥云找到了文化的基点和存在的价值。事实证明，这一创作理念不仅成就了核心图形，更成为整合北京奥运会形象景观的核心概念。这种判断是在他多年的专业素养和对中国文化、社会等综合因素的切实把握中酝酿出来的，它让我懂得了设计师以及设计师的创作总是与时代的文化需求紧密相连的，正是文化所包容的巨大力量才使设计作品得以产生广泛而深远的影响。多年来，何老师对学术研究的热忱，严谨的治学态度和谦逊的为人，渗透在教与学的每一个环节里，时时影响并启发着我。也许相对于这个喧哗嘈杂的时代而言，这是一段寂寞的旅程，然而老师的一言一行所渗透出的不懈精神将是伴随我学术之旅的宝贵财富。

其次，我要感谢杭间、张夫也、周浩明、吴冠英、陈辉、华健心、李正安、孙建君和张森等教授，在论文的选题、写作与评阅阶段给予热心的指导和中肯的建议。感谢赵萌和千哲老师对形象景观设计工作的指导，他们对于形象景观所肩负的使命和意义的理解，为我带来了认识奥运设计的另一种视角。感谢马泉老师和全系同事为我分担了很多教学任务。

感谢中国奥委会市场开发委员会的时刻先生，在他热心的协助下我与国际奥委会市场开发部取得联系，获得在论文中使用奥林匹克标志的许可。还有从未见面的沈洁，协助我获得了中国奥委会的许可。

感谢我的硕士导师高中羽教授，是他在病重期间为我联系出版社，使我的论文能够得以出版。他身患癌症却依然笔耕不辍的身影，至今还时常浮现于眼前，不断激励着我。

这篇论文的出版得到了“2010年度清华大学人文社科振兴基金研究项目”的资助，使我有更好的条件完成书稿的编辑、设计等后续工作。感谢重庆大学出版社周晓主任，在书稿交付到出版的一年多时间里，多次打来电话探讨出版的相关细节，他对这本书所抱有的信心足见其对于设计理论研究所倾注的热忱。

感谢曾辉、王洋、洪星宇、刘东雷、徐骅、韦霁、吴琼、张卓、蔡峥嵘等同事与朋友，为我的书稿提供了许多宝贵资料。

最后，我要感谢一直默默支持着我的父母、丈夫和儿子，是他们用一顿可口的饭菜、一句知心的话语、一张调皮的笑脸，温暖着我、鼓励着我，在我写作最艰难的时候给我莫大的精神支持。

一分耕耘，一分收获。

我的收获里有你们的付出，愿与你们一同分享这收获的喜悦。

谨以此书奉献给所有关心、帮助和支持我的人。

原　博

2011年11月25日于清华园

参考文献

[1] 任海．北京奥运会后效应的思考[J].体育文化导刊，2005（4）:25-26.

[2] 任海．奥林匹克教育与跨文化传播[J].教育科学研究，2007（12）：7.

[3] 任海．奥林匹克运动的全球性与文化的多样性[J].体育文化导刊，2002（1）：83.

[4] 杨桦，等．2008年奥运会提升中国国际地位和声望的研究[M].北京：中国法制出版社，2007.2.

[5] 任海．论奥运会对举办城市和国家的影响[J].体育与科学，2006（1）：4.

[6] 李丽．北京奥运会伦敦总结会刘淇传授北京经验[EB/OL]. http://news.xinhuanet.com/sports/2008-11/28/content_10423309.htm，2008-11-28.

[7] 易剑东．2008年北京奥运会中国体育代表团的形象塑造与媒介应对[A].周亭.奥林匹克的传播学研究[C].北京：中国传媒大学出版社，2009：121.

[8] 易剑东．百年奥运史[M]. 南昌：百花洲文艺出版社，2008：137.

[9] 胡雪琴．1996-2008奥运会形象景观设计：本土文化资源的开发与组织[D].北京：中央美术学院，2007：27.

[10] 冯霞，尹博. 北京奥运文化传播与中国国家形象塑造[J].北京社会科学，2007（4）：72.

[11] 王军．奥林匹克视觉形象的历史研究[M]．北京：北京体育大学出版社，2004.

[12] 任海．中国奥林匹克研究的历史与现状[A]．谢亚龙．奥林匹克研究[C]．北京：北京体育大学出版社，1994：254.

[13] 周登嵩．浅析现代奥林匹克运动的开放性、普遍性特征[A]．谢亚龙．奥林匹克研究[C]．北京：北京体育大学出版社，1994：202.

[14] 杭间．论国家视觉设计[J].装饰，2009（9）：16.

[15] 尤惠励．奥运精粹一百年[M]. 新加坡：民生国际有限公司，1996：30.

[16] 李关云．1964 日本睁开双眼[EB/OL]．http://finance.sina.com.cn/Olympic2008/news/20071113/00334165167.shtml，2007－11－13.

[17] [EB/OL]. http://www.beijing2008.cn/spirit/symbols/motto/.

[18] [EB/OL]．http://baike.baidu.com/view/179817.htm#6.

[19] [EB/OL]．http://zhidao.baidu.com/question/76100039.html.

[20] 张清．人民日报：“北京奥运”对话“上海世博”——奥运世博激情交响，[EB/OL]. http://www.expo2010.cn/expo/shexpo/xwzx/mtjj/userobject1ai43909.html，2007-06-20.

[21] 国家主席胡锦涛接受25家外国媒体的联合采访[EB/OL]．http://news.xinhuanet.com/zgjx/2008-08/01/content_8895301.htm，2008-08-01.

[22] 肖天. 弘扬奥林匹克文化理念[EB/OL]. http://www.sport.gov.cn/n16/n1152/n2523/n377568/n377613/n377763/390599.html#，2006-11-22.

[23] 孙葆丽. 多元文化视角下奥林匹克教育的发展趋势——兼论北京2008年奥运会对奥林匹克教育的贡献[EB/OL]. http://www.beijing2008.cn/49/90/article211719049.shtml，2003-09-26.

[24] 汤伟.夏季奥运会品牌市值10.4亿美元[EB/OL]. http://www.wowa.cn/Article/80191.html，2009-06-28.

[25] 崔乐泉. 奥林匹克运动通史[M]. 青岛：青岛出版社，2008：81.

[26] 陈琳琳. 1968年墨西哥奥运会形象设计[J]. 新平面5，2006（3）:64.

[27] 王受之. 世界平面设计史[M]. 北京：中国青年出版社，2002：262.

[28] 1984年洛杉矶奥运会[EB/OL]. http://baike.baidu.com/view/531578.htm.

[29] 潘婷婷. 从配角到主角——奥运会视觉形象系统中的核心图形研究[D]. 北京：清华大学美术学院，2007：22.

[30] 杨耕. 文化和哲学视域中的奥运[A]. 单三娅. 奥运之光——光明日报2008北京奥运会报道评论集[C]. 北京：光明日报出版社，2008：25.

[31] 周亭. 奥林匹克的传播学研究[C]. 北京：中国传媒大学出版社，2009：7.

[32] 孙有中. 国家形象的内涵及其功能[J]. 国际论坛，2002，（3）：16.

[33] 俞可平. 全球化时代的国家形象[A]. 乔舒亚・库珀・雷默,等. 中国形象：外国学者眼里的中国[C]. 北京：社会科学文献出版社，2006：1.

[34] 李培林.和谐社会十讲[M]. 北京：社会科学文献出版社，2006：363.

[35] 李培林，陈光金，张翼，等. 中国社会和谐稳定报告[M]. 北京：社会科学文献出版社，2008.

[36] 任海，罗湘林. 论2008年奥运会对中国政治的影响[J]. 体育与科学，2005（2）：2.

[37] 董小英.奥运会与国家形象：国外媒体对四个奥运举办城市的报道主题分析[J]. 中国软科学，2005，（2）：1.

[38] 金元浦. 北京奥运的人文理念与和谐思想[J].国际公关，2006（4）：66.

[39] 陈立基. 当代奥林匹克运动发展观之研究[D]. 北京：北京体育大学，2006：95.

[40] 马仲良，王鸿春，黄亚玲. 人文奥运研究[M]. 北京：北京体育大学出版社，2005：7-10.

[41] 黎红雷. “和谐观”中西合论[J]. 中国哲学史，1999（4）：116.

[42] 张小平. 和谐文化的理论与实践[M]. 北京：人民出版社，2007：1.

[43] 易小明. 文化差异与社会和谐[M]. 长沙：湖南师范大学出版社，2008：370.

[44] 北大哲学系美学教研室. 西方哲学家谈美和美感[M]. 北京：商务印书馆，1980：15.

[45] 北大哲学系外国哲学史教研室. 西方哲学原著选读：上卷[M]. 北京：商务印书馆，1987：23.

[46] 于爱华. 古希腊和先秦和谐观之比较[J]. 天津：天津商学院学报，1996（2）：58.

[47] 何振梁. 奥林匹克精神及其本质[J]. 体育文史，1996（5）：6.

[48] 皮埃尔·德·顾拜旦.奥林匹克宣言[M]. 北京：人民出版社，2008：192.

[49] 任海. 奥林匹克运动的教育价值[J]. 教育科学研究，2006，（12）：16.

[50] 许倬云. 中国文化与世界文化[M]. 桂林：广西师范大学出版社，2006：223.

[51] 冯霞. 北京奥运文化传播的特点、性质及其对国家形象的塑造[J]. 新闻界，2008（2）:79.

[52] 孙越，孙浩然，杨祥全.奥林匹克运动简明百科全书[M].青岛：青岛出版社，2008：143.

[53] 索贝.“中国色彩”舞动北京奥运[EB/OL].http://news.xinhuanet.com/olympics/2008-09/02/content_9756972.htm，2008-09-02.

[54] 毕武英. 奥组委权威解读奥运景观艺术——访奥组委形象景观艺术总监赵萌[EB/OL]. http://www.visionunion.com/article.jsp?code=200808220029，2008-08-22.

[55] 刘广，李贺普. 北京2008——奥林匹克设计大会在京开幕[EB/OL]. http://news.xinhuanet.com/newscenter/2002-07/02/content_467084.htm，2002-07-02.

[56] 刘广，李贺普. 北京奥运形象设计：“五点要求”“三个阶段”[EB/OL]. http://news. xinhuanet.com/newscenter/2002-07/04/content_468786.htm，2002-07-02.

[57] 李贺普，刘广. 北京2008年奥运会形象与景观工程正式启动[EB/OL]. http://www.people.com.cn/GB/shizheng/19/20020703/767510.html，2002-07-03.

[58] 曾辉. 北京奥运会形象景观的设计规划、设计管理与运行模式解析[A]. 北京奥组委文化活动部. 用瑰丽的中国文化感动世界[C]. 北京：当代中国出版社，2009：243.

[59] 北京奥组委. 北京2008奥运会、残奥会形象景观总体规划设计方案[Z]. 2007：3.

[60] 肇文兵，赵华. 在平面设计中熔铸国家形象——陈汉民访谈[J]. 装饰，2009（9）：29.第29届奥运会会徽诞生记[EB/OL]. http://2008.people.com.cn/GB/22192/1997671.html.

[61] [EB/OL].http://www.beijing2008.cn/spirit/beijing2008/graphic/n214068873.shtml.

[62] 国家主席胡锦涛接受25家外国媒体的联合采访[EB/OL]. http://news.xinhuanet.com/zgjx/2008-08/01/content_8895301.htm，2008-08-01.

[63] 王建新. 同一个世界 同一个梦想[EB/OL]. http://www.fmprc.gov.cn/ce/cejp/chn/zt/ww23/t201323.htm，2005-06-27.

[64] 第29届奥林匹克运动会组织委员会.北京2008年奥林匹克运动会吉祥物[Z]. 2007.

[65] 高付元. 北京市市树——国槐[EB/OL].http://www.bjkp.gov.cn/bjkpzc/tszr/zwdg/zwygs/gsygh/15487.shtml，2004-02-18.

[66] 刘亮. 中国瓷器史上的一抹青青花瓷的前世今生[EB/OL]. http://www.beijingww.com/1470/2009/07/21/229@97397.htm，2009-07-21.

[67] 北京2008年奥运会专用色彩系统[EB/OL].http://www.beijing2008.cn/26/90/column212009026.shtml.

[68] 原博. 创造北京奥运会的和谐之美[J].创意与设计，2009（2）：80-82.

[69] 马晓芳. 雅典奥运会形象景观实习报告[A].2004年雅典奥运会实习报告集[C].北京奥组

委，2005：613.

[70] 第二十九届奥运会安保标志揭牌仪式举行[EB/OL].http://olympic.people.com.cn/GB/22180/22193/94175/6262572.html，2007-09-14.

[71] 吴鹏．奥运形象景观处理方案：颁奖台也许会留给场馆[EB/OL].http://it.chinanews.cn/olympic/news/2008/09-02/1367744.shtml，2008-09-02.

[72] 廖雁．北京奥运城市环境景观明年上半年开装[EB/OL].http://city.finance.sina.com.cn/city/2007-09-13/90658.html，2007-09-13.

[73] 北京2008年奥运会市场开发计划启动书[EB/OL]. http://www.beijing2008.cn/bocog/sponsors/n214073540.shtml.

[74] 凌继尧，等.艺术设计十五讲[M].北京：北京大学出版社，2006：273.

[75] 高鹏．系统设计方法在视觉传达专业中的应用研究[D].北京：中央美术学院，2007：50.

[76] 刘梦溪．大师与传统：中国文化与传统40小讲[M].北京：中国青年出版社，2007：120.

[77] 张颐武．奥运将至的感想[A].单三娅.奥运之光——光明日报2008北京奥运会报道评论集 [C].2008，19-20.

[78] 肖天．弘扬奥林匹克文化理念[EB/OL]. http://www.sport.gov.cn/n16/n1152/n2523/n377568/n377613/n377763/390599.html#，2006-11-22.

[79] 《中庸》[M].

[80] 张立斌．“和合奥运”的文化影响解读[A].单三娅.奥运之光——光明日报2008北京奥运会报道评论集[C].2008：69-70.

[81] 吴鹏：《奥运形象景观处理方案：颁奖台也许会留给场馆》，《新京报》，2008年9月2日，http://it.chinanews.cn/olympic/news/2008/09-02/1367744.shtml.

[82] 刘淇：《秉承传统，开创未来》，北京，第29届奥林匹克运动组织委员会，2002年版，第2页。转引自王军：《奥林匹克视觉形象的历史研究》，第134页。

[83] 徐恒醇．设计美学[M].北京：清华大学出版社，2006：123.

[84] 柳冠中．序言[A].赫斯科特.设计，无处不在[M].南京：译林出版社，2009.

[85] 马文·哈里斯．文化 人 自然—普通人类学导引[M].杭州：浙江人民出版社，1992：136.

[86] 刘建明．宣传舆论学大辞典[Z].北京：经济日报出版社，1993：593.

[87] 肖前．马克思主义哲学原理（上册）[M]．北京：中国人民大学出版社，1998：144.

[88] 刘光，步雷．论和谐[J]．山东社会科学，2002（3）：85.

[89] 张清．人民日报：“北京奥运”对话“上海世博”——奥运世博 激情交响[EB/OL].http://www.expo2010.cn/expo/shexpo/xwzx/mtjj/userobject1ai43909.html，2007-06-20.

[90] 高宏存，李明军．奥运创意产业展示中国文化新形象[J].投资北京，2007（2）：82.

[91] 任海．奥林匹克运动一个充满矛盾的过程——关于现代奥林匹克运动的思考之三[J].体育与科学，1990（3）：2.

[92] 李泽厚．美学三书[M]..天津：天津社会科学院出版社，2007：441-442.